INOVAÇÃO
DA TECNOLOGIA, DO PRODUTO E DO PROCESSO

CARLOS AUGUSTO DE OLIVEIRA

INOVAÇÃO
DA TECNOLOGIA, DO PRODUTO E DO PROCESSO

INDG TECNOLOGIA E SERVIÇOS LTDA.
Alameda da Serra, 500, Loja 4 • 34000-000 • Nova Lima - Minas Gerais • Brasil
Tel.: (31) 3289-7200 • Fax: (31) 3289-7201
E-mail: editora@indgtecs.com.br • Home Page: www.indgtecs.com.br

Ficha Catalográfica

O48i	Oliveira, Carlos Augusto de Inovação da Tecnologia, do produto e do processo / Carlos Augusto de Oliveira - Nova Lima: INDG Tecnologia e Serviços Ltda., 2010. 348p.: il. ISBN 85-98254-43-2 1. Planejamento da qualidade - Produto. 2. Projeto do Processo. 3. Marketing - Planejamento. I. Título. CDD: 658.8

Capa: INDG TecS
Editoração eletrônica: INDG TecS
Revisão do texto: Carlos Bottrel Coutinho, INDG

Copyrigth©2010 by CARLOS AUGUSTO DE OLIVEIRA
Direitos comerciais desta edição: INDG Tecnologia e Serviços Ltda.
Printed in Brazil - Impresso no Brasil

Agradecimentos

Ao prof. Vicente Falconi Campos, pelas orientações e apoio durante a fase de redação deste livro.

Às empresas Cia. Siderúrgica Belgo Mineira, Caraíba Metais e Cia. Itabirito Industrial, Fiação e Tecelagem de Algodão, pelos casos reais apresentados e pelo testemunho da eficácia do método transmitido neste livro.

À minha família, Gina, Raquel, Juliana e Gugu, pelo apoio e incentivo.

Em memória ao meu pai, um inventor, Mozart Portela.

Carlos Augusto.

Apresentação

O objetivo deste livro é apresentar métodos para a inovação do produto, do processo e da tecnologia. Nesta terceira edição procuramos nos aprofundar na questão da inovação da tecnologia dos processos industriais e de serviços. Propomos métodos para a localização e a seleção de tecnologias de forma objetiva. Não se trata de desenvolvimento de novas tecnologias, mas sim de identificar os gargalos tecnológicos ou obsolescências de processos ou sistemas. A abordagem permite identificar de forma econômica as soluções tecnológicas. Iremos eliminar as falhas originais, os paradigmas, os pontos fracos e conferir maior funcionalidade e desempenho ao processo. É feito um trabalho de reconstrução do processo, aplicando métodos e ferramentas de análises e de abstrações.

A aplicação destes conhecimentos visa a mudanças nas especificações e funcionalidades do produto e com isto ao acréscimo do seu valor. Isto fará com que o valor de mercado do produto supere o seu valor intrínseco ou os seus custos.

A abordagem facilita a otimização das especificações do produto, do processo, da tecnologia e dos métodos de controle, reduzindo a variabilidade com base na percepção de valor do cliente. As necessidades e priorizações colocadas pelos clientes fornecem o foco para os estudos.

Neste livro são mostrados métodos para levar ao nível operacional a "voz do cliente", por meio dos desdobramentos de suas necessidades, aprofundando os estudos no nível dos processos (mal coberto pela bibliografia). Este livro é recomendado tanto para a melhoria de produtos existentes quanto para o projeto da qualidade de novos produtos. Muitos dos problemas de qualidade são decorrentes de deficiências dos métodos usados para planejar a qualidade. Para reduzir tais deficiências, devemos adotar métodos para revisar o conceito e especificações dos produtos e desenvolver o domínio do processo, lançando mão de tecnologias adequadas.

Os estudos começam no mercado, identificando as oportunidades e buscando nos clientes suas necessidades concretas, que passam a ser desdobradas até atingir o nível operacional. As relações de causa e efeito são explicitadas e é criado um Sistema de Padrões em nível acionável, que enfatiza o controle preventivo durante a produção. As técnicas e métodos utilizados são: Métodos de Criação, Desdobramento da Função Qualidade, Análise de Valor, Engenharia Industrial, Método Taguchi e Engenharia de Sistemas.

O Capítulo 1 introduz o assunto dentro da Formulação Estratégica e da GQT (Gestão pela Qualidade Total), conceituando o planejamento da qualidade. São apresentadas as noções de ferramentas de desdobramento da qualidade e um Padrão de Sistema de planejamento da qualidade, mostrando as etapas típicas dos trabalhos, as atividades e os métodos empregados.

O Capítulo 2 descreve e exemplifica o processo de qualificar e mensurar as oportunidades de mercado.

Não é adequado que a empresa identifique produtos que poderia oferecer ao mercado olhando apenas seus processos e tecnologias.

Para tirar o máximo proveito, ela deve entender quais produtos os mercados estão demandando e então desenvolver produtos para atender às suas demandas. Para isso é necessário pesquisar os vários segmentos de mercado e identificar necessidades e desejos de consumo não atendidos ou mal atendidos pelos fornecedores.

O Capítulo 3 mostra como obter as necessidades dos clientes, estabelecer o conceito do produto e projetar as características da qualidade. É explicado como obter e tratar as necessidades dos clientes e como cruzá-las com as características da qualidade que o produto ou o serviço deve ter. É explicado o uso de um diagrama de matriz, chamado de Matriz da Qualidade, em que é mostrada a forma de realizar este cruzamento para permitir explicitar as relações, obter priorizações das características e fornecer outros elementos que facilitem decidir sobre as especificações do produto que melhor satisfazem as necessidades dos clientes.

No Capítulo 4, iremos inovar os processos industriais ou de serviços. Para isto, inicialmente iremos estudar como cada processo é atualmente, buscando soluções para criar um processo superior. Iremos eliminar as falhas originais, os paradigmas, eliminar ou reduzir os pontos fracos, conferir maior funcionalidade e desempenho. As soluções podem se constituir em simples melhorias ou em mudanças radicais, introduzindo novas tecnologias. Resumidamente são feitas várias análises para redesenho e inovação do processo atual, que compreendem: levantamento das entradas, saídas, habilitadores e regras, fluxograma, pontos fracos, oportunidades, paradigma, análise das funções, e análise de contradição. Para tratar tal diversidade de temas, foi criado um padrão de sistema, o qual propõe um método objetivo para o aperfeiçoamento tecnológico e mostra também as ferramentas mais indicadas. Posteriormente todos estes conhecimentos são sintetizados para criar uma nova visão do processo futuro. Então é feito um trabalho de reconstrução do processo, fazendo uso dos estudos realizados. Em geral as mudanças consistem em eliminar os pontos fracos, aproveitar as oportunidades, excluir, incluir ou reestruturar funções e introduzir tecnologias.

No Capítulo 5 são identificadas as Unidades Críticas de Processos sob o ponto de vista da qualidade desejada pelo cliente. Em cada uma das unidades críticas é feita uma Análise de Valor, para extrair os itens de controle (efeitos) que formam o resultado da unidade de processo. São projetados então, os valores meta, as tolerâncias e avaliados os respectivos índices de criticidade de cada um daqueles itens de controle. Este capítulo mostra onde estão os pontos principais do processo responsáveis por formar a qualidade do produto final. Isto permite aumentar a eficácia dos trabalhos, dando foco aos esforços de controle.

No Capítulo 6 são estudados os itens de verificação (causa) mais significativos que afetam os itens de controle. As relações de causa e efeito são explicitadas e quantificadas, possibilitando o reconhecimento de uma série de providências para melhorar e controlar o processo. Os itens de verificação são tomados de forma a permitir ao operador tomar a ação de controle. Torna-se claro para a operação quais elementos e condições do método de operação são críticos para merecerem atenção diferenciada, levando à elaboração dos Procedimentos Operacionais Padrão. O conhecimento da importância relativa das características dos materiais para a formação da qualidade do produto é obtido, o que facilita uma gestão eficaz dos fornecedores. Para a manutenção fica claro quais os elementos de máquina mais influentes em funções para a obtenção da qualidade, permitindo localizar gargalos, elaborar planos de melhoria e de automação. A importância relativa das qualificações do operador é obtida, facilitando a alocação de pessoal, controles de saúde ocupacional e treinamento. Por meio do conhecimento das relações de causa e efeito é construído o Padrão Técnico do Processo, transferindo os conhecimentos para a operação.

O Capítulo 7 discute o apreçamento do produto com base no valor percebido pelo mercado e em aspectos econômicos. É também estudada a política de comunicação e de distribuição do produto.

Foram incorporados no livro apêndices explicando resumidamente cada uma das técnicas auxiliares utilizadas para o desenvolvimento dos trabalhos de projeto do produto e dos processos através do desdobramento da qualidade. O livro ilustra com exemplos os assuntos de maior complexidade. Os assuntos são colocados de forma sequencial, sendo os apêndices explicações complementares sobre assuntos não aprofundados no texto. Isto facilita a absorção do método e encoraja o seu uso.

Foram inseridos quatro casos reais, com as experiências comentadas, das empresas: Unimed Norte/Nordeste, Companhia Siderúrgica Belgo Mineira hoje ArcelorMittal, Companhia Caraíba de Metais, Companhia Itabirito Industrial, Fiação e Tecelagem de Algodão.

Unimed Norte/Nodeste que criou o Produto Genesis - uma reinvenção do negócio!

O produto Genesis encerra uma mudança no conceito do negócio Unimed, hoje centrado na cura de doenças, para outro orientado para a saúde. Esta mudança implica que toda Unimed adote uma atitude proativa, antecipada e cuidadosa em relação a cada cliente.

Mudam-se os pilares e a lógica que construíram o modelo atualmente aplicado de atenção à saúde. Este projeto é inédito e irá provocar mudanças no mercado de planos de saúde. A Unimed passa a gerenciar a saúde de sua carteira de clientes e aplicar intervenções de prevenção antecipadas, não esperando que a doença ou o acidente ou o agravo venha a ocorrer. O produto Genesis possibilita uma economia de custo assistencial muito significativa.

A Companhia Siderúrgica Belgo Mineira, hoje ArcelorMittal, conseguiu chegar à correta especificação de um aço especial e dominar o processo de produção, assegurando alto rendimento do processo e satisfação do cliente.

Na aplicação da Caraíba Metais, houve melhoria de características críticas do produto vergalhão de cobre, facilitando a entrada em mercado e melhorando o posicionamento do produto.

Na aplicação na Cia. Itabirito Industrial, conseguiu-se, com o projeto neste livro relatado, introduzir modificações importantes nos processos críticos, correlacionadas com a satisfação dos clientes, que foram traduzidas na melhoria de qualidade dos produtos fabricados.

Em todos os casos referentes à área industrial foram relatados exemplos de dificuldades realmente ocorridas em várias etapas do trabalho e como estas foram solucionadas por engenheiros, supervisores e operadores. Isto resultou em um grande aumento de conhecimento sobre os processos de fabricação.

O resultado da aplicação completa deste método é o domínio do processo para a obtenção de uma qualidade projetada. O domínio se consolida na medida em que a visibilidade das informações é aumentada e diferentes conhecimentos especializados são acumulados, aprimorando as decisões sobre o conceito do produto, do processo e da tecnologia.

Este livro foi escrito após oito anos de estudos concentrados no método QFD, leitura e estudos de livros e artigos publicados em todo o mundo, cursos de aprofundamento no Brasil e no exterior, consultoria de especialistas como o Prof. Tadashi Ohfuji e o Prof. Lin Chi Cheng, vários anos de experiência em Engenharia Industrial, e em Método Taguchi, vivência de gerenciar um departamento de garantia da qualidade e, finalmente, a aprendizagem decorrente da escola INDG e de seus orientadores, Prof. Vicente Falconi e Prof. Godoy que, sem dúvida nenhuma, foram os grandes mestres na implantação de melhorias nas empresas citadas. Outro ponto importante neste aprendizado foi a constituição, na época da FCO (UFMG), de um grupo dedicado à implantação do QFD nas empresas brasileiras. Entre estes colegas, destaco os amigos Eng. Prates, Eng. Vilela, Eng. Scapin e a Eng. Mirza, com os quais trocamos muitas experiências práticas. A partir destes conhecimentos e da experiência de praticá-los, este livro mostra uma nova forma de concatenar os métodos de planejamento da qualidade que está sendo oferecido para o crescimento da competitividade das empresas brasileiras.

O Autor

SUMÁRIO

Prefácio 19
1. O Planejamento da Qualidade 23
    1.1. Introdução 25
    1.2. As ações de planejar, manter e melhorar a qualidade dentro da gestão pela qualidade total 26
    1.3. O planejamento da qualidade dentro do sistema de gestão 27
    1.4. Relação entre o planejamento, a melhoria e a manutenção da qualidade 30
    1.5. O que é o planejamento da qualidade 36
    1.6. Modelo conceitual 39
    1.7. Método e ferramentas do planejamento da qualidade 41
    1.8. Organização e o gerenciamento da inovação 46
    1.9. Benefícios de um projeto de inovação 49
    1.10. Padrão de sistema para o planejamento da qualidade 49
    1.11. Conclusão 51
2. Identificação de Oportunidade de Mercado 53
    2.1. Como identificar as oportunidade de mercado 55
    2.2. Pesquisa de mercado por meio de dados secundários 56
    2.3. Pesquisa de mercado por meio de dados primários 56
    2.4. Descrição do processo de pesquisa de mercado 57
    2.5. Exemplo de uma pesquisa quantitativa de mercado para identificação de oportunidade 60
    2.6. Exemplo de método para definição de segmento alvo 62
    2.7. Conclusão 64
3. O Projeto do Produto 67
    3.1. Introdução 69
    3.2. Como selecionar os produtos para melhorar a qualidade 72
    3.3. Análise de atratividade 73
    3.4. Identificar as necessidades dos clientes 78

3.4.1. Como obter a voz dos clientes 79

3.4.2. Como obter as necessidades reais a partir da voz dos clientes 81

3.4.3. Organizar as necessidades dos clientes de forma sistemática . .86

3.4.4. Estabelecer prioridade entre as necessidades dos clientes e avaliar a posição competitiva do produto 88

3.4.5. O estabelecimento do posicionamento do produto 92

3.5. Como selecionar o conceito adequado do produto 94

3.5.1. Geração de ideias 94

3.6. Como especificar o produto após estudos de conceito e tecnologia . .97

3.6.1. Identificar características técnicas para avaliar o cumprimento das necessidades dos clientes 98

3.6.2. Apresentação da Matriz de Qualidade 100

3.6.3. Correlacionar as necessidades dos clientes com as características da qualidade 101

3.6.4. Identificar as características da qualidade prioritárias a partir da voz dos clientes 102

3.6.5. Especificar o valor-meta das características da qualidade para atender às necessidades dos clientes 102

3.6.6. A análise da Matriz da Qualidade .109

3.7. Conclusão 111

4. A Tecnologia e a Inovação do Processo 115

4.1. Introdução 117

4.2. Seleção dos processos críticos 118

4.3. Análise do processo atual 119

4.4. Abstraindo para criar um novo processo .124

4.4.1. Estudando as funções do processo ou produto 124

4.4.2. Estudando a engenharia do produto e do processo 128

4.4.3. Um roteiro para busca de novas tecnologias 131

4.4.4. Solução de contradições técnicas - A Matriz de Altshuller 134

4.4.5. Exemplo de aplicação da tabela de contradições 137

4.4.6. Solução de contradições físicas - Princípios de separação 142

  4.4.7. Incrementando o nível de abstração para busca de solução ..143
5. **Desdobramento do Processo de Criação da Qualidade** 149
  5.1. Introdução 151
  5.2. Definição do processo básico 153
  5.3. Como identificar as unidades críticas de processo 156
  5.4. Identificando os itens de controle das unidades críticas de processos .165
  5.5. Extração de características que avaliam o cumprimento da função
     da unidade crítica de processo 169
  5.6. Análise da consistência da extração dos itens de controle 174
  5.7. Determinação dos valores-meta e tolerâncias dos itens de controle ..174
  5.8. Priorizando os itens de controle das unidades críticas de processos ..176
  5.9. Conclusão 178
6. **Como Garantir a Qualidade do Produto durante a Produção** 181
  6.1. Introdução 183
  6.2. Visão global do controle do processo 185
  6.3. Como definir os itens de verificação 187
  6.4. Desdobramento dos 4M para obtenção dos itens de verificação 189
  6.5. Elaboração da matriz de processo 192
  6.6. O planejamento do controle do processo 195
    6.6.1. Uso de projeto de experimentos 196
    6.6.2. Plano de gestão de materiais 202
    6.6.3. Melhoria da máquina 203
    6.6.4. Padronização do método (PTP) 206
  6.7. Teste piloto e avaliação da satisfação dos clientes 210
  6.8. Elaboração do PTP 211
  6.9. Plano de treinamento 213
  6.10. Conclusão 215
7. **Estabelecimento do Preço, da Comunicação e da Distribuição** 219
  7.1. Introdução 221
  7.2. Plano de marketing 221

7.3. Política de preço 222
    7.3.1. Fatores internos 222
    7.3.2. Fatores externos 223
7.4. Política de comunicação 227
7.5. Política de distribuição 231
    7.5.1. Análise dos canais de distribuição 232
    7.5.2. Logística de transporte 235
7.6. Conclusão 237

Apêndice 1 - Uso do Método Taguchi para Especificar Item de Controle e sua Tolerância 239

1. Introdução 241
2. Conceito da função perda de qualidade de Taguchi 241
    2.1. Tipos de características de qualidade 243
3. Comentário sobre o valor-meta da característica de qualidade 244
4. Determinação da tolerância usando a função perda de qualidade 246
5. Determinação da tolerância usando a função perda de qualidade em diferentes situações 248
    5.1. Quando o item de controle é uma característica do produto 248
    5.2. Quando o item de controle é uma característica substitutiva 249
    5.3. Determinação da meta e tolerância usando outros métodos 253
    5.4. Comentários sobre o estudo de tolerância avançado 254
6. Exemplos de uso de projeto de experimentos 255
    6.1. Variáveis de processo 255
    6.2. Resultados 258

Apêndice 2 - Aplicação de Análise de Valor para a Identificação dos Itens de Controle do Processo 263

1. Objetivos da análise de valor 265
2. Conceito de valor 266
3. Estudos das funções do processo 267
4. Diagrama FAST 268
5. Seleção das características que avaliam as funções do processo 270

Apêndice 3 - Modelo Conceitual Geral da Gestão de Inovação 275
1. Introdução 277
2. Descrição das Ferramentas 277
Apêndice 4 - Matriz de Suporte à Soluções de Problemas Inventivos 287
1. Método de Solução de Problemas Inventivos de Altshuller 289
2. Relação dos 40 Princípios de Invenção de Altshuller 291
3. Matriz de Contradição de Altshuller 304
Caso Real 1 - Reposicionando a Unimed com o Foco na Saúde: O Projeto Genesis 311
1. Contextualização do problema 313
2. Mudança na identidade organizacional da operadora Unimed 314
3. Histórico do projeto 315
4. Método de desenvolvimento do projeto 315
5. Conceito do projeto Genesis 316
6. Resultados do projeto 320
7. Como se fará acontecer? 321
8. Unimeds em que o projeto Genesis estão sendo implantados 321
9. Conclusão 322
Caso Real 2 - Projeto de Processo por meio do Desdobramento da Qualidade 325
1. Sumário 327
2. Introdução 328
3. O modelo conceitual 329
4. Definição das unidades de processo 330
5. Identificação dos itens de controle 331
6. Extração dos itens de verificação 333
7. Identificação dos itens de controle mais importantes 335
8. Padrão técnico de processo (*Quality Control Process Chart*) 336
9. Comentários e resultados 337
10. Conclusão 337

Caso Real 3 - Projeto de Processo de Laminação de Vergalhão de Cobre . . .339
1. Introdução 341
2. A equipe 341
3. Pesquisa das necessidades do cliente 342
4. Modelo conceitual 342
5. Matriz da qualidade 343
6. Matriz de unidades de processos e características da qualidade 344
7. Tabela de funções das unidades críticas de processo 345
8. Matriz do processo 346
9. Projeto de experimentos 348

Prefácio 3ª Edição

O autor desta obra, ou melhor o grande amigo que infelizmente não está mais em nosso convívio, pois foi chamado pelo Senhor, sempre se destacou pelo seu conhecimento e pela dedicação por longos anos ao estudo de uma nova técnica, o QFD, e a melhor forma de aplicá-la, seja na criação de novos produtos, seja na melhoria de processos. Neste livro são apresentados alguns exemplos, na área industrial e na área de serviços, com grandes resultados obtidos pelas empresas que os implantaram.

Neste momento em que no Brasil se discute o valor de INOVAR como um caminho a ser seguido pelas empresas brasileiras para enfrentar um mercado globalizado, temos neste livro o detalhamento de como atingir o sucesso, aplicando uma verdadeira técnica de INOVAÇÃO.

O autor conseguiu nesta obra aperfeiçoar ainda mais o seu livro anteriormente publicado, dando agora um grande enfoque as técnicas Robust Design, do Prof. Taguchi, a Análise de Função por meio da metodologia Fast, e técnicas de Confiabilidade. Todas mostradas de forma bem detalhada, inclusive como é interface com o QFD, em que etapa do desenvolvimento do produto ou num projeto de melhoria as utilizar. Tudo de uma maneira bem prática e metodologicamente correta. Ferramentas estas importantíssimas para, juntamente com o QFD, facilitar a abordagem sistêmica de qualquer projeto.

Portanto, recomendo a todos profissionais das áreas de Engenharia, Marketing, Produção a leitura e o estudo deste livro que, na verdade, constitui um legado extraordinário nesta área de desenvolvimento e, sem dúvida nenhuma, um caminho a ser seguido.

Eng. Carlos Alberto Scapin

Prefácio

Inovação tem sido uma palavra mágica nos últimos anos. No entanto, a interação com as empresas tem nos mostrado que muitos não entendem o significado de inovação. Tenho visto a inovação ser tratada como uma política empresarial, um valor, um sonho, uma intenção. Em outros casos como "modernização".

O autor apresenta a Inovação como deveria ser entendida por nossos administradores de empresa: "uma ciência voltada para projetar ou reprojetar os produtos e processos de uma organização de tal forma que atendam às necessidades de pessoas naquele instante". Este livro não se atém cegamente aos rumos adotados por estudiosos do assunto em todo o mundo. Ele vai além e aborda a inovação de forma generalizada e os métodos e ferramentas aqui descritos são aplicáveis em quaisquer situações. Podem ser aplicados para projetar um novo produto, como uma máquina de lavar roupa, ou para reprojetar um serviço de atendimento a hóspedes de um hotel, ou para reprojetar um processo administrativo que apresenta elevado índice de atrasos. Pode ainda ser utilizado para a reestruturação de uma empresa ou para projetar um novo processo para atender a clientes em um posto de serviço, etc. Em suma, o autor trata o tema não como um método único (ao estilo do antigo QFD - *Quality Function Deployment*) mas como uma verdadeira Ciência da Inovação. Talvez devamos entender o conteúdo do texto como "Gerenciamento da Inovação".

O leitor haverá de notar que o texto é fiel ao já consagrado método de gerenciamento PDCA e ao fato de que qualquer técnica de gestão deverá ser a soma do método PDCA mais ferramentas que possam auxiliar a coletar, processar e visualizar as informações de gestão. Este tem sido o modelo da Fundação de Desenvolvimento Gerencial - FDG para qualquer tipo de gerenciamento.

Visto da forma acima, esta obra é uma verdadeira contribuição ao avanço da Tecnologia de Gerenciamento Empresarial no Brasil e está em linha com o sonho de criar em nosso País uma tradição de competência em Gerenciamento.

Recomendo a todos os interessados no tema o estudo cuidadoso deste livro.

Belo Horizonte, outubro de 2000.

Prof. Vicente Falconi Campos

Coordenador Técnico e Membro do Conselho de
Administração Superior da FDG.

CAPÍTULO I

O PLANEJAMENTO DA QUALIDADE

1.1. Introdução

A Inovação é a riqueza mais ambicionada pelos países e pelos empresários. Sua importância muitas vezes vai além do domínio das práticas de produção e dos laboratórios de desenvolvimento de novos produtos. O talento inovador geralmente é que determina se vamos comprar este ou aquele produto substituto. No processo de inovação de produtos ou serviços existem duas fases importantes: a fase germinativa e a fase prática.

Na fase germinativa, fundamentada em conjecturas, as idéias são geradas e manipuladas, e o pensamento difuso, teórico e global é muito importante para obter inovações radicais. Para realizar esta fase as pessoas precisam estar motivadas, condição necessária para justificar o esforço intelectual. As ideias inovadoras vêm aos poucos e a persistência, sem um resultado certo, desencoraja a maioria das equipes de inovação. Pensar é o trabalho mais pesado que há, e talvez seja esta a razão por que tão poucos se dediquem a isto. Ser criativo não é fácil. Muitas das vezes as empresas priorizam o trabalho de desenvolver a habilidade do pensamento concreto, mas não fazem quase nada para instigar o pensamento difuso, que é importante e necessário, principalmente na fase inicial da criação.

A abstração e vários métodos de inovação são indicados nesta fase muito relevante. É nela que o conceito do produto ou do serviço é gerado.

Na fase prática, o pensamento pragmático e de detalhes é que permite viabilizar a produção de uma criação. São as avaliações técnicas e concretas que fazem com que aquela criação caiba nos limites das tecnologias disponíveis, e que possa ser produzida economicamente. Na verdade muitos executivos procuram coibir o pensamento criativo e super valorizar o pensamento lógico e pragmático e, por consequência, os paradigmas mentais levam a empresa a desenvolver produtos sem impacto no mercado.

No processo criativo, tanto o pensamento abstrato, difuso quanto o pensamento concreto e lógico são importantes. Cada um no seu momento. Este livro dedica mais atenção à fase prática do processo de criação. Entretanto, gostaria de sugerir aos leitores que procurem também desenvolver o pensamento difuso, estudando livros para desenvolver sua criatividade.

Dentro desta fase prática do processo de criação iniciaremos posicionando o assunto Inovação dentro da GQT (Gestão pela Qualidade Total), e dentro do Sistema de Gestão (o livro intitulado de O Verdadeiro Poder, de Vicente Falconi ,constitui uma boa referência a ser lida e estudada em detalhes).

Inicialmente, é apresentado o conceito de "Garantia da Qualidade", enfatizando-se a importância de evoluir para o estágio em que a qualidade é garantida desde a concepção do produto e dos processos produtivos por meio da inovação. Por meio desta prática, busca-se desenvolver produtos e processos de produção que atendam exatamente às expectativas e necessidades dos clientes.

Em seguida, é mostrado como esta abordagem se insere dentro do Sistema de Gestão pela Qualidade Total.

Em seguida, é apresentada a interrelação das ações de planejar, manter e melhorar a qualidade, destacando-se a prática do planejamento da qualidade e a sua importância dentro da gestão pela qualidade total.

Finalmente, na última seção, são apresentados o método e as ferramentas do planejamento da qualidade, enfocando os passos para traduzir a "voz do mercado" em especificações de produtos, de processos e em métodos de controle capazes de garantir a satisfação dos clientes.

1.2. As Ações de Planejar, Manter e Melhorar a Qualidade dentro da Gestão pela Qualidade Total

A "Gestão pela Qualidade Total", ou simplesmente GQT, é um sistema de gestão que utiliza diversos métodos e técnicas, com o objetivo de assegurar a satisfação dos clientes, acionistas, empregados e vizinhos e garantir com isso a sobrevivência e a prosperidade da organização. A GQT é centrada nas pessoas e tem como um dos seus princípios fundamentais o desenvolvimento de todos os empregados da empresa, para que eles possam contribuir de maneira efetiva para a melhoria constante da organização.

Dentro da GQT, o processo deve ser gerenciado pelo ciclo PDCA de gerenciamento, que na verdade nada mais é do que o método gerencial para garantir a qualidade de qualquer processo. A sigla PDCA se refere a quatro ações: Planejar (*Plan*), Executar (*Do*), Verificar (*Check*) e Agir corretivamente (*Action*). A seguir são apresentados de maneira genérica os conteúdos relativos a cada uma destas etapas.

A etapa do Planejamento (*Plan*) inclui o estabelecimento de metas para os resultados dos produtos e dos processos que se deseja gerenciar e o estabelecimento dos meios (planos) para atingir estas metas e os respectivos itens de verificação.

A etapa de Execução (*Do*) implica o treinamento das pessoas envolvidas na realização das tarefas conforme o plano e a sua execução.

Já na etapa de Verificação (*Check*), devem-se coletar os dados provenientes da execução dos trabalhos e compará-los com as metas previamente estabelecidas.

A etapa de Ação Corretiva (*Action*) implica a atuação sobre as causas do não atingimento das metas, quando necessário, e a padronização da forma correta de trabalhar para atingir as metas. A Figura 1.1 apresenta o ciclo PDCA de gerenciamento de processos.

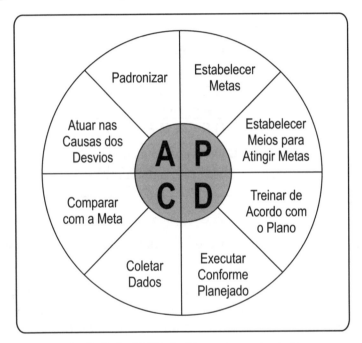

Figura 1.1: O Ciclo PDCA de Gerenciamento de Processos.

1.3. O Planejamento da Qualidade dentro do Sistema de Gestão

A Figura 1.2 mostra como o Gerenciamento da Inovação está inserido no Sistema de Gestão. A Formulação Estratégica é a ação gerencial que a empresa deve empreender para chegar às mais promissoras estratégias de negócio. A estratégia é um conjunto de definições que estabelece a natureza e a direção futura da empresa. Busca uma posição competitiva favorável no mercado, aproveitando as capacitações internas da empresa e as oportunidades de mercado.

Figura 1.2: O Sistema de Gestão.

A estratégia ideal de uma empresa é identificada, como mostra a Figura 1.3, por meio de três análises:

• Análise Ambiental - Aqui é mapeada a situação de mercado com base no diamante de Porter[7], em que é avaliado o grau de pressão da concorrência, o nível de ameaças de novos entrantes no mercado, o poder de barganha dos clientes e dos fornecedores e o nível de ameaças de produtos substitutos.

• Análise Competitiva - Aqui são avaliados a atratividade do mercado e o posicionamento competitivo da empresa em relação à concorrência, tanto para a situação atual quanto para o horizonte estratégico.

• Análise das Opções Estratégicas - Em que são avaliadas as estratégias alternativas por meio da análise de SWOT (forças, fraquezas, oportunidades e ameaças), da história de sucessos e fracassos, dos credos e valores, etc., reunindo assim informações que facilitam a identificação de metas globais e a seleção da estratégia mais conveniente para a empresa atingir suas metas no sentido de maximizar as suas chances de sucesso no mercado.

Dentre as metas estratégicas, algumas podem ser metas de crescimento. A empresa pode crescer de várias formas. As formas de como crescer podem ser: Inovação, Verticalização, Diversificação, Intensificação, Crescimento Relacionado, etc. A Figura 1.3 ilustra as diferentes formas de crescimento.

Para selecionar a melhor opção a longo prazo, considerando riscos, custos, investimentos, retorno financeiro e benefícios para os acionistas, estudos avançados são necessários. A forma de crescimento por meio de Inovação tem sido a mais frequente e segura.

A inovação pode consistir na melhoria do produto atual para ganhar *marketing share* no segmento de mercado atual, aprimorando ou incorporando novas características da qualidade que melhor atendam as necessidades dos clientes. Outra oportunidade consiste no desenvolvimento de novos produtos para o segmento atual.

Paralelamente a empresa pode entrar em novos segmentos com o produto atual. Neste caso torna-se necessário desenvolver o Canal de Distribuição adequado e econômico para o novo segmento. A empresa pode ainda desenvolver novos produtos para novos segmentos. Para entrar em novos segmentos de mercado, torna-se necessário desenvolver as chamadas estratégias de entrada, a fim de evitar surpresas inerentes aos segmentos em que a empresa ainda não tem experiência.

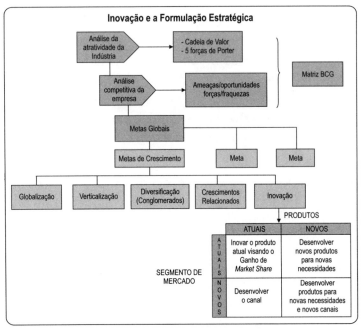

Figura 1.3: Relação entre a Formulação Estratégica e Inovação.

Por meio destas análises uma das opções de estratégia é selecionada. Uma vez selecionada a estratégia que a empresa deverá adotar para atingir suas metas, é então desenvolvido um Plano de Ação Estratégico para implementação da estratégia, que pode incluir ações que requeiram projetos de Melhoria, de Inovação, de Padronização, etc. A partir do planejamento estratégico da empresa, as políticas, objetivos e ações são identificados visando a garantir a sua prosperidade dentro do cenário competitivo. Essas políticas e objetivos permitem estabelecer metas que significam novos níveis de desempenho para os produtos e processos da empresa. As metas que vêm do planejamento estratégico são implementadas com a ajuda do desdobramento das diretrizes da companhia[5], e representam um dos "inputs" mais importantes para a prática do gerenciamento da qualidade. Nestes casos, podem-se definir metas para o planejamento da qualidade e/ou metas para a melhoria da qualidade.

1.4. Relação entre o Planejamento, a Melhoria e a Manutenção da Qualidade

Um dos conceitos mais importantes para a prática da gestão pela qualidade total é o gerenciamento da qualidade. O gerenciamento da qualidade consiste na prática de três tipos de ações gerenciais: planejar, manter e melhorar a qualidade de qualquer bem ou serviço que seja oferecido para os clientes, tanto internos quanto externos à empresa.

O gerenciamento da qualidade é o cerne da Gestão pela Qualidade Total (GQT) e a sua prática é muito importante dentro das atribuições de um gerente, seja qual for o processo sob sua autoridade e quais os resultados sob sua responsabilidade. Este conceito se aplica a todos os processos dentro de uma organização, como os processos de venda, de emissão de cobranças ou de manutenção de um equipamento. Abrange também processos mais amplos, como o de desenvolvimento e a fabricação de um novo produto.

Neste texto, o tema gerenciamento da qualidade será abordado sob o ponto de vista da organização como um todo e as ações de planejar e melhorar a qualidade serão tratadas dentro do enfoque da concepção dos produtos e dos processos.

O planejamento da qualidade é uma das atividades mais importantes para garantir a permanência de qualquer organização no mercado, seja ela uma indústria manufatureira, um laboratório de análise clínica, uma empresa de tecidos, etc. Esta é uma das principais responsabilidades da alta direção da empresa. Ela deve estar atenta à posição de seus produtos frente aos concorrentes e, então, com base numa análise de mercado, estabelecer as metas para o desenvolvimento ou melhoria dos produtos e processos que possam garantir a vantagem competitiva da companhia ao longo do tempo.

Planejar novos produtos e os processos para obtê-los, em substituição aos atuais, é a essência da prática do planejamento da qualidade. Neste caso, o objetivo é repensar continuamente o produto e seu processo de produção, de maneira que ele possa satisfazer de uma forma mais precisa as expectativas dos consumidores.

Neste texto, será abordada, detalhadamente, a prática de planejar os processos produtivos, com o objetivo de assegurar que as ações no processo de produção possam realmente gerar produtos que satisfaçam os clientes.

Por outro lado, manter a qualidade significa trabalhar de acordo com os padrões previamente planejados, sejam eles padrões gerenciais ou técnicos, com o objetivo de alcançar níveis pré-estabelecidos de desempenho para as diversas atividades dentro da organização.

Melhorar a qualidade corresponde ao esforço de aperfeiçoar as características dos produtos e melhorar o desempenho dos processos atuais da empresa. Este resultado é atingido por meio da otimização dos processos e da redução das suas variabilidades.

Todas essas ações pertinentes ao gerenciamento da qualidade devem ser executadas de acordo com o ciclo PDCA de gerenciamento, de uma maneira organizada e metódica. Podem-se distinguir três PDCAs: o do planejamento da qualidade (Inovação, *Breakthrough*), o da manutenção da qualidade (também conhecido como SDCA) e o PDCA da melhoria incremental da qualidade (Kaizen). A Figura 1.4 mostra a complementaridade destes ciclos para a garantia da qualidade.

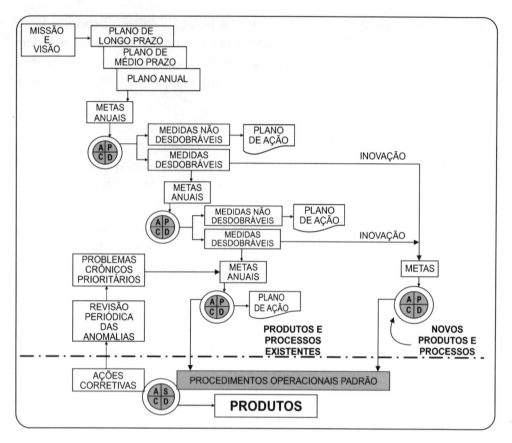

Figura 1.4: A Interrelação do Planejamento, Manutenção e Melhoria da Qualidade (Fonte: Vicente Falconi).

O PDCA da melhoria da qualidade é o Método de Análise e Solução de Problemas, em que são utilizadas ferramentas como o Planejamento de experimentos, método Taguchi, etc.

No SDCA de manutenção da qualidade, a letra "S", do inglês "*Standard*" (ou padrão em português), substitui o "P" de Planejamento, já que neste nível o planejamento é o próprio plano operacional constituído de padrões estabelecidos no planejamento da qualidade.

Tanto o PDCA de melhoria incremental como o SDCA de manutenção da qualidade já vêm sendo utilizados extensamente pelas organizações que buscam a sobrevivência e prosperidade por meio da Gestão pela Qualidade Total.

Entretanto, apenas garantir que bens e serviços possam ser produzidos de acordo com as especificações já não garante vantagem para as empresas no atual cenário competitivo. O dinamismo crescente do mercado, que se caracteriza pela rápida mudança das necessidades dos consumidores e pelo desenvolvimento tecnológico cada vez mais acelerado, faz com que produtos de sucesso hoje se tornem obsoletos rapidamente e preteridos pelos consumidores amanhã. Nos próximos anos a economia estará ainda mais aberta, aumentando a competição entre as organizações. Aumentar a competitividade das empresas depende do desenvolvimento e melhoria de produtos de forma que estes satisfaçam melhor o mercado, com baixa variabilidade e baixos custos.

Os principais motivos para o desenvolvimento de produtos são:

- Satisfazer as necessidades dos clientes.

- Criar novas soluções. Ao observar de perto o comportamento das pessoas em sua vida cotidiana, em vez de se limitar a lhes fazer perguntas, é possível "ver" o que realmente querem ou precisam. Esta observação pode dar origem a produtos conceitualmente novos e inexistentes. Neste caso é uma inovação conceitual baseada na criação de soluções.

- Combater a obsolescência ou incorporação de novas tecnologias.

Com o passar do tempo, os produtos podem se tornar obsoletos ou caros por causa da evolução de tecnologias, que na época dos seus desenvolvimentos não estavam disponíveis. Assim, podem surgir produtos conceitualmente novos.

É diante deste quadro que o planejamento da qualidade assume grande importância. É necessário que as empresas disponham de elevada competência para desenvolver produtos e métodos de controle dos processos que satisfaçam os desejos cada vez mais sofisticados de consumidores cada vez mais sensíveis a variações no desempenho dos produtos.

É preciso desenvolver a prática de garantir a qualidade dos produtos ainda na etapa de concepção, procurando conhecer a fundo as reais expectativas e desejos dos consumidores e traduzir essas informações em um conjunto de padrões que contenham as especificações dos itens de controle, dos itens de verificação, os métodos de produção e controle. Tal sistema, chamado de Sistema de Padrões, deve possibilitar a produção de produtos que satisfaçam os clientes.

São duas as principais razões que levam a imprecisões e erros de concepção de produtos e processos. A primeira é o entendimento insuficiente do conceito de valor desejado pelo cliente. A segunda é a ocorrência de ruídos na comunicação dentro da organização, que distorcem a "Voz do Cliente" antes que ela chegue à operação.

No trabalho de planejamento da qualidade os seguintes passos devem ser cuidadosamente realizados:

- Identificar a oportunidade de mercado.

- Alcançar um entendimento profundo das necessidades dos clientes e do mercado.

- Criar um conceito do produto.

- Identificar as tecnologias a serem adotadas.

- Especificar as características do produto para atender perfeitamente às necessidades dos clientes.

- Identificar as unidades críticas de processo, que são as principais responsáveis pela obtenção das características altamente valorizadas pelos clientes.

- Identificar os itens de controle mais importantes das unidades críticas de processo de forma a assegurar que a função do processo será cumprida.

- Determinar os itens de verificação em um nível acionável para controlar a unidade de processo.

- Reconhecer os elementos mais importantes do método de operação, as capacidades da máquina, as características dos materiais e as habilidades do homem, para assegurar o domínio de um item de controle específico e da qualidade como um todo.

Isto significa levar para dentro dos processos a "Voz do Cliente", orientando a operação por meio do entendimento de relações entre causas e efeitos, para conferir o máximo "Valor" ao produto. O processo deverá ser dominado para possibilitar o seu controle de uma forma preventiva e a montante, percebendo a qualidade final desejada pelo cliente, mesmo nos processos intermediários, no instante em que ocorre a produção. Essa postura proativa poderá garantir a competitividade das organizações em mercados cada vez mais globalizados e competitivos.

Portanto, o planejamento da qualidade tem um papel fundamental dentro da gestão pela qualidade total, que é assegurar que novos produtos e processos sejam desenvolvidos, para garantir a satisfação dos clientes da empresa. Dentro desse enfoque, é fundamental que o controle dos processos produtivos seja conduzido da maneira mais eficaz possível, por meio da localização e priorização dos pontos dos processos que realmente determinam as características importantes para o atendimento das necessidades dos clientes, contribuindo, assim, de forma decisiva para a sobrevivência e prosperidade da organização.

Outro resultado do planejamento da qualidade deve ser sempre um novo sistema de padrões, que será gerenciado dentro do ciclo SDCA de manutenção da qualidade. Portanto, pode-se observar que, ao final do planejamento da qualidade, a empresa deve ter gerado um novo conjunto de padrões, específico para a produção desse novo bem ou serviço. Esses padrões devem substituir ou complementar os praticados até então pela empresa, sendo incorporados ao dia-a-dia da organização. A Figura 1.4 mostra como estão encadeadas as ações do planejamento, manutenção e melhoria da qualidade.

A Figura 1.5 mostra como o PDCA de inovação se relaciona com o de fabricação. O PDCA de inovação corresponde ao detalhamento do P do de fabricação.

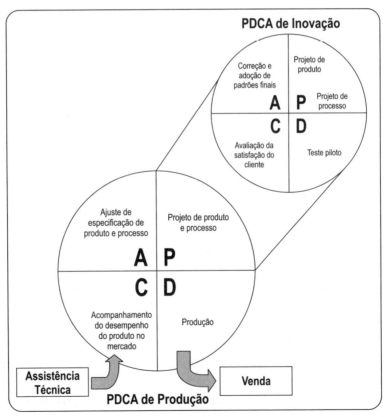

Figura 1.5: O PDCA de Fabricação e de Inovação.

A garantia da qualidade é conseguida na medida em que se gerencia a empresa utilizando os três PDCAs da maneira apresentada e de uma forma sistêmica (Figura 1.4). O produto é desenvolvido para o cliente. O processo para a obtenção deste produto é desenvolvido e são estabelecidos métodos de controle. Os operadores cumprem os padrões estabelecidos e todas as pessoas atuam nos problemas, incorporando a aprendizagem e o aperfeiçoamento continuado.

1.5. O Que é o Planejamento da Qualidade

O planejamento da qualidade consiste em converter as exigências dos clientes em características da qualidade do produto, definir a qualidade de projeto do produto acabado e desdobrá-la, passando pela qualidade funcional do processo, até criar um sistema de padrões que permita obter a qualidade do produto final que satisfaça perfeitamente o cliente. Para facilitar o processo decisório, são utilizados diagrama de árvore, diagrama de matrizes e outras ferramentas. Isto aprimora a ordenação das ideias, facilitando a integração do raciocínio reflexivo de engenheiros com o raciocínio pragmático dos operadores. É um método aberto e, assim, os resultados de sua aplicação dependem fortemente da competência, da motivação e do conhecimento das pessoas da equipe.

O planejamento da qualidade é requerido para alcançar dois objetivos:

- Desenvolver novos produtos e novos processos, estabelecendo a especificação do produto, os Padrões Técnicos dos Processos e os Procedimentos Operacionais Padrão que reflitam as necessidades dos clientes.

- Rever as especificações de produtos existentes, os Padrões Técnicos dos Processos e os Procedimentos Operacionais Padrão de tal forma que reflitam as atuais necessidades dos clientes.

Ao utilizar este método, podem-se repensar as características do produto e do processo produtivo a fim de aumentar o nível de satisfação dos clientes, além de possibilitar o controle a montante, no instante em que são formadas as características do produto. Isto resulta em aumento de rendimento de bons produtos, redução de variabilidade e redução de custos, por meio da percepção de características cuja obtenção é cara e às quais o cliente não dá o correspondente valor. O método também possibilita a escolha de processos alternativos por meio da avaliação do impacto destes na qualidade e no custo do produto. Reduções de custos podem também ser obtidas modificando a especificação de materiais por meio do conhecimento dos seus efeitos no custo e no valor do produto.

Ao planejar um novo processo produtivo e estabelecer os meios para controlá-lo, é necessário gerenciar informações e trabalho humano. Este método pode ser utilizado para lidar com todo o grande conjunto de informações necessárias durante o planejamento da qualidade, pois ele auxilia a coletar, processar e dispor as informações, de forma que elas possam ser utilizadas de maneira eficaz pela equipe de projetos, transformando-se concretamente em conhecimento tecnológico para a empresa. Ao mesmo tempo, este método também é útil no planejamento dos trabalhos a serem realizados pela equipe de desenvolvimento de produto e processo. Neste caso, o método auxilia a desdobrar ou detalhar todas as tarefas necessárias para a realização do trabalho proposto, a alocar os recursos e a organizar as atividades, definindo-se como e quando cada etapa deve ser realizada. Com isso, consegue-se transformar o trabalho proposto em trabalho executável.

É importante salientar que muitas ferramentas estatísticas e de planejamento podem ser utilizadas dentro do Planejamento da Qualidade para ajudar a transformar informação em conhecimento tecnológico e trabalho proposto em trabalho executável. Essas ferramentas são, por exemplo: 7 ferramentas do controle da qualidade, 7 ferramentas do planejamento da qualidade, planejamento de experimentos, técnicas de amostragem, análise de sistemas, entre muitas outras. A Figura 1.6 apresenta um resumo das grandes atividades realizadas durante o planejamento da qualidade dos processos produtivos, e quais ferramentas podem ser utilizadas.

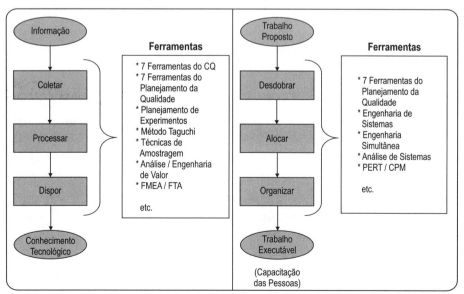

Figura 1.6: Os dois grandes conjuntos de atividades realizadas durante o planejamento da qualidade e as ferramentas utilizadas.

A observância de três princípios é requerida no planejamento da qualidade. São eles:

1º) Princípio da Análise e Síntese

Este princípio implica sempre ter uma atitude de analisar (subdividir) de forma detalhada todas as informações e os dados sobre o produto e o processo produtivo e todas as atividades e tarefas que compõem o trabalho proposto. Além disso, ao final da análise, deve-se procurar sintetizar (unificar) essas informações e atividades, de forma que elas possam ser expressas de maneira concisa e simples, para obter uma visão abrangente do conteúdo geral de cada conjunto de informações. Uma boa referência para a pratica deste principio é a aplicação dos conceitos da Engenharia de Sistemas.

2º) Princípio da Participação e Visibilidade

Neste caso, o importante é fazer com que todas as informações e dados pertinentes ao projeto do produto estejam totalmente visíveis (visibilidade) e acessíveis às pessoas responsáveis e envolvidas com os trabalhos de desenvolvimento. Além disso, todas essas pessoas devem saber claramente (visibilidade) qual é o seu papel e o que será feito durante todas as etapas do projeto. Tudo isso possibilita que pessoas de diversas áreas funcionais da empresa possam participar de forma efetiva dos trabalhos de desenvolvimento. Cada um poderá, então, contribuir com sua experiência e ponto de vista (participação), durante todas as fases do projeto. O Planejamento da Qualidade é uma etapa do gerenciamento em que são requeridos a agregação de conhecimentos existentes e o desenvolvimento de novos conhecimentos. Para que isto aconteça deve haver participação de todos que possam contribuir.

3º) Princípio de Visão do Todo e das Partes

Este princípio consiste em sempre se ter a visão do todo sem perder de vista as informações importantes sobre as partes. Isso significa buscar o ótimo do todo, priorizando as partes mais importantes. Ou, ainda, lembrar que o ótimo das partes não implica o ótimo do todo. Concretamente, durante as atividades de projeto do produto, este princípio implica priorizar o que é mais importante para atingir os objetivos do projeto, pois sempre há disponibilidade limitada de tempo e recursos. Deve-se sempre buscar a ponderação entre diferentes aspectos da qualidade do produto, pois muitas vezes o ótimo de uma parte pode prejudicar o desempenho de outra, necessitando para isso de uma "negociação" para se achar o meio termo entre elas.

1.6. Modelo Conceitual

O modelo conceitual é o detalhamento do método de planejamento da qualidade em que são localizadas as ferramentas a serem utilizadas dentro do método gerencial PDCA. Esse sequenciamento varia de acordo com os objetivos do projeto e com o tipo de produto e de processo que estão sendo planejados.

O modelo conceitual representa o caminho por onde o desdobramento da qualidade deve ser conduzido para chegar aos resultados pretendidos, como, por exemplo, a definição dos "pontos de controle dos processos" e dos valores esperados para cada um dos resultados intermediários desses processos.

A Figura 1.7 apresenta um exemplo de modelo conceitual simplificado para a inovação de um produto. No Apêndice 3, é mostrado um modelo conceitual completo em que o método é comentado e as ferramentas são discutidas e indicadas.

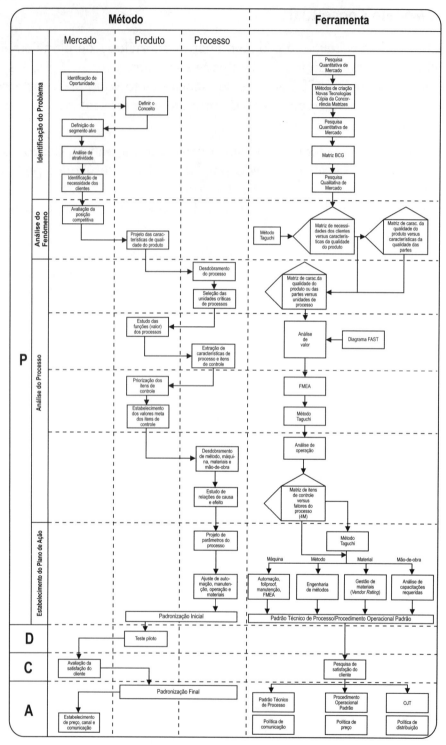

Figura 1.7: Modelo Conceitual para o Planejamento da Qualidade do Produto.

1.7. Método e Ferramentas do Planejamento da Qualidade

De uma forma simplificada, o planejamento da qualidade compreende um conjunto de etapas e atividades necessárias para estabelecer o conceito, as características de qualidade do produto e o sistema de padrões dos processos que asseguram que a qualidade desejada pelos clientes será produzida de forma permanente e com baixa variabilidade. Para alcançar este objetivo, durante a aplicação do método de planejamento da qualidade, utilizam-se várias ferramentas como: Análise de Valor, Análise de Operações, Método Taguchi, Engenharia de Sistemas, etc.

Para obter uma maior amplitude de conhecimentos, o trabalho de planejamento da qualidade deve ser empreendido por uma equipe multifuncional que reúna conhecimentos e habilidades de diversas áreas da empresa.

Na Figura 1.7, é apresentado um modelo conceitual para a inovação do produto e do processo, associando o método às ferramentas sugeridas, desde a análise do mercado até a padronização do produto e do processo.

Precedendo a primeira etapa de projeto (Figura 1.7), a empresa deverá, a partir das diretrizes estratégicas para os produtos, da análise da situação dos produtos da empresa no mercado ou de diretrizes de qualidade, identificar a ocorrência de situações como:

- Produtos com desempenho de qualidade insatisfatório.
- Produtos com fraca participação no mercado.
- Produtos selecionados como estratégicos.
- Produtos que requeiram "rejuvenescimento" para prolongar o ciclo de vida, etc.
- Produtos novos para atender a novas necessidades dos clientes.

Tais produtos são selecionados e para cada um são estabelecidas metas individuais, que podem ser dos seguintes tipos:

- Melhoria da Qualidade, superando os competidores.
- Melhoria do rendimento do processo de bons produtos.
- Redução da variabilidade das características do produto.
- Melhoria da processabilidade do produto.
- Redução do índice de reclamações dos clientes e do custo de Assistência Técnica, etc.

Selecionados os produtos e estabelecidas as metas a serem alcançadas, inicia-se o projeto de produto e processo, que compreende as atividades apresentadas a seguir, conforme representado na Figura 1.7.

⇨ **Identificação da Oportunidade de Mercado**

Para Identificação de Oportunidade de Mercado, pode-se partir da experiência da empresa em outros mercados ou realizar uma Pesquisa Quantitativa de Mercado para avaliar a demanda por produtos, o tamanho do mercado em termos financeiros (mercado potencial), o grau de saturação e quais fornecedores atendem a este mercado.

⇨ **Definição do Conceito**

Quando se trata de novos produtos, pode ser necessário, na fase inicial do desenvolvimento, selecionar um conceito básico. O conceito básico significa uma maneira particular de implementar uma função do produto ou serviço. Durante esta fase são também estudadas as tecnologias mais adequadas. Para produzir o melhor produto é necessário selecionar o melhor conceito. Métodos de Criação são utilizados para gerar opções de conceito, e matrizes são aplicadas para selecionar o conceito mais promissor.

⇨ **Definição do Segmento Alvo**

Para a definição do segmento alvo de mercado, é necessário dimensionar o mercado total, ou seja, o número de consumidores e o volume que estes poderão comprar. Em seguida, é necessário segmentar o mercado, porque nem sempre a empresa irá ofertar seus produtos para o mercado total, e sim para segmentos deste. Para isto, é necessário identificar variáveis de segmentação como: classe de renda, região, tipo de aplicação, setor da indústria, etc. Em seguida, é necessário estudar a atratividade de cada segmento e selecionar o segmento alvo. O Segmento Alvo é, pois, uma parte do mercado total em que a empresa é capaz de competir com a concorrência. A ferramenta utilizada neste caso é a Pesquisa Quantitativa de Mercado[8]. Atualmente outros aspectos também são considerados, como, por exemplo, o custo da logística de entrega de um produto.

⇨ **Análise de Atratividade**

O grau de atratividade de um segmento de mercado depende das suas características atuais, de como ele irá evoluir e das capacitações da empresa em atendê-lo. Os segmentos atrativos são aqueles que estão crescendo e nos quais a empresa pode ofertar maior valor aos clientes do que a concorrência. A ferramenta utilizada para a análise de atratividade é a Matriz BCG[7] (*Boston Consulting Group*). Esta matriz faz o cruzamento da atratividade do mercado com a competitividade da empresa. No Capítulo 3 será discutida esta matriz.

⇨ **Identificação das Necessidades dos Clientes**

Esta atividade consiste em desdobrar as necessidades dos clientes, tornando-as explícitas, organizadas e detalhadas. A ferramenta utilizada nesta atividade é a <u>Pesquisa Qualitativa de Mercado</u>, realizada em profundidade no <u>Segmento Alvo</u>. Procura-se, com este tipo de pesquisa, relacionar as verdadeiras necessidades dos clientes e descrevê-las de uma forma precisa. O Capítulo 3 detalha os métodos que poderão ser utilizados.

⇨ **Avaliação da Posição Competitiva**

Para a Avaliação da Posição Competitiva, é feita, também, uma pesquisa de mercado com a finalidade de estabelecer quão bem a empresa deverá satisfazer cada necessidade dos clientes, tendo em vista a atuação dos concorrentes. A importância relativa das necessidades dos clientes é avaliada, bem como o nível de atendimento destas necessidades pelos produtos da concorrência.

⇨ **Projeto das Características do Produto**

Escolhido o conceito é necessário projetar as características da qualidade que o produto deve ter. Para o Projeto das Características do Produto, parte-se das necessidades dos clientes, organizadas em forma de diagrama de árvore e priorizadas. Buscam-se, então, as características do produto que permitem satisfazer tais necessidades. Para isto é utilizado um diagrama de matriz chamado de Matriz da Qualidade, que permite priorizar as <u>Características da Qualidade do Produto</u> por meio da priorização das necessidades dos clientes, correlacionando as necessidades dos clientes com as características do produto. Esta matriz, auxiliada pelo <u>Método Taguchi e de Altshuller</u>, ajuda na especificação dos valores das características do produto. Para as especificações das características do produto, tanto os custos associados quanto a tecnologia da empresa deverão ser considerados.

⇨ **Desdobramento do Processo e Seleção dos Processos Críticos**

O processo é desdobrado em unidades de processo ou fases para identificar todas as fases ou <u>Unidades de Processo</u> que formam ou alteram as características da qualidade do produto. O que se busca com este desdobramento é identificar as unidades de processo mais responsáveis pela formação das características da qualidade do produto. Assim, neste ponto já se tem uma ideia do custo do produto, que é necessário para estudar o seu preço e avaliar economicamente o produto.

Aqui também é utilizado um diagrama de matriz, cruzando dois diagramas de árvore: o de Desdobramento do Processo até o nível de fase ou unidades de processo e o diagrama de árvore das <u>Características da Qualidade do Produto</u>. Este diagrama de matriz permite identificar quais unidades de processo são mais influentes (peso) para atingir a qualidade desejada pelo cliente. Portanto, definimos quais são os processos críticos.

⇨ **Estudo das Funções dos Processos e Extração das Características de Processo e Itens de Controle**

As unidades críticas de processo incorporam a maior parte do valor ao produto. Analisando as funções das unidades, o modo como o valor é incorporado pode ser mais bem compreendido e controlado.

O <u>Estudo das Funções</u> dos processos consiste na análise das <u>Funções Básicas</u> e <u>Secundárias</u> desempenhadas pelo processo e no encadeamento destas funções. A partir desta análise, são extraídas <u>Características de Processo</u>, que devem permitir avaliar se a função está sendo cumprida durante a produção, raciocinando sobre as funções e o resultado do processo. As características relevantes constituirão os itens de controle a serem estabelecidos. Para realizar este estudo, pode-se utilizar a Análise de Valor, por meio do <u>método FAST</u> *(Function Analysis System Technique)*.

⇨ **Priorização dos Itens de Controle**

Identificados os itens de controle, estes deverão ser priorizados a fim de orientar o esforço de controle. Esta priorização deverá levar em conta a importância do item de controle para o cliente, a gravidade no caso em que possa ocorrer uma falha, o nível de controle atual, etc. Para a Priorização dos <u>Itens de Controle</u>, é utilizado o FTA quando se necessita de uma visão sistemica do produto ou método <u>FMEA no caso de uma análise ser mais pontual</u>, explicado no Capítulo 3. E, para o estabelecimento dos valores meta dos Itens de Controle, é utilizada a <u>Função Perda de Taguchi</u>.

⇨ **Desdobramento de Método, Máquina, Materiais e Mão-de-Obra**

O Desdobramento de Método, Máquina, Materiais e Mão-de-Obra visa a identificar os principais fatores do processo que afetam diretamente os itens de controle previamente priorizados. Este estudo facilita o estabelecimento de um método de controle orientado pelas necessidades do cliente.

Para o estudo de relações de causa e efeito entre os itens de controle e estes fatores, pode ser utilizado um diagrama de matriz, que cruza os itens de controle com os fatores do processo, como explicado no Capítulo 5. Este cruzamento permite buscar as causas mais influentes nos itens de controle e na qualidade como um todo e, ao mesmo tempo, possibilita uma compreensão bastante boa dos fatores de processo que comprometem a obtenção da qualidade. Esta análise facilita a elaboração dos vários planos de melhoria para cada um dos 4Ms. Em geral, tais planos consistem em melhoria no método (racionalizando-o), nos elementos de máquina e planos de manutenção, nas especificações e controles de materiais, além de um programa de qualificação ou de treinamento dos operadores.

Nesta etapa, pode ser utilizado um método de Engenharia Industrial chamado de <u>Análise de Operação</u>, que facilita a busca de todos os fatores de processo.

⇨ Projeto dos Parâmetros do Processo

Em seguida, para projetar os Parâmetros do Processo, a fim de otimizá-los, e estabelecer seus valores-metas, são utilizados métodos de Engenharia de processo e o Método Taguchi. Nesta fase, automação, engenharia de métodos, gestão de materiais e treinamento no trabalho são utilizados com a finalidade de otimizar os padrões para o produto e o processo. Os conhecimentos adquiridos são, então, dispostos em um documento chamado <u>PTP</u> (Padrão Técnico de Processo), explicitando as relações de causa e efeito e dando o entendimento do método para obter a qualidade pelo operador. O PTP transmite para o operador o método de trabalho e de controle, informando-o o que, quem, e como controlar, assim como o que, quem e como verificar. Por meio do PTP e do <u>POP</u> (Procedimento Operacional Padrão), o método de obtenção da qualidade deverá ficar totalmente claro para o operador.

As especificações de parâmetros de processo devem ser precedidas de um estudo que relacione as características do produto com os custos combinados do produtor e do cliente, procurando definir o nível de controle e de tolerância que minimize tais custos. Para este trabalho, pode ser necessário pesquisar variáveis do processo, com a finalidade de otimizar o seu desempenho ou definir tolerâncias econômicas exigidas. Para isto, o Método Taguchi é uma ferramenta bastante útil.

⇨ Teste Piloto e Avaliação da Satisfação dos Clientes

O Teste Piloto consiste em produzir um lote experimental de acordo com os padrões iniciais e submeter o produto à apreciação de um grupo de clientes. É feito o acompanhamento do desempenho do produto no cliente, verificando se a qualidade planejada foi atingida. As necessidades levantadas no terceiro passo da Figura 1.7 são avaliadas pelos clientes. Se a avaliação for positiva, os clientes aprovam o produto, a padronização definitiva é realizada. Se os clientes não ficaram satisfeitos em relação a uma ou outra necessidade, modificações localizadas das especificações do produto devem ser realizadas. Estas mudanças implicarão também mudança no processo. Nova padronização torna-se então necessária. Os operadores deverão ser então treinados no novo método de operação.

⇨ **Estabelecimento Final do Preço, Canal de Distribuição e Comunicação**

O *marketing* moderno exige o desenvolvimento de bons produtos, o estabelecimento correto do preço, a distribuição eficaz para suprir o segmento-alvo e também a comunicação eficiente com os clientes.

O consumidor não compra produtos, ele compra expectativas de benefícios. Isto é, o objetivo da compra é a satisfação destas expectativas, que são atendidas pelo valor do produto percebido pelo cliente. O preço deve ser tal que maximize o lucro global da empresa e não seu faturamento. Várias ferramentas utilizadas para o estabelecimento do preço de um produto serão abordadas no Capítulo 6.

Um canal de distribuição é um grupo de organizações interdependentes envolvidas no processo de tornar um produto ou serviço disponível para o uso ou consumo.

A política de comunicação compreende as várias atividades que a empresa realiza para comunicar as vantagens do produto e persuadir os consumidores a comprá-lo.

No Capítulo 6 serão estudadas as ferramentas para o estabelecimento do preço, do canal de distribuição e das políticas de comunicação.

1.8. Organização e o Gerenciamento da Inovação

A organização requerida para operacionalizar os projetos de inovação irá depender da complexidade, da duração e dos conhecimentos que deverão ser reunidos para a tomada das decisões requeridas no projeto. Três tipos de organizações podem ser adotados pelas empresas:

⇨ **Organização por Projeto**

É um agrupamento de pessoas da própria empresa pertencentes a diferentes órgãos que reúnem conhecimentos e representatividade para assegurar que as recomendações sejam implantadas nos diversos órgãos da empresa. São estruturas horizontais pouco formais e temporárias com subordinação a um comitê de alto nível ou diretamente à alta administração. Geralmente o comitê ou a alta administração participa do estabelecimento de objetivos e metas, do planejamento e das verificações do andamento do projeto. O tamanho ideal é de quatro a sete pessoas. Os projetos não devem ser muito complexos, limitando-se a desenvolvimento de produtos e processos com o uso da tecnologia existente. Pessoas com conhecimentos pontuais são convocadas temporariamente para trazer conhecimentos específicos, principalmente os supervisores que, na fase de desdobramento dos processos, passam a agregar conhecimentos ao grupo. É uma organização barata, no sentido de que os membros podem compartilhar o seu tempo desempenhando outras funções na empresa. Recomenda-se nesta fase de desenvolvimento a utilização da metodologia de ANÁLISE DE RISCO.

Indicações para a organização por projetos:

1. Projeto de baixa complexidade, como o de desenvolvimento de produtos com aproveitamento da plataforma de produto existente e com a tecnologia atual.

2. Projeto com duração reduzida.

3. É um tipo de organização pouco formal, o que facilita a sua instalação e a desmobilização.

⇨ Organização Funcional

São agrupamentos de funções similares interdependentes e repetitivas em que a acumulação de experiência e a especialização são necessárias e convenientes para aperfeiçoar o cumprimento das funções. Requerem pouca cooperação ou têm pouca interação com outros órgãos da organização. São estruturas permanentes e centralizadas. Os controles são rígidos. Os comandos são passados para os níveis organizacionais inferiores e a interação do executivo com os funcionários de mais de um nível abaixo dele é mínima. Os executivos e gerentes dirigem e os funcionários obedecem. Normalmente a organização possui múltiplos níveis hierárquicos e áreas funcionais claras e fixas. Este tipo de organização foi utilizado até pouco tempo atrás por grandes montadoras americanas na criação de novos produtos.

Indicação deste tipo de organização: Este tipo de organização não é indicado para o gerenciamento de projetos de inovação. Tende a exacerbar a centralização, reduzindo a flexibilidade e prejudicando as iniciativas e autonomias necessárias aos projetos de inovação.

⇨ Organização Matricial

É uma organização adequada para ambientes de negócio que requeiram a cooperação e a interação de diversos órgãos (inclusive de fora da empresa). É constituída por uma estrutura funcional integrada a uma estrutura por projeto, produto ou segmento de mercado.

As funções de alto nível são permanentes e os times de projetos são temporários. A comunicação horizontal é facilitada e os times de projeto recebem bastante autonomia. Os times são coordenados pela estrutura funcional, que é responsável pelo planejamento e controle do projeto e se reporta normalmente à alta Administração. Este tipo de organização constitui a prática empregada pelas grandes montadoras japonesas já algum tempo. Foi implementada na Toyota pelo Prof. AKAO, da Universidade de Tokio.

Indicação deste tipo de organização:

1. Projeto de alta complexidade como, por exemplo, compra de novas tecnologias ou o desenvolvimento de produtos totalmente novos para a empresa.
2. Quando são muito frequentes e contínuos os projetos de inovação.
3. Projetos de longa duração em que partes dos trabalhos são fornecidas por outras empresas.
4. Organizações complexas e de grande porte.

Qualquer que seja a organização a adotar para o desenvolvimento de um projeto de inovação, é necessário desenvolver um Padrão de Sistema, deixando explícitas as etapas de projeto, o sequenciamento das atividades, as responsabilidades, os envolvimentos necessários, os métodos e ferramentas a serem aplicados, os resultados esperados e as decisões a serem tomadas. Veja no item 1.10 um exemplo real de Padrão de Sistema implantado por uma empresa. Muitas empresas estabelecem este padrão de desenvolvimento em nível mundial e corporativo, estabelecendo fases, etapas, *tall-gates* e ferramentas a serem utilizadas em cada fase ou etapa. O seis-sigma constitui uma das técnicas mais empregadas, conjuntamente com o FTA e Engenharia de Sistemas.

1.9. Benefícios de um Projeto de Inovação

Como o método de inovação parte do conjunto das necessidades dos clientes, definidas de uma forma explícita e precisa, isto leva ao melhor entendimento do conceito de valor desejado pelo cliente e consequentemente uma maior eficácia nas decisões quanto às características da qualidade do produto, especificações de componentes e matérias-primas, de métodos de operação, de manutenção, etc. O resultado é a otimização do valor do produto, a melhoria do seu desempenho funcional, a redução de variabilidade e ao mesmo tempo uma adequada redução dos custos e das despesas que não agregam valor ao produto ou ao processo. Outro importante resultado é que o estabelecimento do preço e a comunicação com o mercado passam a ser mais adequados, tendo em consideração novos conhecimentos que são obtidos no processo de desenvolvimento do produto.

Além disto, alguns outros benefícios são obtidos:

- Maior rendimento em bons produtos (veja casos nos apêndices).
- Menor tempo de desenvolvimento, considerando o tempo necessário à estabilização da qualidade do produto.
- Menores custos iniciais de assistência técnica após o lançamento do produto.
- Maior satisfação e lealdade dos clientes.
- Melhor aproveitamento da tecnologia e dos conhecimentos das pessoas.

1.10. Padrão de Sistema para o Planejamento da Qualidade

Na Figura 1.8 é mostrado um exemplo de Padrão de Sistema para o planejamento da qualidade para uma indústria siderúrgica. O objetivo do Padrão de Sistema é deixar explícito o sequenciamento das atividades de projeto, as responsabilidades, os envolvimentos necessários, os métodos a serem aplicados, os resultados esperados e as decisões a serem tomadas.

Nesta figura são mostradas as funções envolvidas, a forma de participação, as etapas de trabalho com as suas atividades e para cada uma o resultado a ser obtido e o método a ser utilizado. São também relacionadas as etapas do ciclo PDCA. Um ou vários grupos de trabalho devem ser criados para o desenvolvimentos de cada produto.

Este padrão de sistema é construído identificando as etapas de evolução dos trabalhos com o auxílio do modelo conceitual. Para cada etapa, são identificadas as principais atividades. Para cada novo produto ou processo a ser planejado, um padrão de sistema específico deve ser construído.

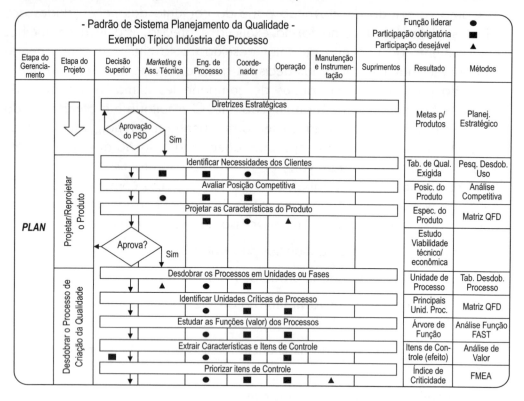

Figura 1.8: Exemplo de Padrão de Sistema para o Planejamento da Qualidade.

Nesta Figura cada atividade é assinalada com um símbolo (●,■,▲) indicando o tipo de participação das funções da empresa (veja legenda no canto superior). Nas colunas à direita são identificados o resultado de cada atividade e os métodos ou ferramentas a serem utilizados. As decisões que devem ser tomadas pela diretoria ou pela hierarquia superior são indicadas por losangos e são destacadas ao longo da evolução dos trabalhos.

Pode-se associar ao padrão de sistema o cronograma de trabalho, acrescentando mais uma coluna na Figura 1.8.

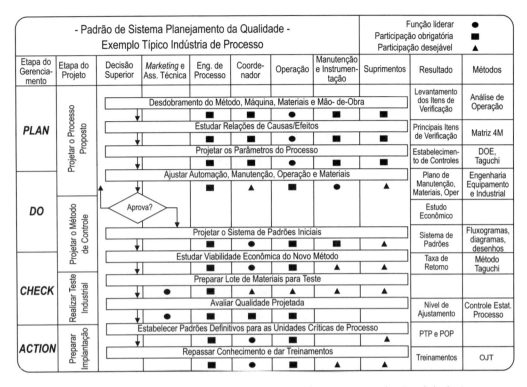

Figura 1.8: Exemplo de Padrão de Sistema para o Planejamento da Qualidade (continuação).

1.11. Conclusão

Neste capítulo foram mostrados os principais objetivos deste livro e contextualizado o tema Planejamento da Qualidade dentro da Formulação Estratégica e da Gestão pela Qualidade Total. Foram mostradas as principais etapas do trabalho, o envolvimento das funções da empresa e os métodos requeridos em cada etapa. Foi introduzido o método de planejamento da qualidade e suas principais ferramentas. Foram também, de uma forma superficial, explicados os tipos de organizações que podem ser adotadas para o gerenciamento dos projetos de inovação. As ferramentas serão abordados de forma detalhada nos próximos capítulos.

Referências Bibliográficas

1. JURAN, J.M. *Planejamento para a Qualidade*. 2º Edição, Pioneira.

2. CAMPOS, V. F. *Gerenciamento da Rotina do Trabalho do Dia-a-Dia*. INDG TecS. Nova Lima - MG. 2004.

3. CHENG, Lin Chen et alii. QFD, *Planejamento da Qualidade*. FCO.

4. MIZUNO, Shigeru; AKAO, Yoji. QFD, *The Customer Driven Approach to Quality Planning and Deployment*. APO.

5. GODOY, Maria Helena Pádua Coelho de. *Brainstorming - Como atingir Metas*. INDG TecS. Nova Lima - MG. 2004.

6. CAMPOS, Vicente Falconi. *Gerenciamento pelas Diretrizes*. INDG TecS. Nova Lima - MG. 2004.

7. PORTER, Michael E. *Estratégias Competitivas Essenciais*. Ed. Campos.

8. LEHMANN, D.R. *Marketing Research and Analysis*. 3ª Edição. Homewood: Richard D. Irwin.

9. CAMPOS, Vicente Falconi. *O Verdadeiro Poder*, INDG TecS. Nova Lima - MG. 2009.

10. SCAPIN, Carlos Alberto. *Análise Sistêmica de Falhas*, INDG TecS. Nova Lima - MG. 2007.

CAPÍTULO 2

IDENTIFICAÇÃO DE OPORTUNIDADE DE MERCADO

2.1. Como Identificar as Oportunidades de Mercado

Para identificar oportunidades de mercado é necessário pesquisar os vários segmentos de mercado e identificar necessidades e desejos de consumo não atendidas ou mal atendidas pelos fornecedores de um dado tipo de produto ou serviço. É necessário, ainda, conhecer o perfil do potencial cliente, sua capacidade de compra, e como poderá ter acesso ao produto. É também necessário avaliar o tamanho do mercado: em termos de número de clientes e em termos financeiros (valor total de vendas possíveis). Há ainda a necessidade de aprofundar o conhecimento sobre o mercado e particularmente entender os seus componentes ou a segmentação de mercado. O conceito de segmento de mercado considera que o mercado global, incluindo todos os clientes, não é homogêneo, havendo pequenas partições que reúnem classes de clientes com demandas parecidas e características comuns. Focando no segmento de mercado, a empresa pode desenvolver produtos e *marketing* ajustados às necessidades dos clientes de um segmento. Isto facilita também o estabelecimento do preço e reduz os custos de distribuição e propaganda que seriam específicos para o segmento alvo. Em vez de dispersar seu esforço procurando atingir o mercado global. A segmentação do mercado normalmente é definida tendo em vista o objetivo da pesquisa. Os critérios mais frequentes de segmentação são: renda, região, tipo de profissional, hábitos de compra, setor da indústria, etc.

Dois tipos de pesquisas podem ser requeridos: as quantitativas e as qualitativas. As técnicas de pesquisa quantitativa visam a clarificar, dimensionar ou estabelecer índices de fatos ou fenômenos mercadológicos. Nesta pesquisa a intenção é a classificação e o dimensionamento do fenômeno. Os dados das pesquisas são analisados por meio de *software* estatístico. A técnica mais comum de levantamento é a aplicação de questionário em uma amostra do mercado ou do segmento alvo. As técnicas da pesquisa qualitativa visam a identificar e explorar, com profundidade, dados e informações com a intenção de compreender a natureza do fenômeno. As técnicas mais comuns são: entrevistas individuais, entrevistas em grupo (*focus group*), observação direta, painéis e experimentos[6]. São estas as técnicas mais utilizadas para o planejamento da qualidade de um produto.

2.2. Pesquisa de Mercado por meio de Dados Secundários

A pesquisa de mercado com dados secundários busca informações que podem ser obtidas de forma indireta por meio de inferência a partir de dados secundários conhecidos. Entidades de classe, governamentais e outras com fins comerciais oferecem informações de mercado. Por exemplo: IBGE, Anfavea, IBS, Sinduscom, COPPEAD, Gazeta Mercantil, Marketshare.com, Macrométrica, etc. Esta forma de obter informações de mercado é normalmente mais rápida e barata e deve ser utilizada quando os objetivos da pesquisa possam ser alcançados. Como exemplo, para conhecer o mercado de aço para molas helicoidais de veículos automotores, parte-se do peso de cada peça aplicada nos diferentes veículos e então multiplica-se pela produção destes veículos (conhecida por meio da Anfavea, Gazeta Mercantil, etc.) e acrescenta-se a taxa média de reposição. Em seguida aplica-se um rendimento médio da indústria. Desta forma se obtém uma boa estimativa do consumo deste aço específico para produção de molas helicoidais. Utilizando a previsão de produção de veículos chegamos à previsão de demanda de aço. Aplicando-se um preço médio por tonelada de aço chega-se ao tamanho aproximado do mercado. Esta é uma forma rápida e barata de inferência inicial do tamanho do mercado. A internet oferece, de forma gratuita ou paga, a maioria das informações de mercado. A internet dispõe para pesquisa as ferramentas de busca (*minner*) que podem ser utilizadas para chegar ao mercado.

2.3. Pesquisa de Mercado por meio de Dados Primários

Outra maneira de conhecer o mercado é por meio de Pesquisa de Mercado com entrevistas, questionários, e-mail, etc., aplicados aos usuários potenciais (dados primários).

O projeto formal da Pesquisa de Mercado pode ser visto como uma série de passos chamada Processo de Pesquisa. Para efetivamente conduzir um projeto de pesquisa, é essencial antecipar todos esses passos, assim como reconhecer suas interdependências. A Figura 2.1 mostra esses passos.

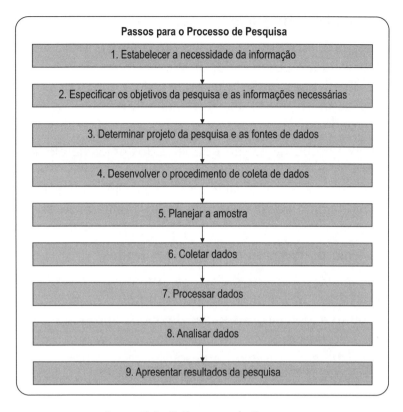

Figura 2.1: O Processo de Pesquisa.

2.4. Descrição do Processo de Pesquisa de Mercado

1. Necessidade de Informação

O estabelecimento da necessidade da informação na pesquisa de mercado é o primeiro passo no processo da pesquisa. O pesquisador deve entender claramente por que a informação é necessária. Se o projeto de pesquisa é para prover informação para a tomada de decisão, as informações necessárias devem ser precisamente definidas.

Gerentes normalmente reagem com palpites (pressentimento) e sintomas, em vez de claramente identificar situações de decisão. Consequentemente, estabelecer a necessidade de pesquisar a informação é uma fase crítica e às vezes difícil do processo de pesquisa.

Muito frequentemente não é dada a devida importância a este passo inicial, em razão da excitação da realização do projeto da pesquisa.

Isto resulta em resultados de pesquisa que não auxiliam no processo de tomada de decisão.

2. Objetivos da Pesquisa e Informações Necessárias

Uma vez que a necessidade da pesquisa da informação tenha sido claramente estabelecida, o pesquisador deve especificar os objetivos da pesquisa proposta e desenvolver um lista específica de informações necessárias. Os objetivos da pesquisa respondem à seguinte questão: "Por que este projeto está sendo conduzido?".

Os objetivos da pesquisa são estabelecidos antes de ela ser iniciada. As necessidades de informação devem responder à questão: "Qual informação específica é necessária para atingir os objetivos?" Na prática, as necessidades de informação constituem uma lista detalhada de objetivos da pesquisa.

3. Planejamento da Pesquisa e Origem dos Dados

Uma vez que os objetivos do estudo já tenham sido determinados e as informações necessárias listadas, o próximo passo é planejar o projeto formal da pesquisa e identificar as fontes de dados apropriadas para o estudo. O planejamento da pesquisa é o plano básico que guia a coleta de dados e a fase de análise do projeto de pesquisa. É a estrutura que especifica o tipo de informação a ser coletada, a fonte dos dados, o procedimento desta coleta e a análise de dados.

As fontes de dados podem ser internas ou externas à organização. Fontes internas incluem estudos prévios de pesquisa e registros/documentos da companhia. Fontes externas incluem relatórios de pesquisa comercial, revistas de negócio, relatórios de associações de indústria e relatórios do Governo. Se os dados achados servem às informações necessárias, o pesquisador deve examinar o Plano de pesquisa e avaliar se todas as necessidades de informação podem ser atendidas e o nível de precisão dos dados. A reputação da organização que coleta e coloca à disposição os dados é que confere credibilidade e confiança.

Se os dados não estão disponíveis em fontes internas nem em externas, o próximo passo é coletar novos dados por meio de entrevistas, questionários, e-mail, telefone, entrevistas pessoais, observação, experimentação ou simulação. Os passos restantes no processo de pesquisa relativo à coleta de dados vêm destas fontes.

4. Procedimento da Coleta de Dados

No desenvolvimento do procedimento de coleta de dados, o pesquisador deve estabelecer uma ligação efetiva entre as informações necessárias e as perguntas a serem feitas ou as observações a serem registradas (documentadas). O sucesso do estudo é acima de tudo dependente da habilidade e criatividade do pesquisador em estabelecer esta ligação. A responsabilidade desta tarefa é principalmente do pesquisador. É conveniente criar não apenas o questionário mas também um *script* detalhado para orientar o pesquisador.

5. Planejamento da Amostra

O primeiro ponto importante no planejamento da amostra refere-se a "o quê" ou "quem" deve nela ser incluído. Isto significa que é necessária uma definição clara da população que será representada pela amostra. O próximo ponto importante refere-se ao método utilizado para selecionar a amostra.

Estes métodos são orientados pela teoria de amostragem. Pode-se escolher uma amostra aleatória ou predeterminada (em que a proporção dos *clusters* é estabelecida e dentro destes a sub-amostra é aleatória). O terceiro ponto importante envolve o tamanho da amostra. O tamanho da amostra determina a precisão com que se infere a população. Inicialmente se define qual a precisão necessária para a tomada de decisão e então, dependendo do tipo de distribuição de probabilidade, busca-se em tabelas o tamanho indicado da amostra.

6. Coleta de Dados

O processo de coleta de dados é crítico, uma vez que normalmente é a parte mais cara da pesquisa e ao mesmo tempo é onde se concentram os erros de pesquisa. Consequentemente, a seleção, o treinamento e o controle dos entrevistados são essenciais para a efetividade dos resultados da pesquisa de *marketing*. É recomendável que do *script* constem instruções claras para prevenir erros. É recomendável realizar um teste inicial do questionário com uma pequena amostra, contendo de 10 a 50 preenchimentos e, se necessário, realizar pequenos ajustes com a ajuda do entrevistador.

7. Processamento de Dados

Uma vez que os dados já tenham sido registrados, o processamento destes se inicia. Isso inclui as funções de edição e codificação. Edição envolve a revisão das formas dos dados como legibilidade, consistência e suficiência. Codificação envolve o estabelecimento de categorias por responsabilidades ou grupos de responsabilidades. Desta forma os números podem ser usados para representar categorias. Os dados estão prontos para análise no computador.

8. Análise de Dados

É importante que a análise de dados seja consistente com as informações necessárias requeridas e identificadas no passo 2. Isto é geralmente feito utilizando-se *software* apropriado, como o SPSS, Minitab, etc. Na maioria das vezes uma planilha eletrônica é suficiente.

9. Apresentação dos Resultados

Os resultados da pesquisa são normalmente comunicados por meio de um relatório escrito e de uma apresentação oral. É imperativo que o resultado da pesquisa seja apresentado em formato simples e endereçado às necessidades de informações para a tomada de decisão.

2.5. Exemplo de uma Pesquisa Quantitativa de Mercado para Identificação de Oportunidade

Para deixar o tema mais claro, vejamos um exemplo em que a pesquisa de mercado foi realizada com a finalidade de avaliar as oportunidades de mercado para uma empresa de plano de saúde. A região de atuação da empresa é a de uma cidade de médio porte e compreende pequenas cidades e municípios vizinhos. A empresa possui uma carteira de clientes de planos de saúde tipo familiar (principalmente para as classes A e B) e estável há alguns anos. Os objetivos estabelecidos foram: o que está limitando as vendas? Que oportunidades aproveitar?

Desta forma, as informações necessárias que devem ser respondidas pela pesquisa são: Quais os segmentos de mercado e quais seus tamanhos? Quantas famílias não possuem plano de saúde em cada segmento? Quais os concorrentes para cada segmento? Que tipo de plano de saúde é oportuno? Qual a renda média dos potenciais clientes dos vários segmentos?, etc.

Tendo em vista que estas informações não são disponíveis, decidiu-se aplicar um questionário de pesquisa por telefone. Foi criando um *script* para que os próprios funcionários da empresa aplicassem o questionário. Atenção especial foi dada no sentido de garantir que a pessoa entrevistada fosse a pessoa habilitada a responder as questões. A amostra foi predeterminada para representar a proporção dos habitantes de cada município. A aleatoriedade foi garantida por meio de sorteio da página dos catálogos telefônicos e da posição do entrevistado na página. Foi estimada uma amostra de tamanho de 1000 questionários com informações completas. A precisão dos dados foi calculada utilizando tabelas de precisão x tamanho de amostra para distribuição binomial.

A precisão da pesquisa foi confirmada por meio da comparação da distribuição de renda levantada pela pesquisa com a do censo do IBGE.

A Figura 2.2 mostra o questionário que foi aplicado.

Pesquisa de Participação no Mercado das Empresas de Planos de Saúde
QUESTIONÁRIO
1. Telefone: 2. Cidade:
Nome: 3. Sexo:
4. Idade: 5. Profissão do chefe da família:
6. Número de pessoas na casa:
7. Alguém da família tem Plano de Saúde? (Mora na casa) a) Sim b) Não
8. Quem?
9. De qual empresa é o Plano de Saúde?
10. O Plano de Saúde é familiar ou de empresa? a) Familiar b) Empresarial
11. Há quanto tempo? a) Menos de 1 ano b) De 1 a 5 anos c) De 5 a 10 anos d) Mais de 10 anos
12. Qual a faixa de renda familiar? a) Até 5 SM   (R$ 180,00 - R$ 900,00) b) De 5 a 10 SM   (R$ 900,00 a R$ 1.800,00) c) De 10 a 20 SM   (R$ 1.800,00 a R$ 3.600,00) d) Mais de 20 SM   (+ R$ 3.600,00) e) Não respondeu

Figura 2.2: Questionário de Pesquisa de Mercado.

Os dados de cada formulário de pesquisa foram processados com a ajuda de uma planilha Excel e são apresentados resumidamente na Figura 2.3.

Estimativa da Dimensão de Mercado do *Core Business*					
		Preço Mensal	Com Plano	Sem Plano	Total
fam A e B	habitantes	110	140.100	14.700	154.800
fam C até E	habitantes	35	0	361.200	361.200
Total famílias	habitantes	0	140.100	375.900	516.000
Empresarial	habitantes	45	114.024	274.976	389.000
fam A e B	milhões reais		185	19	204
fam C até E	milhões reais		0	152	152
Total famílias	milhões reais		185	171	356
Empresarial	milhões reais		62	148	210
TOTAL GERAL	milhões reais		247	320	566

Figura 2.3: Resultados da Pesquisa de Mercado.

Como pode ser visto, o grau de saturação do mercado das classes A e B, em que a empresa está focada, é muito alto. Apenas 10% dos habitantes desta classe não têm plano de saúde. Este dado com certeza explica o principal fator limitante de crescimento. Por outro lado, as famílias das classes C até D não possuem planos de saúde e constituem um mercado de R$ 361.200,00/ano para planos familiares e de R$ 148.000,00 para planos empresariais.

Descobriu-se então uma grande oportunidade de mercado. Maior do que a fatia que a empresa disputa hoje. Entretanto, ela terá que desenvolver produto específico para classe de renda mais baixa.

Descobriu-se também a participação da concorrência em cada segmento de mercado (não mostrada).

Desta forma, a pesquisa foi bem-sucedida e respondeu aos objetivos propostos e, ainda mais, possibilitou à empresa traçar estratégias de crescimento.

2.6. Exemplo de Método para Definição de Segmento Alvo

A empresa deve estudar todo o mercado e segmentá-lo para localizar o segmento mais vantajoso que ela deve focar. A melhor escolha está relacionada com o potencial econômico do segmento e com o aproveitamento das capacitações, recursos e forças de que a empresa dispõe para atendê-lo.

Vejamos um exemplo ilustrativo. Imaginemos que uma empresa de televisão aberta esteja interessada em fazer um estudo de mercado para identificar o(s) segmento(s) mais atrativo(s) a fim de desenvolver um programa para atender às necessidades específicas dos telespectadores deste(s) segmento(s). A receita de uma empresa de televisão provém principalmente de agências de propaganda e empresas investidoras que pagam para anunciar seus produtos.

A audiência do programa influencia o preço que a empresa de televisão pode praticar. Do ponto de vista econômico, o primeiro estudo a ser feito é o de avaliar a atratividade de cada segmento de mercado. Vai-se avaliar a demanda por anúncios de cada segmento, ou seja, o montante de dinheiro que as empresas investidoras e as agências irão aplicar em anúncios de produtos visando a atingir os segmentos específicos. Este estudo pode ser realizado por meio de uma pesquisa nas agências e empresas investidoras para coletar os dados, como mostrado no exemplo da Figura 2.4.

O primeiro segmento é de homens classe A e B com mais de 25 anos de idade (HH AB + 25), cuja população é de 13.500.000 pessoas. A pesquisa nas agências indica as empresas anunciantes e o valor da verba de anúncio de produtos para este segmento. No caso da Nestlé é de R$ 30.000,00/mês, que corresponde à soma do orçamento de propaganda para os produtos que visam a este segmento. Somando para todas as empresas e dividindo pela população do segmento, chegamos ao valor de segmento por pessoa, que para este segmento é de 6,7 R$/pessoa (Figura 2.4). Desta forma podemos identificar a rentabilidade potencial dos vários segmentos. De posse destes conhecimentos, a empresa avalia seus recursos e capacitações para atender às necessidades dos clientes dos vários segmentos (última coluna da Figura 2.4).

Com este quadro preenchido a empresa deverá ordenar os segmentos, primeiramente em função do nível de alinhamento destes com suas capacitações e, em segundo lugar, em função do valor do segmento/pessoa.

Segmento de Audiência	Empresas Investidoras	Valor da Verba	Valor do Segmento / Pessoa	Capacidade Atender Segmento
HH AB + 25	Nestlé	30.000,00	6,70	Baixa
	Volkswagen	60.000,00		
População do Segmento 13.500 (em milhares)	Padaria Sto. Antônio	500,00		
		90.500,00		
MM AB + 25	Nestlé	22.000,00	4,15	Média / Alta
	Bombril	60.000,00		
População do Segmento 20.020	Renault	1.000,00		
		83.000,00		

Figura 2.4.: Exemplo da Análise de Segmentação de Mercado.

2.7. Conclusão

Novas oportunidades de mercado existem para qualquer empresa. Não é adequado que a empresa, olhando para seus processos e tecnologias, procure identificar produtos que poderia oferecer ao mercado. Para tirar o máximo proveito, ela deve entender quais produtos os mercados estão demandando e então desenvolver produtos para atender às demandas. Empresas com cultura de pesquisa e análise de mercado lançam produtos que aproveitam as suas forças estratégicas e as tecnologias de que dispõem e com isto têm maiores chances de sucesso.

Bibliografia Citada

1. KINNEAR and TAYLOR. *Marketing Research, an Applied Approach*. McGrawHill.

2. KOTLER, P., ARMSTRONG, G. *Princípios de Marketing*. Rio de Janeiro: Prentice Hall do Brasil.

3. URBAN, G.L., HAUSER, J. R. *Design and Marketing of New Products*. 2ª Edição, Englewood Cliffs, N. J. Prentice-Hall.

CAPÍTULO 3

O PROJETO DO PRODUTO

3.1. Introdução

Neste capítulo serão realizadas as atividades para definir/obter as características de qualidade (especificações) que irão possibilitar o projeto do Produto. Estas características assim definidas estão em nível de sistema, devendo posteriormente ser desdobrada até o nível de componentes (Engenharia de Sistemas) (Figura 1.7). Para isto é necessário: - Identificar as necessidades dos clientes - Avaliar a posição competitiva - Selecionar o conceito do produto - Identificar tecnologias adequadas e Projetar as características do produto. Conforme o conceito do QFD, se faz necessário um profundo entendimento da "Voz do Cliente" e a correta interpretação desta para estabelecer as especificações que atendam precisamente às necessidades do cliente. Elimina-se desta forma um hábito muito comum em muitas empresas, nas quais estas definições ocorrem internamente na empresa sem considerar o cliente.

Um dos fundamentos do Planejamento da Qualidade é o desenvolvimento de produtos orientado pelo mercado.

Será mostrado, neste capitulo, como obter, dispor e tornar precisas as necessidades dos clientes por meio da Tabela de Necessidades dos Clientes. A seguir, será mostrado como deve ser efetuada a seleção do conceito do produto, da tecnologia necessária e o trabalho de extrair e relacionar as características que o produto deve possuir para atender às necessidades dos clientes. São utilizados, para estes estudos, diagramas de matrizes, que ajudam a selecionar o conceito do produto e estabelecer as características técnicas do produto que atendam às exigências dos clientes.

⇨ **Tecnologia, Necessidades dos Clientes, Produtos e Mercado**

O Gráfico 3.1 mostra conceitualmente como os produtos da empresa estão relacionados principalmente com as necessidades dos clientes e com a tecnologia disponível ou a ser adotada. O portfólio de produtos depende então da tecnologia e da capacidade da empresa de atender às necessidades dos clientes em relação à concorrência. Da mesma forma, o tamanho do mercado depende do atendimento das necessidades dos clientes e do número de clientes que a empresa irá atender. Quando a empresa atende bem às necessidades de seus clientes e implanta um plano de *Marketing* adequado, ela consegue aumentar o número de clientes e, portanto, o seu mercado.

Gráfico 3.1: Interdependência da Tecnologia, Clientes, Necessidades de Clientes.

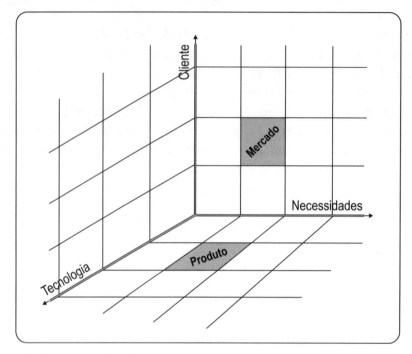

Em seguida, serão discutidas as várias maneiras de estabelecer a "qualidade projetada", ou seja, os valores-meta para as características da qualidade do produto, de forma que atendam ao cliente.

A Tabela 3.1 detalha as atividades para obter o Projeto das Características do Produto (Figura 1.7), indicando também como estas serão executadas e o porquê.

Tabela 3.1: Resumo dos Passos para o Projeto das Características da Qualidade do Produto.

	O QUE	POR QUE	COMO
P	Identificar Segmento Alvo de Mercado	Obter uma previsão de demanda e informações para o plano de *Marketing*	Pesquisa Qualitativa de Mercado, como mostrada no Capítulo 2
	Analisar a atratividade de mercado	Apoiar a decisão de desenvolver o produto	Cruzando a atratividade do mercado com a competitividade da empresa
	Identificar as necessidades dos clientes	Para conhecer as necessidades dos clientes	- Pesquisa de mercado - Entrevista, etc.
	Organizar as necessidades dos clientes de forma sistemática	Para facilitar o entendimento das necessidades dos clientes	Montar a tabela de desdobramento das necessidades dos clientes
	Estabelecer prioridades entre as necessidades dos clientes	Para atender melhor às qualidades mais importantes	Avaliação da importância das necessidades dos clientes e de quão bem os concorrentes as atendem
	Identificar o melhor conceito para o produto	Um bom produto depende de um bom conceito	Uso de métodos de criação
	Adotar as tecnologias mais adequadas	A disponibilidade de novas tecnologias pode trazer vantagens para os clientes	Identificar tecnologias por meio do estudo das funções e contra funções do produto ou de seus componentes
	Identificar características técnicas para avaliar o cumprimento das necessidades dos clientes e organizá-las sistematicamente	Para transferir as informações de uma linguagem de mercado para uma linguagem técnica entendida pelos especialistas	Extrair as características da qualidade do produto a partir das necessidades dos clientes. Montar a tabela de desdobramento das características da qualidade
	Correlacionar as necessidades dos clientes com as características técnicas	Para avaliar as relações existentes entre necessidades do cliente e característica da qualidade	Elaborar a Matriz de Qualidade, cruzando as necessidades dos clientes com as características da qualidade do produto
	Identificar as características da qualidade do produto prioritárias a partir da voz dos clientes	Para identificar características da qualidade do produto que merecem receber maior atenção e investimentos da empresa	Converter a importância das necessidades dos clientes em importância das características da qualidade do produto
	Especificar o valor-meta das características da qualidade do produto	Para satisfazer as necessidades dos clientes	Comparar produtos atuais e aplicar engenharia
	⋮	⋮	⋮

3.2. Como Selecionar os Produtos para Melhorar a Qualidade

Quando a empresa compete com vários produtos no mercado, geralmente a situação destes é diferenciada. Alguns estão com participação crescente, indicando que satisfazem às necessidades dos clientes, outros apresentam problemas de qualidade e eventualmente geram reclamações dos clientes, outros estão perdendo participação mas são estratégicos, outros a empresa decidiu retirar do mercado e não fará nenhum grande investimento neles. A empresa, por meio do monitoramento de mercado (inteligência de *marketing*) e de um plano de gestão estratégica, seleciona entre os produtos aqueles prioritários, tendo em consideração as dimensões: Qualidade, Custo e Entrega. Assim, podem ser identificados produtos nas seguintes situações: a) aqueles que devem ter a garantia da qualidade promovida ou que merecem melhorias do controle e/ou da qualidade; b) que devem ter os custos reduzidos; c) que devem ter a entrega melhorada, etc.

Uma vez estabelecido o conceito básico, deve se feita uma pesquisa das necessidades dos clientes, cuidadosamente preparada. Este assunto será introduzido neste capítulo, mas outras referências devem também ser consultadas[6,8].

⇨ Identificação dos Segmentos de Mercado

O conceito de segmento de mercado considera que o mercado global, incluindo todos os clientes, não é homogêneo, havendo pequenas partições ou segmentos de mercado que reúnem classes de clientes com demandas parecidas e características comuns. Focando no segmento de mercado, a empresa pode desenvolver produtos e *marketing* ajustados às necessidades dos clientes de um segmento. Isto facilita também o estabelecimento do preço e reduz os custos de distribuição e propaganda que seriam específicos para o segmento alvo. Em vez de dispersar seu esforço procurando atingir o mercado global. Devem-se levantar as necessidades dos clientes por segmento de mercado, priorizando os esforços nos mais importantes e volumosos para os negócios da empresa. Devem ser feitas análises por segmento e globais. O tamanho do mercado é avaliado por meio de Pesquisa Quantitativa de Mercado. O objetivo desta pesquisa é o de dimensionar o Mercado Potencial e o Mercado Alvo. O tamanho de um mercado é obtido conhecendo o número de potenciais compradores existentes para um produto específico. Estes compradores possuem três características básicas: estão interessados em adquirir o produto, têm renda para suportar uma compra e têm acesso à oferta do produto.

É necessário refinar a definição do mercado, estabelecendo segmentos com limites bem claros. O conjunto de compradores com estas características constitui o Mercado Potencial. Entretanto, parte do mercado potencial é constituído de compradores que já adquiriram o produto e que formam o Mercado Penetrado. Outra parte compreende os potenciais compradores que têm interesse, têm renda suficiente mas que, por exemplo, são impedidos legalmente de comprar, estes constituem o Mercado Indisponível. Resta portanto para a empresa explorar os demais compradores potenciais que constituem o seu Segmento Alvo de Mercado.

Esta pesquisa quantitativa de mercado pode ser realizada com dados primários (entrevistando uma amostra da população que possui renda e acesso) ou por meio de Dados Secundários. A pesquisa por meio de dados secundários são informações de mercado já disponíveis em institutos de pesquisa, associações de classes, sindicatos, órgãos públicos, etc. e é normalmente mais barata.

Este assunto normalmente é objeto do Planejamento de Marketing da empresa. Este planejamento estuda a situação dos produtos nos segmentos de mercado, identifica oportunidades e traça planos de *marketing* relativos a desenvolvimento de produtos, de políticas de preço, de propaganda e de distribuição. Partiremos do pressuposto de que a identificação do produto para o mercado visado já tenha sido uma decisão tomada no planejamento estratégico ou de Marketing. Assim, a pesquisa de necessidades será realizada entre os clientes do segmento alvo.

3.3. Análise de Atratividade

O sucesso dos produtos da empresa depende de fatores de mercado (como a taxa de crescimento, margens praticadas, etc.) e da competitividade relativa da empresa (custo, qualidade, etc.)[6][7]. É necessário atribuir pesos a cada fator e avaliar a posição do produto no segmento analisado. Os mercados atrativos são aqueles que estão crescendo e nos quais a empresa se encontra bem posicionada, ou aqueles segmentos de mercado mal atendidos pela concorrência e que a empresa pode atender melhor.

Para suportar a decisão de desenvolvimento de um novo produto a empresa deve avaliar suas chances de sucesso. Tais chances irão depender de dois fatores principais: da atratividade do mercado e da posição competitiva da empresa. Estes fatores devem ser avaliados para a situação atual e também prognosticados para a situação futura.

A atratividade do segmento de mercado deve ser avaliada por meio de indicadores, tais como:

- Taxa de crescimento do mercado em relação ao da economia.
- Margem de lucratividade.
- Grau de fragmentação da indústria.
- Facilidade de entrada de novos concorrentes.
- Velocidade de mudança da tecnologia.
- Etc.

A posição competitiva da empresa deve ser também avaliada por meio de indicadores. Os principais indicadores neste caso são:

- Qualidade relativa dos produtos.
- Participação relativa de mercado.
- Custos relativos.
- Nível relativo da tecnologia.
- Disponibilidade de insumos.
- Lealdade dos clientes.
- Subsídios.
- Energia.
- Localização.
- Patentes.
- Etc.

Dependendo do setor da indústria, do tipo de produto e do segmento de mercado, tanto os indicadores de atratividade quanto os de posição competitiva têm graus de importância diferenciados. Por exemplo, para uma indústria de capital intensivo, com produtos de longo ciclo de vida, a facilidade de entrada de novos concorrentes é um indicador de atratividade muito importante, já para a indústria de vestuário a taxa de crescimento de mercado é que assume alta importância. Para imóveis residenciais destinados ao segmento de mercado das classes C e D, o custo é um indicador de competitividade que tem uma importância relativa alta. Já para o segmento da classe A, a qualidade relativa é que tem importância alta.

Tanto as avaliações de importância dos indicadores de atratividade quanto dos de competitividade devem ser obtidas a partir da experiência da empresa e fundamentadas por pesquisas de mercado.

Para aumentar a precisão destas avaliações, deve-se comparar os indicadores entre si. A importância absoluta de um indicador específico pode ser obtida por consenso da equipe. Isto será mostrado no item 3.4.4.

A posição real de cada indicador de atratividade e de competitividade na situação atual e futura deve também ser avaliada tanto para a empresa quanto para o concorrente.

A Tabela 3.2 mostra uma maneira de analisar a atratividade do mercado e a competitividade da empresa comparada com a situação do principal concorrente. Esta tabela é construída da seguinte forma:

1. Primeiramente são selecionados os indicadores de atratividade e de competitividade adequados para o tipo de indústria, mercado e produto. A primeira coluna da Tabela 3.2 mostra um exemplo da relação destes indicadores.

2. Em seguida é avaliado o grau de importância de todos os indicadores na escala de 1 a 5 (sendo que 1 significa indicador sem importância e 5 indicador muito importante).

3. É feita a avaliação da posição real dos indicadores. São estabelecidas as notas que correspondem às posições ou níveis destes indicadores tomados na escala de 1 a 5. (Onde 1 corresponde a baixos níveis de atratividade ou competitividade e 5 a altos níveis).

4. Em seguida é calculada a pontuação de cada indicador para a situação atual e futura, da seguinte forma:

    Grau de importância X Nota da posição atual = Pontuação da posição atual.

    Grau de importância X Nota da posição futura = Pontuação da posição futura.

5. As pontuações são totalizadas para os indicadores de atratividade e para os de competitividade. É indicado entre parênteses o valor máximo (correspondente a todas as notas com valor 5) e o valor mínimo (todas as notas com valor 1) de cada indicador e para os totais.

Por exemplo, na primeira linha da Tabela 3.2 o grau de importância do indicador "taxa de crescimento" foi avaliado com nota máxima (5) e a posição real de crescimento do mercado, obtida por meio de pesquisa, aponta um crescimento ligeiramente superior ao da economia (nota 3). Estas notas são obtidas por consenso da equipe. Notas altas indicam mais atratividade do mercado enquanto notas baixas indicam menos. A coluna de pontuação corresponde ao produto do grau de importância multiplicado pela nota da posição (5 x 3 = 15). A pontuação máxima seria de 25, indicado entre parênteses (5 x 5 = 25), para a situação em que as taxas de crescimento do mercado fossem muito elevadas. Para a situação futura a posição do indicador de crescimento de mercado recebeu uma nota (4), ou seja, foi prognosticado que o mercado estará crescendo a taxas mais altas do que as atuais.

A avaliação da competitividade dos principais concorrentes deve ser feita, mesmo que aproximada, por meio do monitoramento dos concorrentes.

O gráfico da Figura 3.1 mostra o cruzamento da atratividade de mercado com a posição competitiva da empresa. É mostrada também a situação do principal concorrente. Na abscissa está indicada a avaliação global da competitividade, correspondente à soma dos produtos das importâncias pelas respectivas notas. Na ordenada está representada a atratividade do mercado correspondente à soma dos produtos da importâncias pelas notas de atratividade. A empresa deverá abandonar o desenvolvimento do produto se sua posição cair no quadrante "Abandonar", a menos que crie um programa para melhorar sua posição competitiva de forma significativa. A situação mostrada no gráfico indica que a empresa deve desenvolver o produto, mas provavelmente a lucratividade não será alta, já que está no quadrante "Explorar". Se a análise tivesse mostrado a empresa no quadrante "Otimizar", a lucratividade seria promissora. O quadrante "Desenvolver/manter" indica a possibilidade de crescimento potencial da rentabilidade, mas é necessária a melhoria da posição de competitividade da empresa.

Tabela 3.2: Importância e Posição dos Indicadores de Atratividade e Competitividade.

Indicadores	Grau de Importância	Posição Atual		Posição Futura	
1. Atratividade do Mercado		Nota	Pontuação	Nota	Pontuação
- Taxa de crescimento	5	3	15 (25)	4	20
- Barreiras de entrada	3	3	9 (15)	2	6
- Margem de lucratividade	4	4	16 (20)	3	12
- Número de concorrentes	3	1	3 (15)	1	3
- Rapidez mudança tecnológica	3	2	6 (15)	2	6
TOTAL			49 (90)		47
2. Posição Competitiva					
- Participação do mercado (Nós)	5	2	10 (25)	2	10
Concorrente		3	15	3	15
- Custos relativos (Nós)	4	5	20 (20)	4	16
Concorrente		1	4	3	12
- Qualidade relativa do produto (Nós)	5	5	25 (25)	5	25
Concorrente		3	15	3	15
- Competência gerencial (Nós)	3	4	12 (15)	5	15
Concorrente		2	6	4	12
- Lealdade do cliente (Nós)	2	1	2 (10)	2	4
Concorrente		1	2	1	2
TOTAIS Concorrente			42		56
Nós			69 (95)		70

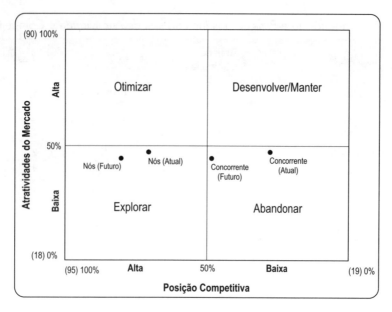

Figura 3.1: Matriz BCG - Avaliação do Posicionamento Competitivo.

3.4. Identificar as Necessidades dos Clientes

Os clientes têm diversos tipos de necessidades quanto a um produto: pode ser referente às funções que o produto deveria desempenhar ou referente ao nível de desempenho, confiabilidade que o produto deve apresentar. Outros aspectos a considerar são a comodidade para usar, funções de estima e adequação do preço do produto ao seu segmento alvo de mercado a ser atendido, etc. Ao ouvir o cliente, estas necessidades são colocadas de forma dispersa e constituem o que chamamos de Itens Exigidos.

Por este motivo serão apresentadas aqui algumas técnicas utilizadas para levantar os itens exigidos, prepará-los de uma forma para facilitar o entendimento das verdadeiras necessidades dos clientes.

A obtenção destes dados requer que a empresa estabeleça um canal de comunicação com o mercado por meio do estreito contato com o cliente, extraindo dele informações qualitativas que representem suas necessidades e desejos, e como o cliente posiciona o produto da empresa em relação aos produtos da concorrência. A empresa deve usar de todos os dados estatísticos disponíveis para melhorar a qualidade de suas informações, já que grande parte dos problemas dos produtos decorre de erros e mal-entendidos ocorridos nesta fase do projeto.

As necessidades dos clientes não são fixas e se alteram com as mudanças de cenário, de usos e costumes etc. Não existe uma lista definitiva de necessidades dos clientes. O mercado é afetado por forças que vão surgindo no horizonte e que estão sempre mudando de direção: novas tecnologias, novos competidores, taxa de câmbio, etc. Estas forças geram novas necessidades e alteram as prioridades atribuídas às já existentes.

3.4.1. Como Obter a Voz dos Clientes

Informações tradicionais e especificações disponíveis não são suficientes para garantir a satisfação do cliente. Isto porque as especificações são, em geral, uma lista de características do produto com valores definidos que visam a garantir a funcionalidade do produto, sem diferenciar os aspectos importantes dos não importantes. Portanto, além das especificações, é necessário entender melhor como o cliente valoriza ou prioriza as suas necessidades. Devido a isto, citamos dois casos que requerem tratamentos diferenciados:

1) Quando a empresa não tem experiência com o produto

Neste caso é necessário obter a "voz do cliente" diretamente, por meio de pesquisas de mercado que serão conceituadas abaixo. Este é um assunto especializado, crítico para obtenção do sucesso esperado com os produtos da empresa e nem sempre as empresas detêm este conhecimento.

A qualidade dos produtos está muito relacionada à qualidade das informações em que os especialistas se basearam para desenvolvê-los. Portanto, respostas precisas a algumas questões importantes são fundamentais para garantir a qualidade dos dados que orientarão para a tomada de decisões. As principais questões que surgem quando se deseja ouvir os clientes diretamente são:

a) Qual é o segmento alvo de mercado?

b) Qual técnica será utilizada para obtenção das informações?

c) Qual será o tamanho e composição da amostra?

d) Como as pessoas serão selecionadas e questionadas?

A escolha do segmento alvo (grupo de clientes que têm interesse, renda e acesso) consiste na mensuração dos potenciais clientes de quem desejamos obter informações úteis, evitando incluir opiniões irrelevantes ou excluir opiniões relevantes. Esta tarefa é simples para as empresas que possuem poucos clientes. Neste caso sugere-se que todos os clientes sejam ouvidos. Quando a empresa possui muitos clientes, como é o caso de um fabricante de artigos populares, deve-se buscar as informações por meio de amostras.

A seleção da técnica de amostragem mais apropriada depende da informação desejada e do orçamento disponível. Dois tipos de pesquisas podem ser requeridos: as quantitativas e as qualitativas. As técnicas de pesquisa quantitativa visam a clarificar, dimensionar ou estabelecer índices de fatos ou fenômenos mercadológicos. Nesta pesquisa a intenção é a classificação e o dimensionamento do fenômeno. Os dados das pesquisas são analisados por meio de softwares estatísticos. Várias análises poderão ser realizadas: <u>Análise de Conglomerados</u>[8] para identificação de agrupamentos afins, <u>Análise Fatorial</u> em que são identificados os fatores mais influentes em um dado resultado, etc. A técnica mais comum de levantamento é a aplicação de questionário em uma amostra do segmento alvo. As técnicas da pesquisa qualitativa visam a identificar e explorar com profundidade dados e informações com a intenção de compreender a natureza do fenômeno. As técnicas mais comuns são: entrevistas individuais, entrevistas em grupo (grupos-foco), observação direta, painéis e experimentos[6]. São estas as técnicas mais utilizadas para o planejamento da qualidade de um produto.

Para estabelecer o tamanho da amostra para pesquisa qualitativa, deve-se considerar a precisão estatística e a confiança desejadas, a política da empresa e as restrições financeiras. Uma boa decisão requer conhecimento de técnicas de amostragem. Recomenda-se utilizar amostras aleatórias ou predeterminadas, escolhendo o tipo mais apropriado conforme as características do segmento alvo.

2) Quando a empresa já tem experiência com o produto

Neste caso, não se deve perguntar ao cliente aquilo que já se sabe. Com a equipe interna da empresa, seguindo a Figura 3.2, já se consegue relacionar grande parte das necessidades dos clientes (dados secundários) sendo que a pesquisa nos clientes (dados primários) tem a finalidade de confirmar as necessidades ou completar algum item que não foi lembrado ou era ignorado. Quando se desenvolve previamente uma tabela inicial das necessidades dos clientes, a partir de dados secundários, a amostragem necessária para a pesquisa qualitativa pode ser reduzida. Neste caso, o tamanho da amostra varia aproximadamente da seguinte forma: de 10 a 12 clientes fornecem 70% das informações, 30 fornecem 90% das informações

A empresa deve utilizar todas as fontes disponíveis de informação sobre as necessidades dos clientes, tais como: Informações da Assistência Técnica, análise do uso do produto, reclamações, compreensão das necessidades que cada característica do produto atende, regulamentações e exigências legais, questionários distribuídos na compra e outras informações internas.

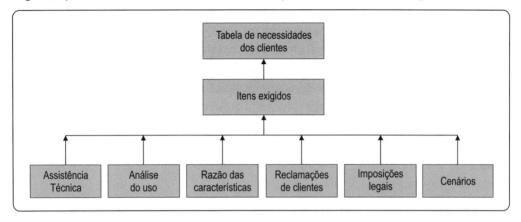

Figura 3.2: Conversão da Voz do Cliente em Necessidade do Cliente.

3.4.2. Como Obter as Necessidades Reais a partir da Voz dos Clientes

Em geral os clientes não expõem suas necessidades diretamente, mas relatam vagamente os seus desejos. Com base nos produtos já existentes, enfatizam características negativas de experiências passadas, sugerem contramedidas para melhorar o produto e falam muito amplamente sobre como eles gostariam que o produto satisfizesse aos usuários. Estas informações são muito úteis, mas precisam ser processadas para dar direção ao desenvolvimento do produto. Precisamos transformar as informações em conhecimento sobre o produto, mercado alvo, desempenho da concorrência, etc.

Para descobrir as verdadeiras necessidades dos clientes é preciso converter os dados originais em necessidades ou itens exigidos. Estes se referem às necessidades de todos os tipos: funções exigidas (por exemplo, "marcar data" em um relógio), qualidade intrínseca do produto (p.ex. "confortável no braço"), preço, atendimento a legislações, serviços associados ao produto, etc. É preciso classificar estes itens para sua utilização em etapas posteriores. Serão determinadas neste capítulo as qualidades intrínsecas do produto a partir das necessidades dos clientes. Nesta etapa, para alcançar os itens exigidos, devemos analisar detalhadamente o uso do produto, estudar as reclamações, considerar as exigências legais e regulamentações, entender a razão de cada característica do produto, ouvir como o cliente gostaria que o produto fosse, entender quais funções o produto deverá desempenhar, etc. Veja Figura 3.2.

Existem várias empresas, como as indústrias de materiais, tecidos, componentes eletrônicos, mecânicos, entre outras, que são fornecedoras de outras indústrias. Nestes casos, o cliente muitas vezes fornece a especificação e/ou os desenhos do produto, outras vezes fornece apenas a concepção do produto. Para buscar as necessidades dos clientes nestes casos, deve-se considerar como ponto de partida as características da qualidade especificadas pelo cliente e seus respectivos valores e tolerâncias. É importante pesquisar a razão de tais exigências, buscando as verdadeiras necessidades que irão compor a Tabela de Necessidades dos Clientes. Com base nesse questionamento a empresa, posicionando-se como fabricante especializado, melhora o seu entendimento e pode propor os valores mais adequados para as características da qualidade e agregar soluções não mencionadas explicitamente nas especificações.

São apresentados abaixo exemplos de cada um dos modos sugeridos na Figura 3.2 para a obtenção dos itens exigidos

⇨ **Razão das características da qualidade do produto**

Identificar as características do produto existente e verificar quais necessidades do usuário estas características estão satisfazendo ou visam a satisfazer.

Por exemplo, o arame farpado é produzido com uma espessura da camada galvanizada, que é uma característica da qualidade do produto.

Pergunta-se, por que a camada de zinco ajuda o usuário? Como exemplo poderia ser lembrado:

Característica da qualidade	Itens exigidos
Espessura da camada de Zinco	É durável
	Resiste por longo tempo às condições de uso
	Tem boa aparência
	Pode permanecer submerso
	Resiste à maresia

Figura 3.3: Extração de Itens Exigidos a partir de Características da Qualidade.

⇨ **Obtenção dos itens exigidos por meio da análise do uso do produto**

Normalmente os clientes colocam sua necessidade de forma ampla. Entretanto, é necessário aprofundar a pesquisa a fim de determinar qual será o uso real e quais as necessidades reais. Sugerimos que a análise do uso (fato real) seja feita da seguinte forma:

Vá aos locais em que o produto é utilizado, observe o uso e ouça do usuário seus problemas e necessidades. Procure identificar quem são os usuários e as pessoas que decidem comprar, que funções o usuário gostaria que o produto cumprisse, quando, onde e como se manifestam as necessidades, identificando itens exigidos que o produto deve satisfazer. Imagine também que outras funções o produto poderia oferecer por meio do entendimento da situação do seu uso. Veja se o produto atual oferece funções que não são necessárias para os clientes ou para alguns deles. Se puder analisar também o desempenho do produto da concorrência, melhor ainda.

Veja na Figura 3.4 um exemplo parcial de análise do uso para um arame de uso na agropecuária.

QUEM (decide comprar)	O QUE (função)	QUANDO (a função é necessária)	ONDE	PORQUE	COMO (problema/ necessidade)	ITEM EXIGIDO
Pecuarista (60%)	Manter apartado o gado (50%)	Ao movimentar o gado (20%)	Próximo ao curral ou canto de cerca (60%)	Vacinação/ pulverização/ rotação de pasto	Investe contra a cerca em velocidade	- Impõe respeito - É visível - Machuca ao tocar - É difícil passar - Resiste ao impacto
		Desmama de bezerros (30%)	Pasto vizinho à mãe (20%)	Manejo do plantel	Força por baixo em diversos lugares	- Mantém a posição
		Etc.	Etc.	Etc.	Etc.	Etc.
Lavourista (20%)	Proteger lavoura gado/cavalo (70%)	A plantação está tenra e volumosa (80 %)	A menos de 2 m da cerca (100%)	Rendimento da lavoura	Passa pescoço entre os fios e força suavemente com o peito	- Provoca dor ao forçar
	Etc.	Etc.	Etc.	Etc.	Etc.	
Cerqueiro (10 %)	Desenrolar o arame	Ao espichar o arame	Ao lado dos postes	Construção da cerca por empreitada	Rolando no chão	- Fácil de desenrolar - Não exige mais de 1 pessoa
Lojista	Etc.	Etc.	Etc.	Etc.	Etc.	Etc.

Figura 3.4: Extração de Itens Exigidos a partir de Análise do Uso do Produto.

⇨ **Imposições legais**

Para vários produtos existem regulamentações impostas pelo poder público, federal, estadual ou municipal. Por exemplo, para a construção de um prédio, o projeto arquitetônico deve atender aos requisitos das prefeituras tendo em vista o projeto de urbanização.

⇨ **Reclamações dos clientes**

Tomar as reclamações do cliente e especular quais itens exigidos ou necessidades não estão sendo perfeitamente satisfeitos. No QFD este tipo de análise é definido como estudo da qualidade negativa de um produto, tema a ser abordado com o uso de ferramentas como; Engenharia de Sistemas e de Confiabilidade, conforme sugerido pelo Prof. AKAO. (Universidade de Tokio).

Pessoas da área de Assistência Técnica do produto, geralmente, estão aptas a prestar muito auxílio nesta situação, explorando, com a ajuda do reclamante, as necessidades não atendidas e as circunstâncias e condições de uso que geraram a reclamação. Muitas vezes o cliente usa sua linguagem própria para expressar insatisfação. Por exemplo: "baixo rendimento" ou "material agarrando" ou "cavaco longo", etc. Outras vezes, quando se trata de um produto técnico, fala diretamente de características fora do valor especificado, sendo que neste caso deve-se saber qual a necessidade que não está sendo atendida por causa desta característica. A assistência técnica deve então explorar a razão destas ocorrências para extrair os itens exigidos, mas procurando conservar a fidelidade a "voz do cliente".

⇨ **Lições obtidas com as situações de mercado**

Devem-se tirar lições da experiência dos produtos similares ou substitutos que estão no mercado, no sentido de incluir itens exigidos para o produto da empresa oriundos da análise das deficiências dos produtos dos competidores e também incluir os itens exigidos que estes produtos atendem bem.

⇨ **Análise de cenários**

Uma vez identificada a oportunidade de mercado, a empresa deverá imaginar como as necessidades dos clientes poderão evoluir. Para isto é melhor criar cenários do que fazer previsões. Criar cenários é um excercício de criar imagens do futuro. Ou, em outras palavras, criar modelos mentais. É instigar a imaginação.Os cenários são eventos que podem acontecer no macroambiente externo ou no ambiente competitivo e que podem afetar a posição da empresa ou mudar as necessidades dos clientes. Para prospectar os cenários pertinentes, a primeira coisa a fazer é determinar as maiores incertezas relativas ao mercado. A partir destas incertezas, selecionam-se os temas de cenários que serão objeto de análise. Para cada tema, especialistas no assunto fazem uma descrição daquele cenário e passam a imaginar como poderá ser sua evolução. Atentando para os aspectos positivos e negativos separadamente, prognosticam as mudanças em nível do macroambiente, da indústria e da empresa em particular. Em seguida, com este entendimento a empresa pode identificar novas necessidades dos clientes frente ao cenário. Em se tratando de cenários como o do exemplo abaixo, que causa forte impacto no mercado, a empresa deverá monitorar os drivers ou indicadores de ruptura para se antecipar com as estratégias para desenvolvimento de novos produtos.

Quadro 3.1: Exemplo de Análise de Cenários.

Tema: Evolução do Mercado	
Descrição do Tema: Ajustamentos das práticas de pecuária frente à desregulamentação do mercado internacional de produtos da agropecuária.	
Evolução Positiva	**Evolução Negativa**
Descrição: • Redução do protecionismo estrangeiro à carne e produtos agrícolas, permitindo acesso amplo dos pecuaristas aos mercados internacionais.	**Descrição:** • Somente sistemas produtivos sofisticados com controle rastreável do rebanho terão acesso aos mercados estrangeiros. Somente algumas empresas poderão usufruir deste acesso.
Probabilidade: 75%	**Probabilidade:** 25%
Impacto na indústria: • Valorização das terras • Incremento do uso de pastoreio rotacionado • Frequente alternância de pasto e lavoura • Redução do tamanho das fazendas	**Impacto na indústria:** • Divisão da atividade pecuária em dois sub-setores e discriminação dos produtos
Novas necessidades dos clientes: • Maior demanda por cercas elétricas por parte do pecuarista • Cercas, modulares e temporárias • Facilidade de montar novas cercas • Não apenas o arame constituirá o produto	

3.4.3. Organizar as Necessidades dos Clientes de Forma Sistemática

Na Figura 3.2, são mostradas várias maneiras de extrair os itens exigidos. Estes precisam ser organizados para obter a tabela de necessidades dos clientes. São utilizadas tabelas de desdobramento para organizar as informações, de forma a proporcionar-lhes maior visibilidade e hierarquização. A Tabela de Desdobramento das Necessidades dos Clientes é a organização sistemática das verdadeiras exigências dos clientes. Esta é construída seguindo os passos indicados no Quadro 3.2. Nesta tabela, as exigências dos clientes são agrupadas por afinidades e por hierarquia, do nível abstrato para o concreto e do geral para o específico. As tabelas de necessidades dos clientes são geralmente construídas em três níveis. O número de níveis, entretanto, pode variar de forma a tornar precisas as necessidades dos clientes. Um exemplo de uma tabela de desdobramento das necessidades dos clientes, desenvolvida com o objetivo de melhorar a qualidade do produto arame para solda de uma empresa, é apresentado na Tabela 3.3.

Quadro 3.2: Passos para Construção da Tabela de Necessidades dos Clientes.

1. Anotar os itens exigidos em cartões ou *post-it*.

2. Agrupar os itens por afinidade em conjuntos de 4 ou 5 itens.

3. Criar expressões que representem cada conjunto, formando títulos.

4. Agrupar estes títulos por afinidade em conjuntos de 4 ou 5 títulos, criando novos títulos mais gerais, formando o terceiro nível da tabela.

5. Em cada passo, avaliar pela lógica se não há itens em falta.

6. Dispor os itens em forma de tabela de desdobramento.

Tabela 3.3: Exemplo Parcial de Tabela de Necessidades dos Clientes (Arame para Solda, Cortesia Belgo Mineira Bekaert).

O resultado da solda é confiável	Boa soldabilidade	Boa fluidez das poças de solda	Não escorre em excesso
			Não aglomera em excesso
			As bordas são retilíneas
			Boa molhadibilidade
		Boa elasticidade do arco	Não há mordedura
			Baixo nível de respingos
			Tolera larga faixa tensão/corrente
			Consegue a corrente necessária com baixa tensão
		Opera longo tempo sem requerer ajustes	A transferência de eletricidade é boa no bico (não cola)
			Possibilita bom contato elétrico
			Não desgasta excessivamente o bico
		Não solta pó	Não entope o bico
			Não entope o conduite
		Há uniformidade na soldabilidade	Uniformidade entre rolos de mesma corrida
			Uniformidade entre rolos de diferentes corridas
			Uniformidade dentro do mesmo rolo
	Bom cordão de solda	Boas características mecânicas	Supera norma de resistência
			Supera norma de alongamento
			Atende norma de limite de escoamento
			Supera normas res. impacto
		Cordão de solda com boa sanidade	A composição química é adequada
			Não há excesso de escória
			O cordão é claro
			O cordão é cheio
			O cordão é brilhante
O resultado da solda é confiável (continuação)	A alimentação é fácil	Desbobinamento é uniforme	Esforço p/ desbobinar é pequeno
			A liberação das espirais é fácil
			A alimentação do arame é sem tranco
			Não enrosca na lateral do carretel
		A alimentação exige pouca força	Desliza suavemente no bico
			O atrito com o conduite é baixo
			Não há vibração da tocha
		Alimentação do arame é uniforme	Passa direto pelas roldanas sem embaraçar
			A alimentação é contínua
			A alimentação é suave
			A velocidade é uniforme
Dá boa impressão	Bom aspecto superficial	Coloração é uniforme	Uniforme entre corridas
			Na mesma corrida
			No mesmo rolo
		O arame é brilhante	
		Não há oxidação	Não há manchas
			Resiste longo tempo sem oxidar
	O aspecto é confiável	As espiras são bem distribuídas	
		A embalagem é a que eu quero	
		Boa integridade do acontecimento/embalagem	

3.4.4. Estabelecer Prioridades entre as Necessidades dos Clientes e Avaliar a Posição Competitiva do Produto

Somente o levantamento das necessidades dos clientes não é suficiente para estabelecer o planejamento da qualidade do produto. Não é a melhor solução técnica e econômica atender bem a todas as exigências. É preciso extrair dos clientes quais necessidades são mais importantes para entender o valor. É também necessário verificar como são avaliados pelos clientes os produtos atuais que estão no mercado (os da própria empresa e os dos principais competidores) e entender a posição competitiva da empresa. Nesta etapa as informações relevantes são: determinação da importância relativa que os clientes atribuem a cada item de necessidade e a percepção que os clientes têm dos produtos existentes no mercado. Estas informações são um referencial essencial na definição dos itens estratégicos (decisão dos benefícios-chave que os clientes receberão com o produto, explorando a capacidade da empresa de criar valor para os clientes) e no posicionamento do produto (quão bem o produto deverá atender cada necessidade do cliente). Estes dados devem ser obtidos por meio de pesquisa qualitativa de mercado, tomando amostras representativas com análise estatística adequada. Devem ser elaborados gráficos que tornem visível a posição ocupada pelo produto atual da empresa no mercado em relação aos dos competidores.

⇨ **Pesquisa no cliente para posicionamento do produto**

1) Preparação para a pesquisa qualitativa

   Algumas regras básicas devem ser observadas nas visitas ao cliente:

   - Selecione os clientes a visitar e informe-os dos objetivos da pesquisa.
   - Prepare um questionário para a visita.
   - Entreviste o tomador da decisão de compra e o usuário do produto.
   - Lembre-se de que o tamanho da amostra varia aproximadamente da seguinte forma: de 10 a 12 clientes fornecem 70% das informações, 30 fornecem 90% das informações.
   - Crie um time multidisciplinar de 2 a 3 pessoas. Eleja um moderador, um ouvinte e um observador (incluir pessoas da assistência técnica é recomendável).
   - Ouça muito e fale pouco.
   - Duração da visita: aproximadamente 2 horas.

- Faça a visita na empresa do cliente.
- Ouça o cliente mesmo quando este fala mal da empresa.
- Avise o pessoal de vendas sobre a pesquisa.

2) Formulário de pesquisa para avaliação da importância e da posição competitiva

Antes de iniciar a pesquisa, é conveniente a averiguação da Tabela de Necessidades dos Clientes por alguns dos clientes. Deve-se analisar a sua consistência, verificando também se nenhuma necessidade foi esquecida. Uma vez pronta a Tabela de Necessidades dos Clientes, deve ser providenciada a avaliação da importância de cada necessidade do cliente pelos demais clientes. Nesta oportunidade, se averigua, também, como cada cliente compara o produto da empresa com os produtos da concorrência. Aqui é recomendado não pesquisar mais do que 20 itens, evitando cansar o cliente. Se a tabela possuir mais de vinte itens no terceiro nível, é indicado pesquisar no segundo nível.

⇨ **Preparação da pesquisa no cliente**

Faça no cabeçalho do questionário a completa identificação do produto (modelo, tamanho, bitola, etc.), do cliente e da pessoa (da função) que irá responder ao questionário abaixo, e a outras caracterizações, dependendo do produto/mercado.

Faça as seguintes perguntas:

Pergunta 1

> Verifique a tabela de necessidades para o produto X. Alguma necessidade precisa ser acrescentada?

Pergunta 2

> Marque com um X na coluna 1 (Figura 3.5) a correspondente importância que cada necessidade tem para você. Distribua as diversas notas para cada uma das necessidades. Comece pelas necessidades mais importantes, depois passe para as de menor importância e em seguida para as de importância intermediária.
>
> Obs.: Favor indicar no máximo 30% dos itens com avaliação de importância 5.

Pergunta 3

Na coluna 2, gostaríamos que comparasse como o nosso produto satisfaz cada necessidade e confrontasse com o produto substitutivo do nosso competidor (caso já tenha usado).

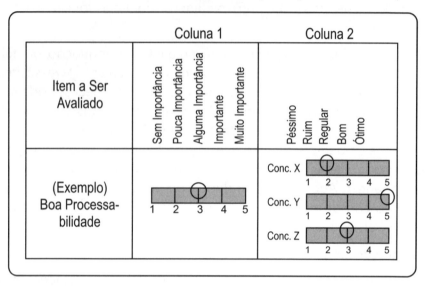

Figura 3.5: Pesquisa de Importância e Avaliação Competitivas.

⇨ **Determinação da importância das necessidades dos clientes por comparação**

Quando há menos de 10 itens a pesquisar, pode-se calcular a importância por um método mais preciso. Suponha que se queira identificar junto ao cliente a importância relativa das seguintes necessidades dos clientes: "beleza", "sofisticação", "raridade" e "qualidade". Por meio de comparação de pares destes itens pode-se calcular a importância global das necessidades de forma precisa. A comparação é feita relacionando-se os itens dispostos em linhas com os das colunas. Os pares de necessidades são comparados e recebem uma avaliação relativa de acordo com a Tabela 3.4.

Tabela 3.4: Escala de Avaliação dos Pares de Itens Exigidos.

Pesos	Importância relativa da linha em relação à coluna
9	Extremamente mais importante
8	
7	Muito mais importante
6	
5	Bastante mais importante
4	
3	Moderadamente mais importante
2	
1	Igualmente importante
1/2	
1/3	Moderadamente menos importante
1/4	
1/5	Bastante menos importante
1/6	
1/7	Muito menos importante
1/8	
1/9	Extremamente menos importante

Por exemplo, de acordo com a avaliação do cliente mostrada na Tabela 3.5, "Beleza" é moderadamente mais importante do que "sofisticação" (avaliação 3) e "Beleza" é muito mais importante do que "Raridade" (avaliação 6). Os elementos da diagonal principal resultam sempre no valor 1, pois isso corresponde à comparação do item com ele mesmo.

Tabela 3.5: Comparação de Importância de Pares de Itens.

Itens \ Itens	Beleza	Sofisticação	Raridade	Qualidade
Beleza	1	3	6	8
Sofisticação	1/3	1	3	5
Raridade	1/6	1/3	1	3
Qualidade	1/8	1/5	1/3	1
Total	1,62	4,53	10,3	17

É preciso ser coerente nas comparações. Se na linha de beleza se decidiu que ela é mais importante que sofisticação, na linha desta última, tem-se, necessariamente, que ela é menos importante do que a primeira. Assim, todas as vezes que for preenchida uma posição na tabela, deve-se colocar o inverso do seu valor na posição simétrica à diagonal principal. A Tabela 3.6 mostra o cálculo da importância de cada necessidade. Este conceito é denominado, na maioria dos livros de QFD, como o estabelecimento dos *trade-offs*.

As médias normalizadas são obtidas dividindo-se o valor de cada célula pelo total da respectiva coluna. Por exemplo, o valor da célula 1 é dividido pela soma da coluna 1 (1/1,62 = 0,61). Os valores das linhas da tabela de médias normalizadas são somados (tomando-se a primeira linha como exemplo, tem-se: 0,61 + 0,66 + 0,58 + 0,47 = 2,33). Para se chegar à importância relativa de cada item, divide-se o valor total de cada linha pela soma das linhas (por exemplo: para o item sofisticação, tem-se: 2,33/4 = 0,58).

Fazendo os cálculos indicados, temos na última coluna da tabela a importância de cada exigência, obtida pela comparação de pares delas. Este método é um pouco demorado mas fornece boa precisão.

Tabela 3.6: Comparação de Importância de Pares de Necessidades dos Clientes.

Itens	Itens				Médias Normalizadas				Média das Linhas	
	Beleza	Sofisticação	Raridade	Qualidade					Total	Importância
Beleza	1	3	6	8	0,61	0,66	0,58	0,47	2,33	0,58
Sofisticação	1/3	1	3	5	0,20	0,22	0,29	0,29	1,01	0,25
Raridade	1/6	1/3	1	3	0,10	0,07	0,09	0,27	0,45	0,11
Qualidade	1/8	1/5	1/3	1	0,07	0,04	0,03	0,06	0,21	0,05
Total	1,62	4,53	10,3	17	1	1	1	1	4	1

3.4.5. O Estabelecimento do Posicionamento do Produto

A análise que iremos fazer ajuda a empresa decidir quão bem ela deverá planejar o produto, tendo em vista a importância que os clientes atribuem a cada necessidade e como os concorrentes estão satisfazendo as mesmas. Isto fica facilitado sintetizando a pesquisa de mercado como mostrado na Tabela 3.7.

A Tabela 3.7 resume as conclusões de uma pesquisa feita nos clientes, em que se avalia a importância de cada necessidade dos clientes, dá-se uma nota e se compara o produto da empresa com os produtos da concorrência.

Os dados da pesquisa de mercado e da avaliação dos competidores são adequadamente dispostos para o estabelecimento do posicionamento do produto, permitindo a execução desta atividade de maneira objetiva, clara e consistente.

Tabela 3.7: Estabelecimento da Qualidade Planejada (Arame para Solda).

Necessidades dos Clientes		Grau de Importância	Avaliação Competitiva			Qualidade Planejada				
			Nossa Empresa	Empresa X	Empresa Y	Plano de Qualidade	Índice de Melhoria	Argumento de Venda	Peso Absoluto	Peso Relativo
Nível Primário	Nível Secundário									
1. Boa soldabilidade	1.1 Boa fluidez da poça de solda	5	3	4	2	5	1,67	●	12,5	13,4
	1.2 Boa elasticidade do arco	5	4	5	3	5	1,25		6,3	6,7
2. Bom aspecto superficial	2.1 Coloração é uniforme	4	5	4	4	5	1,00	●	6,0	6,4
	2.2 O arame é brilhante	3	4	5	4	5	1,25		3,8	4,1
3. A alimentação é fácil	3.1 Baixo esforço para desbobinar	2	1	1	1	2	1,00		2,0	2,1
	3.2 Libera facilmente as espiras	3	1	1	1	2	1,00		3,0	3,2
								Total	93,4	100

A primeira coluna da Tabela 3.7 mostra a importância que o cliente dá para a necessidade (média das avaliações do questionário da Figura 3.5), desde a avaliação com nota 1 (sem importância) até a avaliação com nota 5 (muito importante). A Avaliação Competitiva mostra como o cliente posiciona o produto da empresa em relação aos produtos da concorrência para cada necessidade. Estes dados são obtidos por pesquisa de mercado. Um produto pode satisfazer as necessidades dos clientes e mesmo assim ser preterido por produtos dos competidores que oferecem um melhor desempenho ou um maior valor. A "Qualidade Planejada" é uma decisão estratégica, indicando o posicionamento pretendido do produto em função da avaliação competitiva mostrada nas colunas anteriores. Por exemplo, para os itens "Baixo esforço para desbobinar" e "Libera facilmente a espira" todos os concorrentes estão atendendo mal (nota 1) então a empresa planejou atender melhor estes itens, especificando no plano o valor 2. Conseguindo isto, ela fará um diferencial no mercado. O "Plano de Qualidade" constante da Tabela 3.7 indica em que nível deverá o produto ser planejado para satisfazer cada necessidade do cliente. Os "Argumentos de Venda" são necessidades dos clientes que geralmente constituem uma diferenciação vantajosa para o produto da empresa. O "Índice de Melhoria" é obtido dividindo o valor do "Plano" pela avaliação da coluna "Nossa Empresa". Se uma particular necessidade do cliente for considerada um "Argumento de Venda", ela recebe um fator de 1,5. O peso absoluto indicado na penúltima coluna é o resultado da expressão: (Grau de importância x Plano de qualidade/Nossa empresa) x Argumento de Venda. Na última coluna estes pesos são recalculados para a escala percentual.

Depois de completamente preenchida, a Tabela 3.7 ajuda a empresa decidir quão bem ela deverá planejar o produto tendo em vista a importância que os clientes atribuem a cada item e como os concorrentes atendem a estes itens. Assim, ela deve se esforçar nos itens importantes, mas não é necessário superar os concorrentes sempre, principalmente em se tratando de itens pouco importantes e que afetam muito os custos.

O estabelecimento do posicionamento do produto deve levar em consideração os elementos-chaves que determinam a vantagem competitiva no mercado em que a empresa atua. Pode haver diferenciação em cada segmento de mercado. A empresa deve tirar proveito das situações em que o nível de exigência é diferente para os diversos segmentos, afrouxando ou apertando os controles dos processos.

Devem-se realizar verificações periódicas da satisfação dos clientes. A avaliação do produto pelos clientes deve ser realizada em todas as fases do projeto, com o objetivo de verificar se as necessidades dos clientes estão realmente sendo atendidas pelo produto. As informações obtidas nas pesquisas devem retroalimentar o planejamento da qualidade.

3.5. Como Selecionar o Conceito Adequado do Produto

3.5.1. Geração de ideias

Os problemas significativos com que nos deparamos não podem ser resolvidos utilizando o mesmo nível de abstração empregado quando foram criados pela primeira vez (*Albert Einstein*).

Inovar um produto ou processo requer uma abordagem centrada nos fins, e não nos meios como muitas empresas fazem.

Inovações de impacto no mercado não são fruto de cópias e aperfeiçoamento de produtos que já foram inventados. Assim, o nível de abstração mental na fase inicial do desenvolvimento do produto, destinado ao aproveitamento de uma oportunidade de mercado, deve privilegiar o pensamento difuso (suspensão das normas, regras, paradigmas, avaliações, etc.). Formule o problema de forma ambígua, e então pergunte "e se ......" As metodologias adequadas para esta fase são o *Brainstorming*, a Engenharia de Valor, Engenharia de Sistemas e Métodos Criativos[3]. Nesta fase inicial deve-se concentrar na geração de um grande número de conceitos possíveis a ser empregado no produto.

Para produzir o melhor produto é necessário selecionar o melhor conceito básico. O conceito básico significa uma maneira particular de implementar uma função do componente, do produto ou do serviço. Por exemplo, em uma indústria de mineração, a função "transportar minério" pode ser desempenhada a partir de vários conceitos: por caminhão, por ferrovia, por teleférico, por mineroduto, etc. Para produzir o melhor produto, é necessário selecionar o melhor conceito. Para esta seleção, é recomendado que se liste as opções de conceito e se faça o cruzamento, por meio de um diagrama de matriz, com os critérios de decisão previamente priorizados. Os critérios de decisão são uma lista de exigências a serem avaliadas para cada conceito, como por exemplo: o desempenho, o custo, a confiabilidade, a facilidade de implantação, etc. O cálculo deste diagrama de matriz nos permite selecionar o conceito que melhor atende ao conjunto dos critérios. As opções de conceito são obtidas por *brainstorming* ou por análise dos produtos existentes no mercado.

Métodos de Criação são utilizados para gerar opções de conceito.

⇨ **Exemplo de seleção de conceito**

Para exemplificar o processo de seleção de conceito, vejamos o exemplo didático para a escolha do conceito de porta para uma loja (Quadro 3.3). Três opções de conceitos são comparadas com o conceito de referência. Devemos comparar conceitos com o mesmo nível de detalhe para uma mesma função.

São listados inicialmente os critérios de comparação e os seus respectivos graus de importância, que são específicos para a loja em referência. Em seguida, são comparadas as opções de conceitos com a referência (porta convencional).

Estas comparações são feitas para cada critério e avaliadas da seguinte forma: a opção é muito melhor que a referência (nota + 2), melhor (nota + 1), igual (nota 0), pior (nota - 1) e muito pior que a referência (nota - 2).

Fazendo estes cálculos para o exemplo abaixo, a porta dobradiça é o conceito que reúne mais vantagens, apresentando pontos negativos no critério aparência e no custo instalado.

Quadro 3.3: Análise de Suporte à Seleção de Conceitos.

Critérios de comparação	Importância	Porta convencional (referência)	Porta duas abas	Porta dobradiça	Porta corrediça
Custo instalado	4	-	-1	-1	-1
Segurança com roubo	5	-	-1	+2	0
Aparência	3	-	+1	-1	+1
Durabilidade	2	-	-1	+1	-1
Espaço ocupado	4	-	-1	+2	-2
Vedação	3	-	-1	+1	0
Avaliação positiva			+3	+23	+3
Avaliação negativa			-18	-7	-14

Vejamos um outro exemplo. Consideremos o estudo de seleção do conceito de uma estrutura organizacional de uma empresa (Tabela 3.8). Os conceitos de estruturas (omitidos) estão nas colunas da tabela. São 7 conceitos que foram gerados em reuniões com os gerentes e diretores da empresa. Os critérios de escolha foram determinados considerando as avaliações de eficácia organizacional e de vantagem competitiva.

Tabela 3.8: Auxílio à seleção de um conceito básico de produto.

Critérios de Decisão - Fatores de Competitividade	Importância	Est 1	Est 2	Est 3	Est 5	Est 6	Est 7
Custo da estrutura da empresa	4	0	3	1	3	9	9
Facilidade de implementação do plano estratégico	3	3	9	9	9	9	9
Velocidade de decisão	5	3	3	3	1	9	3
Aproveitamento de sinergias/alocação de recursos	3	1	9	3	9	6	1
Atendimento ao mercado	3	3	9	9	9	9	9
Posicionamento competitivo frente à concorrência	4	3	9	9	9	3	3
Flexibilidade (capacidade de se ajustar à carteira)	3	1	3	3	3	9	9
Aprendizado/melhoria contínua	1	1	9	7	9	9	1
Uniformidade da cultura da empresa	3	0	9	7	9	3	1
Otimização de processos	4	1	7	7	7	9	3
Transferência de *know-how*	1	1	9	9	9	9	1
Foco no cliente/proximidade com cliente	2	9	3	3	3	3	3
Redução de níveis hierárquicos	1	3	6	6	6	9	9
Agressividade comercial	1	1	9	9	9	3	3
Criatividade/inovação	5	3	3	3	3	3	3
Trabalho em equipe	2	1	3	3	9	9	9
Empreendedorismo	4	3	9	9	6	9	3
Capacidade de atração de capital	5	1	9	9	1	3	3
Resultados		54	113	349	315	299	357	242

3.6. Como Especificar o Produto Após Estudos de Conceitos e Tecnologia

O procedimento para traduzir as informações do mundo dos clientes em informações do mundo da tecnologia é apresentado na Tabela 3.9.

Tabela 3.9: Procedimento para Traduzir a Voz dos Clientes em Informações de Projeto.

	O Que	Como
1	Extrair e organizar as características da qualidade	Identificar quais características técnicas do produto atendem às necessidades dos clientes e dispô-las em forma de tabela.
2	Correlacionar características técnicas do produto com exigências dos clientes	Identificar o nível de interrelação de cada característica da qualidade com todas as necessidades dos clientes de último nível.
3	Priorizar as características da qualidade do produto	Converter a importância atribuída às necessidades dos clientes para as características da qualidade.
4	Comparar com a concorrência	Medir os valores atuais das características da qualidade do produto da empresa e dos concorrentes e compará-los.
5	Definir os valores-metas para as características da qualidade do produto	Identificar as correlações entre as características da qualidade, analisar as informações disponíveis e especificar os valores-metas.

Para executar este procedimento de forma sistemática, são utilizadas algumas ferramentas, como tabelas de desdobramento e matrizes.

3.6.1. Identificar Características Técnicas para Avaliar o Cumprimento das Necessidades dos Clientes

As necessidades dos clientes devem ser satisfeitas por características da qualidade mensuráveis do produto. O processo de identificar tais características é denominado Extração. Por meio da extração, se obtém a Tabela de Características da Qualidade em resposta à tabela de necessidades dos clientes. Para cada necessidade do cliente de último nível, devem-se buscar ou extrair características do produto que possam satisfazê-las. Na medida em que se extraem as características desta maneira, elas estarão em forma de lista. Esses itens devem ser agrupados, utilizando-se a técnica do "diagrama de afinidades" e os grupos gerados devem ser organizados na lógica do "diagrama de árvore", assim como foi realizado para a Tabela de Necessidade dos Clientes. A essência do trabalho está na obtenção de características da qualidade gerais que devem ser medidas no produto para verificar se estas atendem às necessidades dos clientes. A Tabela 3.10 é um exemplo de Tabela de Características da Qualidade para um retroprojetor. Os passos para a construção desta tabela são:

1) Para cada Necessidade do Cliente de último nível extraia características mensuráveis responsáveis por atender à necessidade do cliente.

Como exemplo, imaginemos que, para um arame farpado, o item "resiste ao impacto do gado" seja um item de último nível da Tabela de Necessidades dos clientes. As características da qualidade seriam:

"Resistência à tração", "bitola do fio", "módulo de elasticidade", etc. Todas estas características podem receber o título "Resistência Mecânica".

2) Agrupe as características, extraídas por afinidade, em tantos grupos quantos forem necessários, eliminando as repetições.

3) Crie títulos (ou família) para as características.

4) Disponha as características e seus títulos em forma de tabela de desdobramento.

Veja exemplo na Tabela 3.10.

Tabela 3.10: Tabela de Desdobramento das Características da Qualidade para um Retroprojetor.

1º Nível	2º Nível	3º Nível
Portabilidade	Peso	
	Dimensões	Altura
		Largura
		Comprimento
	Forma	Volume
		Razão Altura/Largura
Operacionalidade	Nitidez	Grau de Reflexão
		Grau de Refração
		Nível Aberração Cromática
	Acionamento	Área de Projeção
		Área de Contato de Acionamento
		Pressão de Acionamento
	Ruído	Amplitude de Vibração
		Nível de Ruído
	Iluminação	Potência de Iluminação
		Taxa de Lux

A "Matriz da Qualidade" é uma ferramenta útil nesta etapa. O seu uso ajuda a organizar e dar maior visibilidade às informações geradas no procedimento descrito acima. A Matriz da Qualidade é denominada pelos americanos como JOB 1 no desenvolvimento de qualquer produto.

3.6.2. Apresentação da Matriz da Qualidade

As as necessidades dos clientes não têm todas a mesma importância. Além disto, uma ou várias características do produto podem correlacionar-se com várias necessidades dos clientes, dificultando a análise para o projeto do produto. Uma ferramenta que facilita o tratamento destas correlações é o diagrama de matriz. Quando correlacionamos necessidades dos clientes (Fins) com característica da qualidade (Meios) em um diagrama de matriz, este recebe a denominação de Matriz da Qualidade.

A correlação das necessidades dos clientes com as características técnicas por meio de um diagrama de matriz, chamado de Matriz da Qualidade, facilita a especificação das características da qualidade do produto. A sua utilização permite que as informações e pontos de vista de dois diferentes "mundos" (do cliente e da empresa) possam ser considerados no transcorrer do projeto. A Figura 3.6 apresenta uma visão esquemática da matriz da qualidade. A parte da matriz referente ao "mundo" dos clientes já foi apresentada na seção anterior, que é a Tabela de Necessidades do Cliente. Serão apresentadas, a seguir, as etapas de construção da tabela de desdobramento das características da qualidade. Nesta, deverá ser obtido o grau de importância de cada característica da qualidade, a comparação técnica com outros produtos da concorrência e o estabelecimento da qualidade projetada, todas informações relativas ao "mundo" da tecnologia.

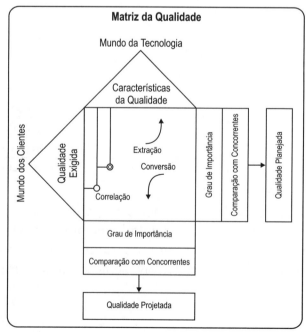

Figura 3.6: Matriz da Qualidade - Apresentação Esquemática.

As características extraídas de cada item de Necessidade do cliente deverão ser agrupadas por afinidade para constituir a Tabela de Características da Qualidade.

É preciso saber quais características da qualidade do produto são fundamentais para a satisfação do cliente. Para atingir este objetivo pode-se utilizar um diagrama de matriz. Por meio do cruzamento das duas tabelas (de necessidade do cliente e de características da qualidade) podem-se priorizar as características da qualidade.

A matriz da qualidade sintetiza importantes informações, tais como a importância relativa das características da qualidade do produto e a comparação de suas especificações com as da concorrência. Isto orientará a especificação do produto e a seleção dos pontos prioritários dos processos para a formação da qualidade, dando foco ao esforço de controle nos processos. Este assunto será estudado nos Capítulos 3 e 4.

3.6.3. Correlacionar as Necessidades dos Clientes com as Características da Qualidade

A correlação consiste em identificar o grau de influência ou interferência que um item de uma tabela exerce sobre outro. A correlação é estabelecida entre dois itens provenientes de duas tabelas que formam uma matriz. No caso específico da matriz da qualidade, são identificadas as correlações entre as necessidades dos clientes e as características da qualidade. A equipe passa a ter informações importantes sobre a influência de cada item técnico do produto sobre todas as exigências dos clientes[2], produzindo na equipe uma visão precisa dos reflexos de cada nova especificação sobre a satisfação dos clientes. A correlação é expressa na matriz por meio de símbolos pré-estabelecidos, por exemplo: Círculo duplo (⊙), indicando que a característica com certeza tem forte influência no atendimento da necessidade do cliente. Círculo simples (O), indicando que a característica pode ajudar a atender a uma necessidade do cliente. Triângulo (Δ), indicando que a característica é pouco responsável pelo atendimento da necessidade do cliente, como mostra a Figura 3.7. Quando não há nenhuma correlação, a célula da matriz é deixada em branco.

3.6.4. Identificar as Características da Qualidade Prioritárias a partir da Voz dos Clientes

Os clientes sabem priorizar a Necessidade do cliente, porque percebem a qualidade do produto na medida em que este satisfaz suas necessidades. Entretanto, as priorizações das características da qualidade do produto são descobertas por meio de cálculos na matriz da qualidade chamados de Conversão.

A conversão é uma etapa importante, pois é por meio dela que o peso atribuído pelos clientes a cada necessidade do cliente é transferido às características da qualidade, estabelecendo as prioridades para o projeto[5]. A conversão consiste em transferir a importância (peso relativo) atribuída a cada item de uma tabela para os itens de outra tabela, por meio das correlações identificadas no interior da matriz. Na matriz da qualidade, ocorre a conversão do peso das necessidades dos clientes para os pesos das características da qualidade.

Os passos para a conversão são os seguintes:

1. Correlacionar cada característica da qualidade com os itens de necessidade do cliente, conforme item 3.4.3.

2. Atribuir valores a cada símbolo de correlação (ex.: ⊙=9, ○=3, ∆=1 e branco = 0).

3. Multiplicar o peso relativo da necessidade do cliente pelo valor associado ao símbolo de correlação.

4. Somar todas as colunas para obter o peso absoluto das características.

5. Converter o peso absoluto em peso relativo (percentual). (Figura 3.8).

3.6.5. Especificar o Valor-meta das Características da Qualidade para Atender às Necessidades dos Clientes

⇨ Avaliação competitiva das características da qualidade

Inicialmente, deve-se mensurar cada característica da qualidade do produto atual da empresa, ou seja, identificar a situação do produto da companhia hoje.

Em seguida, deve-se repetir este passo para as características da qualidade dos produtos da concorrência. Colocando-se lado a lado estas características dos vários produtos, podem-se tirar lições da engenharia do concorrente (Pode-se utilizar uma técnica denominada de *Reverse*

Engineering). Reverse engineering consiste em uma metodologia de 4 estágios, com o objetivo de desenvolver dados que funcionem como apoio ao uso de capital, aumentar a produtividade na área de desenvolvimento de produtos e orientar as alterações necessárias nas características do produto, definindo outros "valores-metas". Este tipo de avaliação pode exigir a criação de uma estrutura (interna ou externa) de laboratório capaz de realizar as caracterizações, testes e medições nos produtos. (veja Figura 3.7 nas últimas linhas). Pode ocorrer que nenhuma alteração nas características seja necessária. Neste caso, a última linha da matriz terá os valores coincidentes com a linha "Nossa Empresa".

CARACTERÍSTICAS DA QUALIDADE			1º Nível	PORTABILIDADE					OPERACIONALIDADE							QUALIDADE PROJETADA
				Dimesões			Forma		Nitidez				Iluminação	Aciona-mento	Ruído	
NECESSIDADES DO CLIENTE			2º Nível	Peso (Kg)	Altura (cm)	Largura (cm)	Comprimento (cm)	Volume (cm)	Razão Altura/Largura	Grau de Reflexão (°)	Grau de Refração (°)	Área de Projeção Máxima (m²)	Amplitude de Dist. Focal (m)	Taxa de Lux (lux)	Área de Contato (cm)	Pressão de Acionamento (g/cm2)	Grau de Ruído(dB)	PESO RELATIVO
1º Nível	2º Nível	3º Nível																
Fácil de Manusear	Fácil de Carregar	Ser pequeno		○ 12	⊙ 36	⊙ 36	⊙ 36	○ 12	○ 12			○ 12						4
		Ser leve		⊙ 72	Δ 8	Δ 8	Δ 8	○ 24										8
		Ser estável ao carregar		○ 9	⊙ 27	⊙ 27	⊙ 27	⊙ 27	⊙ 27									3
	Fácil de guardar			○ 39	⊙ 117	⊙ 117	⊙ 117	⊙ 117	⊙ 117									13
Fácil de Operar	Fácil de ligar/desligar														○ 15	⊙ 45		5
	Fácil de focalizar				Δ 20					⊙ 180	⊙ 180	Δ 20	⊙ 180	⊙ 180				20
	Fácil de posicionar				Δ 25	Δ 25	Δ 25			Δ 25	Δ 25	⊙ 225	⊙ 225	⊙ 225				25
Ser silencioso																	⊙ 198	22
PESO ABSOLUTO				132	233	213	213	180	156	205	205	257	405	15	45	198	2862	100
PESO RELATIVO				4,6	8,1	7,4	7,4	6,3	5,5	7,2	7,2	9,0	14,2	14,2	0,5	1,6	6,8	100
NOSSA EMPRESA				5	60	55	50	0,12	1,5	60°	30°	2,25	4	60	6	20	50	
CONCORRENTE X				5,5	55	50	55	0,12	1,25	55°	50°	4	4	55	6	16	70	
QUALIDADE PROJETADA				5	55	45	50		1,37	60°	50°	4	4	65	6	16	50	

Figura 3.7: Exemplo de uma Matriz da Qualidade para um Retroprojetor.

⇨ **Estabelecimento das especificações das características da qualidade**

O peso relativo e a comparação entre os valores atuais das características da qualidade para os produtos da empresa e dos concorrentes são informações importantes para estabelecer as especificações de cada característica da qualidade, ou seja, estabelecer a qualidade projetada. A qualidade projetada é o mesmo que estabelecer os valores-metas para as características da qualidade do produto, criando um posicionamento em relação aos produtos dos competidores. Para esta decisão ter maior chance de sucesso, várias abordagens devem ser utilizadas, como exemplificadas abaixo:

1) Reposicionamento Estratégico[16]

Muitas das vezes as mudanças nas características do produto não dependem apenas da competição e das necessidades dos clientes, mas sim de reposicionar estrategicamente o produto, configurando um movimento de reposicionamento estratégico. Reposicionamento das características do produto e serviços que rompem os paradigmas do setor (indústria) e serão capazes de criar novos mercados.

Uma regra simples para definir estes movimentos é o modelo: *Reduzir, Criar, Eliminar e Melhorar* (Figura 3.9).

Um recente exemplo é o que aconteceu na indústria de vídeo games. A Nintendo superou seus concorrentes ao atrair os jogadores casuais ao seu produto Wii, com preços mais baixos, jogos mais simples e controle sensível aos movimentos. É como se o jogador estivesse com a raquete na mão. Os concorrentes - a Sony com o jogo play station 3 e a Microsoft com o Xbox 360 - apostavam e investiam na qualidade da imagem e no realismo. A Nintendo apostou na interatividade e na simplicidade, e com isto atraiu outros clientes, inclusive o público adulto. Seu desempenho econômico foi mais que o dobro da soma dos concorrentes no primeiro semestre de 2008. Veja abaixo como ficou o posicionamento relativo da Nintendo em relação aos competidores (Figura 3.8):

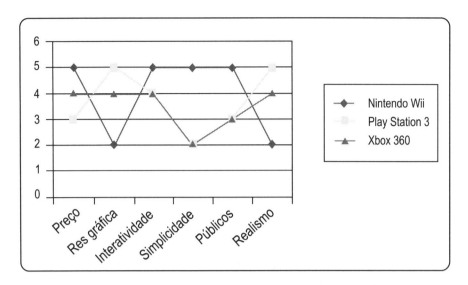

Figura 3.8: Novo posicionamento do Wii da Nintendo.

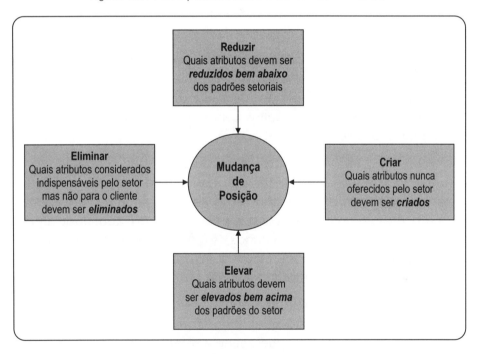

Figura 3.9: Modelo de Posicionamento.

Cada uma das ações da Figura 3.9 poderá ser aplicada seguindo as regras:

Criar - Criar novas características do produto quando necessidades importantes do cliente não são atendidas por nenhuma das características atuais de forma satisfatória.

Elevar - Aumentar o nível de características do produto de alto peso e que constituam um argumento de vendas forte ou criem novos mercados ou aplicações do produto.

Eliminar - Características que o produto oferece, mas que apresentam baixo peso na matriz de qualidade. Sendo possível, tais características podem ser eliminadas ou ter seu nível reduzido a um custo menor.

Reduzir - Características da qualidade que implicam altos custos do produto e não são muito importantes para o cliente (ou se nenhum dos concorrentes oferece em nível muito alto), devem ter seu nível reduzido.

Para estabelecer a qualidade projetada, devem-se levar em consideração as seguintes recomendações[1]:

a) Características com alto peso relativo

1) Identificar inicialmente as características da qualidade que não interagem com nenhuma outra, havendo liberdade para definir seu valor ideal.

   Tanto os clientes como os fornecedores incorrem em custos associados à qualidade dos produtos, e cada um procura minimizar seus respectivos custos. Entretanto, o ideal para a sociedade seria um estabelecimento do nível de qualidade que resultasse nos mínimos custos combinados (do produtor e do cliente).

   O valor-meta de uma característica da qualidade é aquele em que os custos associados (do produtor e do cliente) são minimizados. Para determinação deste valor, a Função Perda de Qualidade de Taguchi pode ser usada. As tolerâncias de cada característica da qualidade importante também devem ser especificadas. O Apêndice 1 mostra como estas determinações podem ser feitas de maneira econômica. O conceito básico pode ser resumido da seguinte forma:

   O Método Taguchi relaciona a qualidade com o custo por meio de uma avaliação quantitativa da qualidade. Para cada característica da qualidade, existe uma função que define a relação entre perda econômica e o grau de afastamento desta característica em relação ao seu valor ideal ou seu valor-meta.

   Taguchi estabeleceu uma representação quadrática (parabólica) da Função Perda de Qualidade como uma maneira aproximada, porém prática, de calcular a perda econômica devido a um afastamento da característica em relação ao seu valor-meta. Descrevendo algebricamente esta função perda, podem ser economicamente especificados tanto o valor da característica da qualidade como o valor de sua tolerância.

A "função perda" é uma função contínua. A função perda L(y) é expressa em unidades monetárias e atinge o valor mínimo quando a característica da qualidade assume o valor-meta.

$$L(y) = k \cdot (y-m)^2$$

onde:

L(y) - valor da perda econômica.

K - constante econômica de proporcionalidade.

y - valor da característica da qualidade.

m - valor-meta ou alvo para a característica da qualidade.

Esta função pode também ser expressa por meio de parâmetros estatísticos:

$$L(y) = K \cdot [(\overline{y} - m)^2 + \sigma^2]$$

onde:

$\overline{y}$ é o valor da média de uma característica e σ^2 a sua variância, mostrando o entendimento econômico da variação de uma característica da qualidade.

Conhecendo a função L(y), tem-se um critério para a especificação de cada característica da qualidade.

2) Em seguida, estabelecer as características da qualidade que se correlacionam com outras:

Neste caso, é necessário estabelecer uma Função Perda para cada uma das características que apresentam correlação. Os valores-metas de cada característica são os valores que fazem com que a soma destas funções seja mínima.

b) Características com baixos pesos relativos

Nestes casos a especificação da característica da qualidade pode ser feita apenas pela comparação com produtos da concorrência, se houver. Para este caso não é necessário superar os concorrentes, principalmente se os custos puderem ser reduzidos.

c) Avaliação de gargalos da tecnologia

É necessário também avaliar se a tecnologia da empresa permite a obtenção dos valores-metas de cada característica da qualidade especificada da forma descrita acima. Se for identificado um gargalo para o atingimento de valores-metas de características da Qualidade importantes, o método Taguchi poderá ser utilizado para a otimização da combinação das características, gerando uma solução de máximo aproveitamento da tecnologia disponível. (Método Taguchi, Projeto de Produto[14]). Outra técnica avançada que vem sendo muito utilizada é denominada de The Mahalanobis-Taguchi System, que tem uma grande interação com os conceitos da Engenharia de Sistemas.

No caso em que esta solução otimizada seja ainda insuficiente para competir no mercado, o gargalo de tecnologia deve ser precisamente identificado a fim de ser removido. Localizar precisamente o gargalo significa identificar a função que não pode ser atingida, a característica comprometida e a razão do não atingimento. Entretanto, vale ressaltar que, se dentre os fornecimentos da empresa, pelo menos um deles atendeu perfeitamente ao cliente, fica caracterizado que não há um gargalo de tecnologia mas, sim, de conhecimento sobre o processo.

⇨ **Estudos auxiliares para a especificação das características da qualidade**

1) Uso dos dados de desempenho do produto informados pelos clientes

Muitos clientes registram dados de desempenho, processabilidade, rendimento, etc., para cada unidade de produto ou lote fornecidos pela empresa e pelos concorrentes. Estes dados permitem obter uma série de informações por meio de análise estatística, como, por exemplo, a regressão estatística. Relacionando as necessidades dos clientes, ou índices que as avaliam, informadas pelos clientes para cada lote e associando os respectivos valores das características da qualidade, de posse da empresa, é possível realizar várias regressões. Estas normalmente resultam em valiosas informações para ajustar os valores das características da qualidade do produto.

Por exemplo, os fabricantes de molas helicoidais para carros medem, para cada lote fornecido, o índice de rejeitos por problemas de superfície, o número de ciclos resistidos no teste de fadiga, a constante da mola, etc. Estes resultados podem ser tomados individualmente, como termo dependente na análise de regressão, e as características da qualidade (como nível de descarbonetação, % de fósforo, % de carbono, padrão de inclusões do aço, etc.) são usadas como variáveis independentes.

Obs.: Estes estudos devem ser feitos entendendo-se as possíveis relações de causa e efeito. Por exemplo, as necessidades dos clientes se relacionam com as características da qualidade do produto e não com os parâmetros de processos. Portanto, a seleção dos dados para os estudos de regressão deve ser lógica e orientada por pessoas com experiência no produto.

2) Experimentos envolvendo o cliente

Podem-se fabricar lotes experimentais de produtos, variando os valores das características da qualidade e submetendo estes à avaliação de desempenho feita pelos clientes. Para projetar estes experimentos, existem métodos como Análise Fatorial[11], Método Taguchi e EVOP (*Evolutionary Operation*) que garantem eficiência e confiabilidade aos resultados.

3) Análise dos produtos em situações extremas

Uma outra abordagem bastante simples e útil consiste em buscar nos clientes estatísticas de lotes fornecidos (pela empresa ou pelo concorrente) que tiveram desempenho excepcional e então observar qual a combinação dos valores das características da qualidade destes lotes. Assim, estabelecer os valores-metas das características da qualidade do produto, de acordo com os valores encontrados naqueles fornecimentos. Os produtos que tiveram desempenho excepcionalmente ruim também precisam ser analisados para que sejam evitados, por um lado, e para ajudar a confirmar os valores a serem estabelecidos para cada característica da qualidade do produto, por outro.

4) Uso de simulações

Podem-se usar ou desenvolver equipamentos ou mesmo *softwares* que simulem o processo do cliente, e realizar os experimentos e testes neste equipamentos simuladores.

3.6.6. A Análise da Matriz da Qualidade

Concluída a matriz da qualidade, é importante realizar uma análise detalhada, com a finalidade de dar suporte à definição da qualidade projetada. Essa análise deve considerar os seguintes aspectos:

1) Atente para as correlações fortes e verifique se os valores da qualidade projetada realmente são capazes de cumprir a qualidade planejada.

2) Identifique os valores de *benchmark* para cada característica da qualidade e conheça o *gap* tecnológico da sua empresa.

3) Faça projeções para as características da qualidade, buscando atingir valores cada vez melhores em termos de custo e satisfação dos clientes.

4) Destaque as linhas em branco. Isso indica que um item de necessidade do cliente não apresenta nenhuma correlação com as características da qualidade, o que vale dizer que há necessidade de buscar nova característica para satisfazer aquela necessidade do cliente.

5) Destaque as colunas em branco. Isso pode significar que uma característica da qualidade não se relaciona com nenhuma necessidade do cliente, conforme indicado pelos clientes, consequentemente pode ser uma característica dispensável ou que não precisa ser controlada.

6) Características da qualidade com altos pesos, cuja melhoria não encarece o produto, devem ser otimizadas.

7) Características de baixos pesos que tenham impactos nos custos podem, eventualmente, ser especificadas de forma a reduzir os custos.

Na análise da matriz da qualidade deve-se observar também:

- Avalie a existência de conflitos entre a pesquisa feita nos clientes e a pesquisa técnica de características. Estes conflitos podem ser analisados por meio das relações fortes da matriz. Se o cliente avalia que o produto da empresa atende bem a uma necessidade, então as características fortemente relacionadas com aquela necessidade devem apresentar um valor também bom.

- Oportunidades para se igualar aos melhores do mercado.

- Para produtos com longo tempo no mercado, a experiência de fabricação e Assistência Técnica ao produto já indica a maioria das características importantes. Entretanto, ao construir a matriz de qualidade, irá se perceber que outras características tidas como não importantes são importantes para satisfazer o cliente. Poderão também existir características que são julgadas importantes, mas que para o cliente não o são.

As informações contidas na matriz da qualidade devem ser atualizadas sempre que alguma alteração for realizada no produto da concorrência ou no da própria empresa. Para alcançar este objetivo, a empresa deve ter sempre todas as informações, sobre os seus produtos e os da concorrência, atualizadas e acessíveis.

3.7. Conclusão

Neste capítulo foi apresentado o método de planejamento do produto de tal modo que satisfaça às necessidades dos clientes, sendo simultaneamente competitivo. O planejamento do produto é focado nas necessidades mais importantes dos clientes, no cotejo sistemático com os produtos da concorrência, na escolha de um conceito básico do produto, na avaliação de tecnologias e na determinação científica das especificações das características da qualidade prioritárias do produto.

Simultaneamente ao desenvolvimento do produto, é preciso realizar o desenvolvimento do processo para produzir o produto. Para desenvolver o processo pode ser necessário fazer inovações ou melhorias. Estas mudanças são concebidas eliminando os pontos fracos, aproveitando as oportunidades, excluindo ou incluindo funções.

A necessidade de introdução de tecnologia no processo é mais bem analisada por meio da avaliação do nível de desempenho de suas funções Estas análises permitem estabelecer uma nova visão do processo futuro, facilitando recriar suas especificações. O desenvolvimento do processo engloba o estabelecimento do seu fluxograma, das especificações de tecnologias e de parâmetros de operação, dos itens de controle, dos métodos de controle e dos itens de verificação dos processos. Nos próximos capítulos será realizado o trabalho de Planejamento do Processo de forma integrada ao desenvolvimento do produto, com foco nas necessidades dos clientes.

Bibliografia Citada

1. JURAN, JM. *Planejamento para a Qualidade*. Pioneira.

2. KOTLER, P., ARMSTRONG, G. *Princípios de Marketing*. Rio de Janeiro: Prentice Hall do Brasil.

3. KUME, H. *New-product development and market research*. The AOTS Quaterly Kenshu, 136, p.10-13.

4. KANO, N. *A qualidade atrativa e a obrigatória*. Tokyo: AOTS (Notas de Aula).

5. AKAO, Y. et al. *Hinshitsu Tenkai Katsuyo Manuaru* (em japonês) Vol.1. Tokyo: JUSE Press.

6. URBAN, G.L., HAUSER, J.R. *Design and Marketing of New Products*. 2ª Edição. Englewood Cliffs, N.J.: Prentice-Hall.

7. ALTSHULLER, G. S. *Creativity as an Exact Science*. New York: Gordon and Breach.

8. LEHMANN, D. R. *Market Research and Analysis*. 3ª Edição. Homewood: Richard D. Irwin.

9. MIZUNO, S. & Y. AKAO. *QFD: The Customer-Driven Approach to Quality Planning and Deployment*. APO. Japan.

10. KING, B. *Better Designs in Half the Time: Implementing QFD in America*. Third Edition. Goal/QPC. Methuen. MA. USA.

11. WERKEMA, M; AGUIAR, S. *Otimização estatística de Processo* Vol. 9 - FCO.

12. OHFUJI, T. *Notas de Aula do Curso Avançado de QFD*. FUNDAÇÃO CHRISTIANO OTTONI. BH.

13. *Proceedings of International Symposium on Quality Function Deployment*. (1995). JUSE. Japan.

14. TAGUCHI, Genichi, *System of Experimental Design*. ASI, 1987. 132p.

15. CARVALHO, Aloysio, A. P. *A Utilização do QFD para a escolha de equipamentos durante o desenvolvimento de produtos*. UFMG (Dissertação de Mestrado).

16. W. Chan Kim e Renée Mauborgne. *A Estratégia do Oceano Azul*. Editora Campos, 2005. 241p.

17. SCAPIN, Carlos Alberto. *Análise Sistêmica de Falhas*, INDG TecS. Nova Lima - MG. 2007.

18. CAMPOS, Vicente Falconi. *O Verdadeiro Poder*, INDG TecS. Nova Lima - MG. 2009.

CAPÍTULO 4

A TECNOLOGIA E A INOVAÇÃO DO PROCESSO

4.1. Introdução

Neste capítulo iremos mostrar como inovar os processos industriais ou administrativos. Para isto, inicialmente iremos estudar cada processo como é atualmente e buscar soluções para criar um novo processo com um desempenho otimizado ao cenário operacional, contemplando visão a curto, médio e longo prazos. Iremos eliminar as falhas originais, os paradigmas, eliminar ou reduzir os pontos fracos, conferir maior funcionalidade e desempenho, portanto iremos criar um Processo Robusto. As soluções podem se constituir em simples melhorias ou em mudanças radicais, introduzindo novas tecnologias.

Os processos deverão ter a capacidade para produzir o produto com a Qualidade Projetada estabelecida no Capítulo 3.

As resistências à mudança neste tipo de trabalho são frequentes, podendo ser do tipo cognitivas, políticas, motivacionais ou de limitação de recursos. Quando a mudança a ser implantada é complexa e, além disto, há resistências à mudança, a melhor estratégia é iniciar a implantação por um processo piloto e, após, fazer um plano de ação para as demais implantações.

Tabela 4.1: Resumo dos Passos para Desdobrar o Processo de Criação da Qualidade.

	O QUE	POR QUE	COMO
	...	...	...
P	Identificar os processos importantes cujo desempenho é insatisfatório	Focar o desenvolvimento visando a maximizar as chances de bons resultados	Relacionar os processos que mais afetam as necessidades das partes interessadas cujo desempenho esteja insatisfatório
	Analisar o processo atual	Aproveitar do conhecimento e da tecnologia já existente e dominada	Identificar entradas, saídas, habilitadores e regras do processo atual. Realizar um fluxo detalhado do processo atual e levantar as principais estatísticas. Analisar as fraquezas, dos pontos fortes, das oportunidades e ameaças no processo. Analisar estatística do processo e de benchmark. Avaliar a existência de paradigmas do processo atual.
	Inovar o processo (*breakthough*)	Aumentar a capacidade de o processo produzir melhores produtos, com maior produtividade e economia	Analisar funções do processo. Avaliar o desempenho das funções. Identificar princípios de inovação para a ajuda na solução de disfunções e contradições dos processos. Identificar os gargalos de tecnologia e buscar as soluções. Desenvolver a Visão do processo e aplicar todos os conhecimentos para sua inovação.
	Adotar as tecnologias mais adequadas	Trazer ganhos para o processo por meio de tecnologias modernas e econômicas	Identificar tecnologias por meio dos estudos das funções e contra-funções do processo. Estudar as contradições técnicas. Identificar os princípios inventivos para a busca de soluções. Desenvolver projetos para introduzir novas tecnologias aplicáveis.
	Implantar as mudanças ideais	Inovar ou melhorar o processo	Elaborar plano de ação para implantar as inovações aprovadas.

4.2. Seleção dos Processos Críticos

Grande parte da qualidade do produto e do seu custo é formada no processo. Assim, alguns processos merecem um estudo de melhoria , quando seu desempenho, embora seja adequado, cria, em todos os colaboradores da empresa uma clara percepção de que seu resultado poderia ainda ser melhor.

Outros processos, entretanto, estão muito defasados, com referência a padrões de qualidade, ou com referência a custos oriundos de sua fabricação não mais compatíveis ao segmento de mercado a que este produto se destina, por enfrentar uma concorrência agressiva.

Neste caso, somente a implantação de melhorias não permitirá alcançar os resultados pretendidos e aí temos que ser inovadores. Preferencialmente se conseguirmos implantar inovações nos processos mais críticos para a criação de valor e cujo desempenho é insatisfatório. O valor é avaliado conhecendo o impacto do processo para satisfazer as necessidades das partes interessadas: acionistas, clientes, governo, etc. Já o desempenho dos processos é um simples julgamento comparativo feito em grupo.

A Figura 4.1 tem a finalidade didática de mostrar um MÉTODO (à esquerda) e as FERRAMENTAS (à direita) para inovar ou melhorar os processos mais significativos para o negócio ou para produzir o produto:

Passemos a explicar esta figura, já que ela orienta todo o desenvolvimento a ser feito. São mostrados o método a ser utilizado, as ferramentas e suas interações.

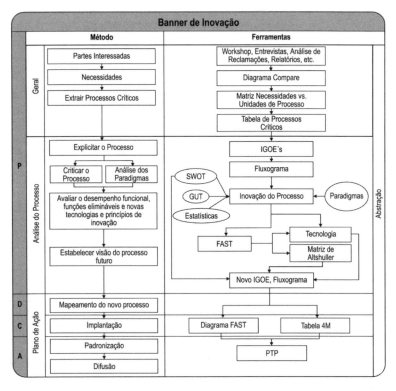

Figura 4.1: Método e Ferramentas para inovar e melhorar processos.

4.3. Análise do Processo Atual

Na parte GERAL da primeira coluna (Figura 4.1), buscamos relacionar todas as partes interessadas e suas necessidades. Feito isto, procuramos identificar os processos mais críticos para satisfazer estas necessidades.

As ferramentas que poderão ser utilizadas são o diagrama "compare" (veja item 3.4.4) e o diagrama de matriz (item 3.6.2). Na matriz as linhas serão as necessidades das partes interessadas desdobradas, contendo suas importâncias, e as colunas serão os processos que afetam tais necessidades. O cálculo da matriz permite mostrar o peso relativo dos processos para atender às necessidades das partes interessadas. Para cada processo é feita também uma avaliação, em equipe, quanto ao nível de seu desempenho atual. Olhando para as dimensões importância e nível de desempenho, selecionamos os processos críticos a serem estudados, aqueles processos que são importantes para atender às necessidades das partes interessadas e cujos desempenhos estão insatisfatórios. Veja exemplo a seguir de uma aplicação na Unimed Macapá (Figura 4.2).

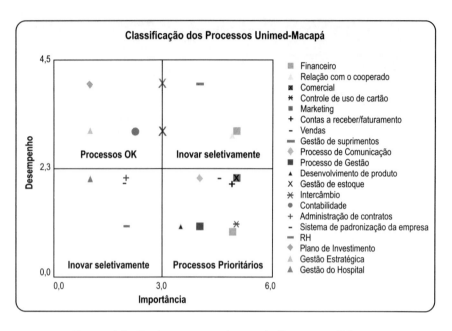

Figura 4.2: Critérios para seleção de Processos Críticos.

Em seguida, na coluna MÉTODO na parte de ANÁLISE DE PROCESSO fazemos a análise dos elementos e das características de cada um dos processos críticos. É recomendável especular sobre possíveis paradigmas assumidos para o processo atual, aumentando o poder de crítica e, desta forma, termos uma grande oportunidade de ser inovadores. Em seguida são avaliados o desempenho funcional do processo, suas funções e as contradições técnicas, se houver, facilitando a busca de princípios para inovar cada processo. Recomenda-se que se adote uma visão sistêmica, portanto a utilização dos conceitos da metodologia da Engenharia de Sistemas, desempenha um papel de grande relevância na obtenção de melhores soluções, como indicado no livro do Prof. Vicente Falconi intitulado O VERDADEIRO PODER e no livro de ANÁLISE SISTÊMICA DE FALHAS, do Eng. Carlos A. Scapin.

Este tipo de análise, como será mostrado por meio de exemplos, facilita a identificação dos gargalos tecnológicos de forma local, com a objetividade propiciada pela análise das funções do processo.

Na parte do PLANO DE AÇÃO, o conhecimento acumulado pelas análises anteriores, a criatividade e a ousadia possibilitam à equipe conceber uma visão futura do processo. A parte de implantação significa mudar o processo, podendo ocorrer em qualquer um dos seus elementos (entradas, saídas, regras e habilitadores) implicando quase sempre mudanças das suas funções ou da tecnologia.

As FERRAMENTAS sugeridas na parte de ANÁLISE DE PROCESSO atual da Figura 4.1 são:

a) IGOE (*input, guide, output e enablers*) ou seja:

Input ou Entradas, que são consumidas ou transformadas no processo.

Guide ou Regras, que definem condições para o funcionamento do processo.

Output ou Saídas, que são os produtos dos processos ou seus resultados.

Enabler ou Habilitador, que são operadores, instalações, tecnologias, ferramentas ou outros recursos necessários para executar as atividades dos processos.

O IGOE melhora a compreensão do processo e de seus limites. No caso abaixo, referimo-nos a um processo de manutenção (Figura 4.3).

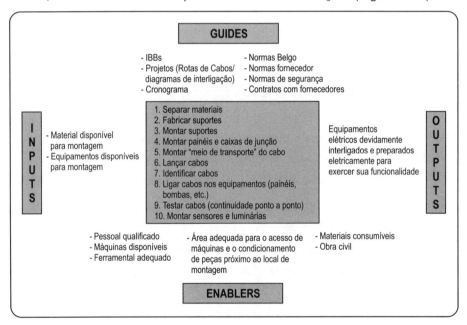

Figura 4.3: Exemplo de um IGOE para uma montagem de equipamento.

b) O FLUXOGRAMA do processo constitui uma excelente ajuda diagramática para tornar o processo explícito. São mostradas as suas atividades, as sequências, as decisões e as áreas envolvidas para realizar as atividades. O fluxograma facilita o entendimento de como as entradas do processo se convertem em saídas ou resultados (Figura 4.4).

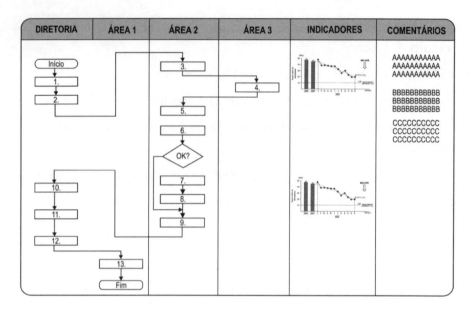

Figura 4.4: Modelo de Fluxograma de Processo.

c) Outra ferramenta para a análise do processo atual é o SWOT

- *Strengths* (forças), características internas do processo que podem influenciar positivamente o seu desempenho.

- *Weaknesses* (fraquezas), características internas do processo que podem influenciar negativamente seu desempenho.

- *Opportunities* (oportunidades), que são situações externas ao processo, atuais ou futuras, capazes de contribuir substancialmente para o alcance dos objetivos dos processos.

- *Threats* (ameaças), que são situações externas ao processo, capazes de dificultar substancialmente o alcance de seus objetivos (Figura 4.4).

Esta é uma ferramenta útil para ampliar o campo de análise e evitar viés na forma de pensar, olhando apenas para os defeitos ou fraquezas.

Para cada uma das dimensões do SWOT, diferentes estratégias são indicadas:

- Forças: A estratégia indicada é Aproveitar e Aplicar.

- Fraquezas: A estratégia indicada é Eliminar ou Minimizar.

- Ameaças: A estratégia indicada é Minimizar efeito ou Evitar.

- Oportunidades: A estratégia indicada é Aproveitar e Incorporar.

Exemplo: Processo Planejamento da Manutenção da Aciaria

	FRAQUEZAS		FORÇAS
1	Falta de sistemática padronizada para recebimento dos serviços executados pela Engenharia.	1	Comprometimento do pessoal de manutenção na execução dos serviços.
2	Falta de participação durante a etapa de desenvolvimento do projeto do equipamento.	2	Responsabilidade no tratamento das solicitações verbais de manutenção.
3	Falta de cumprimento do critério para a análise de anomalias.	3	Custo de manutenção dentro do planejado.
4	Falta de formalização para solicitação de serviços pela produção.	4	Indicadores de performance dentro da meta.
5	Falta de sistemática de feedback da Engenharia com relação aos serviços solicitados.	5	Realização das análises de anomalias.
	AMEAÇAS		**OPORTUNIDADES**
1	Dificuldade de operacionalização do sistema de manutenção PM/SAP.	1	Utilização do sistema informatizado SAP/PM como ferramenta de programação dos serviços de manutenção.
2	Mudança da metodologia de trabalho da oficina de manutenção.	2	Melhoria na interface manutenção x produção nas paradas programadas.
3	Dificuldade da produção para solicitações dos serviços de manutenção.	3	Oficina de manutenção trabalhando de forma planejada, utilizando ordens de manutenção e coletores de dados.
4	Baixa disponibilidade do equipamento para manutenção.	4	Ordens de manutenção sendo geradas automaticamente por meio dos planos de manutenção criados no sistema S.
5	Não absorção dos treinamentos.	5	Mudança no organograma facilitando tráfego de informações entre a área de planejamento e produção.

Figura 4.5: Exemplo de análise SWOT.

d) GUT é uma ferramenta de priorização (significa Gravidade, Urgência e Tendência) para avaliar cada fraqueza ou ameaça do processo. A gravidade é avaliada em níveis de 1 a 5 (quanto mais alta a nota mais grave), bem como a Urgência (quanto mais alta a nota mais urgente) e a Tendência (notas altas indicam tendência em piorar). O produto destas avaliações nos fornece um índice de criticidade de cada fraqueza ou ameaça. Outra ferramenta que recomendamos para problemas mais complexos é a ANÁLISE DE RISCO, que apresenta sempre excelentes resultados, quando aplicada metodologicamente.

e) Análise dos PARADIGMAS (do grego - *paradeigma*): originalmente um termo científico, que na linguagem comum significa uma premissa, uma verdade, uma teoria, um conceito central, um marco de referência, uma lente por meio da qual vemos o mundo, ou uma base sobre a qual construímos nosso pensamento e a partir da qual tomamos nossas decisões.

Se desejarmos fazer mudanças *pequenas* e aprimoramentos incrementais, devemos trabalhar nas práticas, comportamentos e atitudes.

Se quisermos fazer aprimoramentos significativos, quânticos, trabalhemos nos *paradigmas*.

f) ESTATÍSTICAS são análises estatísticas (análise de médias, de regressão, de correlação de variâncias, etc.) para identificar tendências ou períodos atípicos, o que facilita a procura de causas de variações dos resultados do processo. A análise estatística deve ser feita comparando as saídas dos processos ou entradas. Além disto, os levantamentos são feitos para a dimensão temporal ou histórica e para a dimensão posicional, ou seja, onde ocorre o problema e onde não ocorre. A comparação com outros processos alternativos ou *benchmark* é também fonte para fundamentar as informações e aumentar o acervo de conhecimento sobre o processo atual. Incluem-se neste tópico os projetos de experimentos a que se submete o processo em condições particulares, com o objetivo de analisar suas respostas (veja Apêndice 1).

Os estudos até então realizados podem levar a equipe a identificar mudanças e inovações, mas devemos ir além. A análise estatística, implentada em conjunto com a ANÁLISE DE RISCO, constitui a ferramenta básica da NASA para todos seus projetos. Podemos citar, como exemplos, aplicações em inúmeras outras empresas, como a Boeing, IBM, etc.

4.4. Abstraindo para Criar um Novo Processo

4.4.1. Estudando as funções do processo ou produto

As análises feitas até este ponto já podem ter contribuído para encontrar soluções para melhorar o processo. São normalmente descobertas advindas da contemplação do processo atual que levam a mudanças tecnológicas, criação de um novo método, ou invenções a serem implantadas. É o caso de um agricultor que descobre, analisando uma de suas fraquezas - alto custo de produção - que deve mudar sua tecnologia de plantio convencional para a de plantio direto, evitando várias operações de máquinas agrícolas e reduzindo, assim, os custos.

No entanto, para criar um processo inteligente é altamente recomendável ir além dos conhecimentos que a análise do processo atual possibilita. Por meio de abstração podemos descobrir outras ideias além das decorrentes da experiência com o processo atual. A abstração é orientada pensando como o *processo deveria ser*. A análise das funções do processo facilita a compreensão de como o valor é formado, o que orienta os pontos que requerem mudanças ou atenção.

A ferramenta para a análise das funções é o diagrama FAST[7] (*Function Analysis System Technique*, veja Apêndice 2). Esta ferramenta, desenvolvida para um processo, nos facilita identificar problemas ou lacunas.

Dispondo do diagrama de funções, podemos custear cada função e criticar sua utilidade comparada com o seu custo, o que facilita as racionalizações do processo e as maneiras de reduzir custos, eliminando funções desnecessárias. Podemos descobrir também funções importantes que não são desempenhadas e como promover mudanças importantes.

A análise das funções do processo possibilita localizar gargalos de tecnologias e identificar os mecanismos ou componentes influentes nas funções. A necessidade de introdução de tecnologia no processo é entendida avaliando o nível de desempenho de suas funções. O diagrama FAST traz a compreensão de utilidade, aprimorando as especificações tecnológicas. Assim, não é o fato da modernidade da tecnologia que a recomenda.

Ao realizarmos um diagrama de funções e relacionarmos com a árvore lógica dos equipamentos do processo industrial, podemos orientar as políticas de manutenção pela compreensão das funções e suas ligações de dependências com os conjuntos, mecanismos e componentes do equipamento (Engenharia de Sistemas). A árvore lógica corresponde ao desdobramento das instalações do processo na hierarquia: conjunto - equipamento - mecanismo - componente.

O Apêndice 2 aprofunda a conceituação deste diagrama e apresenta exemplos.

A análise das funções do processo por meio do diagrama FAST nos possibilita novas abstrações.

Analisando cada função do processo, podemos especular sobre funções desnecessárias, disfunções ou contra-funções, possibilitando reestruturar ou descobrir os princípios mais indicados para solucionar contradições técnicas por meio do método de Altshuller (item 4.5.5).

As inovações são então concebidas eliminando os pontos fracos, aproveitando as oportunidades, excluindo ou incluindo funções e tecnologias.

Estas análises permitem estabelecer uma nova visão do processo futuro, facilitando recriar suas especificações.

Veja abaixo um exemplo de como o diagrama de funções facilita a localização dos gargalos de tecnologia, principalmente para um equipamento complexo como uma Máquina de Lingotamento Contínuo. O exemplo apresentado abaixo fez parte de um grande projeto de inovação aplicado na Usina de Bergara da ArcelorMittal - Espanha (Figura 4.5). Esta máquina transforma o aço líquido, proveniente da aciaria, em tarugos que são semi-produtos de aço sólido de seção quadrada de alguns centímetros quadrados de seção e com comprimento de vários metros. O comprimento do tarugo é determinado pelo corte a oxigênio, que é acionado mecanicamente pelo sinal gerado no momento em que o tarugo toca as bandeirolas (Figura 4.6). As banderolas são os acionadores do sistema de controle de corte. Estes mecanismos introduzem imprecisões no comprimento dos tarugos a serem cortados por causa de desgastes e frequentes desalinhamentos das banderolas. Se o comprimento do tarugo não for preciso, haverá excesso ou falta de material na hora de laminá-los para formar os produtos finais, que são os perfis. Isto ocasionaria baixo rendimento de laminação e parte do material que seria produto passa a ser sucata (pontas).

Não se conseguia com a tecnologia atual realizar perfeitamente a função "Cortar Tarugo" na Máquina de Lingotamento Contínuo (veja em destaque as funções que apresentam baixo desempenho na Figura 4.6).

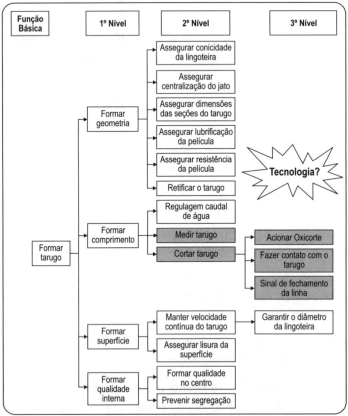

Figura 4.6: Análise da função para localizar os gargalos de tecnologia.

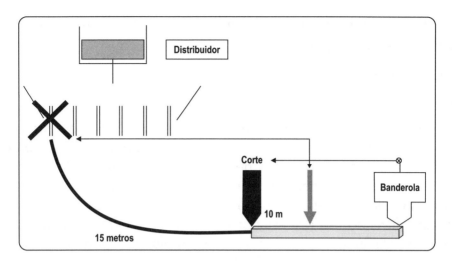

Figura 4.7: Acionamento mecânico do corte do tarugo.

A solução deste problema foi a troca do acionamento mecânico de corte por um acionamento eletrônico por fotocélula (princípio de Altshuller número 28: *substituição de um sistema mecânico por um elétrico*). Foi também introduzida uma balança para pesar os tarugos por amostragem. Esta pesagem permite o ajuste do corte do tarugo. Conhecendo o peso do tarugo, o peso necessário para laminar os múltiplos previstos de perfis e o rendimento de laminação, é possível ajustar o corte para evitar sobras ou pontas. O ajuste do peso do tarugo é conseguido por meio do ajuste do comprimento a ser cortado ao se conhecer o peso. Estas pesagens são feitas por amostragem, geralmente na partida da Máquina de Lingotamento Contínuo (princípio 23: *introdução de um feedback*). Estes princípios encontram-se na tabela de Altshuller, que será apresentada no item 4.3.4.

Em termos econômicos, esta mudança resultou em uma economia anual de mais de quatro milhões de euros.

Com esta nova tecnologia, a função "Cortar Tarugo" passou a ser realizada por meio de novas sub-funções:

- Interceptar feixe de luz.
- Impressionar célula fotoelétrica.
- Gerar sinal de corte.

E, para introduzir o *feedback* para ajustar o peso intencionado para o tarugo, novas funções foram criadas:

"Ajustar o Peso do Tarugo para cada linha" por meio de novas sub-funções:
- Pesar tarugo da linha.
- Conferir com padrão para aquele perfil a ser laminado.
- Ajustar posição da fotocélula.

Resumidamente são feitas várias análises para redesenho e inovação do processo, que compreendem: IGOE, fluxograma, SWOT, paradigma (processo atual) FAST e análise de contradição e Engenharia de Sistemas. Posteriormente todos estes conhecimentos são sintetizados para se criar uma nova visão do processo. Então é feito um trabalho de reconstrução do processo, fazendo uso dos estudos realizados. Em geral as mudanças consistem em eliminar os pontos fracos, aproveitar as oportunidades, excluir, incluir ou reestruturar funções. Também a experiência, a motivação e a intuição da equipe contribuem para qualidade da criação e das mudanças. Uma vez concebidas as mudanças, o novo processo é documentado (IGOE, Fluxograma, Função, tecnologia, regulamentos, etc.). Finalmente, para implantar um novo processo será necessário um plano de ação, fazendo parte dele as adequações dos sistemas (inclusive os de informação), estabelecimento dos padrões operacionais e treinamento dos operadores. O trabalho requer muito raciocínio, esforço, ousadia das pessoas e testes para conceber as mudanças.

Na fase do PLANO DE AÇÃO (Figura 4.1), o diagrama FAST ajuda a orientar os controles para que o valor intencionado seja criado de forma consistente no processo (enquanto se produz), como será visto nos Capítulos 5 e 6. O diagrama 4M é o desdobramento do Método, Materiais, Mão de Obra e Máquina. Este desdobramento possibilita relacionar causas e efeitos que são importantes para elaborar o Padrão Técnico do Processo.

O modelo da Figura 4.2 já foi aplicado tanto em processos industriais quanto em processos administrativos, mostrando-se vantajoso em ambos os casos.

4.4.2. Estudando a engenharia do produto e do processo[1,8]

Os principais motivos para o desenvolvimento de produtos são:
- Satisfazer as necessidades dos clientes, como visto no Capítulo 3.
- Criar novas soluções por meio da observação direta do comportamento do consumidor. Ao observar de perto as pessoas em sua vida cotidiana, em vez de se limitar a lhes fazer perguntas, é possível "intuir" o que

realmente querem ou precisam. Esta observação pode dar origem a produtos conceitualmente novos e inexistentes. Neste caso é uma inovação conceitual baseada na criação de soluções. Um exemplo da aplicação desta abordagem foi a criação do walkman.

- Combater a obsolescência ou incorporação de novas tecnologias.

Com o passar do tempo, os produtos podem se tornar obsoletos ou caros por causa da evolução de tecnologias, que na época dos seus desenvolvimentos não estavam disponíveis. Assim, pode ser necessário rejuvenescer tecnologicamente os produtos.

Com o surgimento constante de novas tecnologias, torna-se conveniente repensar o produto ou o processo de produção e verificar se as necessidades dos clientes podem ser atendidas de uma forma mais plena ou econômica. O produto pode incorporar alguma destas novas tecnologias e conseguir então desempenhar melhor as suas funções ou incorporar novas, ou eliminar uma contra-função (função indesejável) ou ainda, melhorar as características da qualidade. Nestes casos, constitui uma excelente ferramenta o uso da metodologia do FTA.

A questão é identificar as tecnologias que poderão ser cogitadas e adotadas para aumentar o Valor do produto ou oferecer uma nova solução. Para identificar as tecnologias pertinentes, uma análise detalhada do produto nos seus mecanismos e/ou nas suas funções (quando o produto não possui mecanismos) é necessária. Para desempenhar as funções de alguns produtos, há a necessidade de criar mecanismos. Um mecanismo de um produto consiste em componentes que são necessários para que o produto possa desempenhar suas funções ou apresentar características da qualidade em um certo nível. Os mecanismos são introduzidos para cumprir funções específicas cujos encadeamentos e alinhamentos permitem que o produto cumpra suas funções de alto nível. O cliente valoriza apenas as funções de alto nível relacionadas às suas necessidades e não se interessa pelo tipo de encadeamento de funções do produto. Os mecanismos, além do aspecto funcional, são arranjados para obter a arquitetura do produto (Eng. de Sistemas), inclusive a forma, o *design* e as funções de estima. Tais componentes incorporam um conceito central em que se baseiam para cumprir uma função do produto (por exemplo em um carro, o motor é um mecanismo que tem a função de gerar potência e pode adotar o <u>conceito central</u>: motor de combustão interna, elétrico, etc.). A arquitetura, ou a árvore lógica de um produto, é o que determina como estes componentes se encaixam e cumprem funções em conjunto.

Para objetivamente prospectar as novas tecnologias, parte-se de um conceito de produto e procura-se averiguar, para cada mecanismo, ou para o próprio produto (no caso de não apresentar mecanismos), quais tecnologias devem ser cogitadas para incorporação.

Como exemplo, temos o caso da Nintendo com o produto Wii comentado no Capítulo 3, item 3.6.5. A Nintendo desenvolveu um *video game* com jogos mais simples e controle sensível ao movimento, que é uma nova tecnologia. Este produto atraiu novos públicos e fez com que ela superasse em vendas a soma dos dois maiores concorrentes (Sony e Microsoft).

Um outro exemplo conhecido de incorporação de tecnologia foi a introdução do sistema de freio ABS na indústria automobilística. O mecanismo de freio de um carro é incorporado ao carro para que a função "frear o carro" possa ser cumprida. Entretanto, ao cumprir esta função, surge uma contra-função que é "travar as rodas". Procurando resolver esta contra-função é que surgiu a tecnologia ABS (*Antilock Brake System*). O sistema funciona otimizando as forças sobre as rodas, por meio do controle da pressão hidráulica sobre os freios. Variando o valor da pressão em função de informações (atrito pneu/solo, giro, etc.), que são lidas por sensores e processados em central eletrônica que escolhe a melhor combinação lógica de frenagem emitindo uma ordem para a central hidráulica. Esta, por meio de solenóides vai aliviar ou incrementar pressão no fluido de freio para cada roda. Assim, os novos carros com esta tecnologia cumprem a função "frear o carro" e ao mesmo tempo eliminam a contra-função "travar as rodas", mantendo a dirigibilidade no caso de uma freada brusca e em pistas escorregadias. Desta forma, a análise das <u>funções e das contra-funções</u> dos mecanismos ou de um produto orienta a busca de tecnologia e dá objetividade ao assunto. A solução ABS faz uso do princípio de solução de problemas inventivos ao substituir o modo de aplicação da força de frenagem de constante por um modo intermitente. Além disto, usa-se outro princípio (o de introdução de *feedback*) em que a intensidade da força é variável de acordo com os sinais que avaliam o giro (veja princípios de Altshuller no Apêndice 4).

No caso acima foi ilustrado o surgimento de uma tecnologia altamente sofisticada em uma indústria muito desenvolvida em todo o mundo. Mas nem sempre a introdução de tecnologia é complexa como neste caso. Pequenas incorporações de tecnologias, como a tecnologia de informação, otimizações por meio de projeto de experimentos, automação, etc., são bastante viáveis e frequentes em processos administrativos ou industriais e trazem enormes vantagens para as empresas.

4.4.3. Um roteiro para busca de novas tecnologias

Uma vez definido o conceito e a arquitetura de um produto (novo ou atual), selecionar as tecnologias que devem ser incorporadas ou utilizadas não é uma tarefa fácil.

Primeiramente é necessário reconhecer que, para a fabricação de um produto complexo, são utilizadas várias tecnologias.

Para melhoria ou desenvolvimento dos produtos, novas tecnologias (novos materiais, processos, métodos de fabricação, tecnologias de controle e de informação, etc.) podem ser cogitadas no sentido de obter o produto com custos mais baixos, com melhor desempenho funcional ou com as características da qualidade melhores, por exemplo, maior resistência. Para relacionar as tecnologias é necessário, orientado pelas funções de alto nível do produto, ir ao nível dos mecanismos, analisando suas funções e daí investigar quais tecnologias podem trazer uma melhoria funcional ou de custo.

Os bancos de patentes trazem uma extensa documentação das patentes que são registradas em todo o mundo. Estes bancos oferecem métodos de busca por meio de programas com lógicas booleanas que permitem localizar tecnologias de produtos e de mecanismos, detalhando a função, o projeto, o proprietário, os efeitos da tecnologia, etc. Sites como o www.uspto.gov (americano) e o www.inpi.gov.br (brasileiro) precisam ser bem estudados pelas empresas que queiram introduzir novas tecnologias.

A pesquisa nestes bancos de dados são geralmente feitas com o objetivo de encontrar uma tecnologia que desempenha uma determinada função. Entretanto, com as ferramentas apropriadas pode-se determinar:

- Qual tecnologia vai prevalecer perante as outras.
- Diferentes aplicações de uma tecnologia básica.
- Como as empresas estão se associando para desenvolver ou utilizar determinada tecnologia.

Para relacionar as tecnologias do processo de produção, temos que fazer a análise funcional das Unidades de Processo (Capítulo 5) e estudar as relações custo/benefício de outras tecnologias. A arquitetura do produto (Engenharia de Sistemas) e a divisão das funções entre os mecanismos devem ser consideradas. Quando a incorporação de novas tecnologias se faz por meio de desenvolvimento interno, os métodos de Projeto de Experimentos são de grande ajuda (Apêndice 1).

O tema tecnologia é tratado em vários livros e é um assunto complexo. Como este livro é sobre inovação de produto e processo, não poderíamos deixar de tratar o tema, embora de uma forma mais simplificada, acreditando ser útil para as empresas brasileiras.

Segundo CARVALHO, A. A. P., uma tecnologia pode ser entendida como o resultado da geração, síntese e organização, sistematização e utilização do conhecimento prático e teórico para solução de problemas da sociedade, a partir do próprio conhecimento acumulado por esta sociedade, incorporando, assim, as dimensões econômica e social.

Deste modo, esse conhecimento pode estar nas pessoas, produtos, materiais, métodos, equipamentos, etc.

A empresa deverá de forma manifesta aproveitar a capacidade criativa das pessoas e associar um trabalho metodizado de busca de novas tecnologias que deverão ser incorporadas para melhorar sua posição competitiva.

As tecnologias podem por meio de métodos abstratos e/ou por métodos de abordagem direta, como no exemplo do Item 4.3.1.

Na abordagem direta, as tecnologias podem ser exploradas seguindo a orientação proposta na Tabela 4.2[1,2].

Tabela 4.2: Roteiro para a busca de tecnologia - abordagem direta.

O QUE	COMO
Identifique as funções de alto nível do produto cujo desempenho é insuficiente.	Faça um diagrama de funções FAST e avalie e identifique as funções que necessitam ter o desempenho melhorado.
Avalie quais componentes ou elementos de máquinas ou processo executam aquelas funções.	Relacione as funções com a árvore lógica do equipamento ou processo para localizar os mecanismos ou componentes que comprometem a função. (Ex: item 4.3.1). A árvore lógica de um equipamento é o seu desdobramento em hierarquia: conjunto/mecanismos/componentes partes.
Priorize e selecione os mecanismos ou partes de acordo com o impacto nas funções.	Avalie, se possível, o nível de impacto na função e no custo de cada mecanismo.
Explicite a função básica e as funções secundárias para cada mecanismo ou parte.	Desenvolva o diagrama FAST (*Function Analysis System Tecnique*) do mecanismo ou parte.
Identifique, para cada mecanismo ou parte, se existem contra-funções e associe estas com as funções.	Por exemplo: a função fundir minério causa a contra-função superaquecer parede do forno. Esta contra-função pode ser reduzida ou eliminada com outra função: refrigerar parede do forno. Discrimine as contra-funções que mais fortemente degradam o produto ou o processo.
Prospecte tecnologias que eliminem a contra-função ou que reduzam fortemente o custo do produto. Por exemplo: a função do ar condicionado é "controlar temperatura", porém, surge uma contra-função "redução da umidade do ambiente". Neste caso devemos procurar tecnologias para eliminar a contra-função.	Pesquise inicialmente nos bancos de patentes nacionais e internacionais se já há patentes depositadas que possam eliminar ou minimizar a contra-função do mecanismo ou melhorar o desempenho da função. Sites: www.uspto.gov - www.inpi.gov.br
Verifique se ocorre nos mecanismos ou nas partes alguma contradição física. Por exemplo: em um arame, quando aumentamos sua resistência, prejudicamos sua flexibilidade.	Aplique os princípios de separação no tempo, no espaço, na estrutura ou na substância.
Identifique quais os princípios para eliminar tais contradições técnicas.	Utilize a matriz de Altshuller para buscar os princípios de solução a serem aplicados (Apêndice 4).
Pesquise tecnologias que podem ser empregadas para solucionar tais contradições orientadas pelos princípios indicados.	Busque tecnologias nos institutos de patentes, nos fornecedores, em centros de pesquisa, em férias e na concorrência.
Avalie, para o nível mais detalhado, as tecnologias mais promissoras.	Realize experimentos utilizando as novas tecnologias. Se aprovadas (ou seja, a contradição pode ser resolvida ou minorada) adote as novas tecnologias.
Estude as ofertas destas tecnologias (custo de compra ou custo de desenvolvimento).	Verifique se economicamente a melhoria é justificável.
Selecione as tecnologias.	Deve-se analisar o impacto na satisfação do cliente, no desempenho funcional e no custo do produto. A tecnologia adequada não depende apenas da sua sofisticação.
Realize projetos de experimento iniciais para ajustar parâmetros e características da qualidade.	Realizando os experimentos onde os parâmetros do processo ou características do produto formam as variáveis experimentais. A análise das respostas dos experimentos permite achar a melhor combinação dos seus níveis. (Utilize o método Taguchi - Parameter Design).
Projete o mecanismo ou unidade de processo em análise fazendo uso da tecnologia selecionada, compatibilizando a arquitetura do produto ou do processo.	Faça estudos de compatibilidade das funções e de efeito da adoção da nova tecnologia em outros mecanismos e no produto.
Estude como este componente ou parte deverá ser enquadrada na arquitetura do produto e no alinhamento e distribuição das funções prevista para cada mecanismo.	Por exemplo: quando substituímos um certo mecanismo de acionamento mecânico por um outro hidráulico, em uma máquina operatriz, a demanda por potência pode requerer a troca do motor.
Projete o processo de produção de protótipo deste mecanismo com a nova tecnologia.	Aplique o método indicado no Capítulo 5.
Teste em escala piloto o mecanismo com a(s) nova(s) tecnologia(s).	O teste de mecanismo normalmente é feito solicitando (simulando a solicitação do produto) o mecanismo e analisando como este responde.
Em caso de melhoria na função e redução da contra-função, realize um estudo econômico para incorporação da nova tecnologia.	Faça uma avaliação econômica para verificar a viabilidade da troca da tecnologia.
Se aprovada, a tecnologia promova a compra ou os desenvolvimentos necessários.	Aplique o método indicado no Capítulo 5.

Vejamos um exemplo mais simples em que a introdução de uma tecnologia simples resultou em grandes economias.

Antes disto vamos apresentar a matriz de contradições e como poderá ser utilizada.

4.4.4. Solução de contradições técnicas - A Matriz de Altshuller

Segundo Altshuller, todos os problemas inventivos envolvem o que ele chama de contradição técnica. Uma contradição técnica existe quando, ao tentarmos melhorar um dado parâmetro A de um sistema tecnológico, outro parâmetro B se deteriora. Por exemplo, se tentarmos tornar um produto mais forte aumentado suas dimensões, ele ficará mais pesado, o que é indesejável.

O cientista russo Genrich Altshuller[4] desenvolveu uma matriz que indica os princípios mais promissores para solucionar as contra-funções ou as contradições de produtos e processos. Altshuller observou, por meio de estudos realizados em patentes de produtos que tiveram grande sucesso de mercado, que a principal razão deste sucesso é principalmente o fato de o inventor ter resolvido alguma contradição ou uma contra-função melhor do que os produtos substitutos. Ele classificou os princípios mais frequentemente adotados para resolver diversas contradições e apresentou seu estudo em uma tabela.

Combinando estas informações oriundas dos estudos de patentes, o autor identificou 39 características ou parâmetros e 40 princípios para solucionar contradições entre estas características.

A tabela de Altshuller mostra nas linhas as características a serem melhoradas e nas colunas os resultados indesejáveis (conflitos). Nas células da matriz são indicados os princípios mais promissores para solucionar o conflito (que estatisticamente resultaram em maior sucesso no estudo das patentes). O roteiro para o uso da tabela é o seguinte:

a) Identificar a característica a melhorar associada à função básica do produto ou processo (Tabela de princípios Altshuller Apêndice 4).

b) Identificar a contra-função presente no caso e o resultado indesejável, demostrando um conflito (Tabela de princípios Altshuller Apêndice 4).

c) Identificar os princípios de inovação no cruzamento da característica a melhorar com o resultado indesejável na matriz de Altshuller.

d) Aplicar os princípios de inovação para o problema real e identificar soluções práticas.

e) Verificar se a solução elimina ou minimiza a contra-função ou se promove a função.

O uso dos princípios inventivos começa pela identificação de parâmetros a serem melhorados num sistema. Após a identificação destes parâmetros, verifica-se se eles são contraditórios ou não. Se não houver contradição envolvida, os princípios inventivos podem ser utilizados livremente, buscando a simples melhoria do parâmetro insatisfatório. Se existir contradição entre parâmetros, devem-se definir pares de parâmetros contraditórios ou conflitantes. Uma vez identificados os princípios inventivos aplicáveis, procuram-se soluções para a contradição, usando-se os princípios.

Para usar a tabela deve-se seguir o procedimento indicado na Figura 4.8. Inicia-se identificando a contradição técnica presente no problema. Então procuramos na célula da matriz onde é encontrado o número do princípio mais indicado para resolver aquele tipo de contradição. Tomando este número, procura-se, na lista de princípios (Apêndice 4), a descrição do seu significado e exemplos de aplicação. Então, considerando estes princípios, raciocinamos como poderia ser aplicado no nosso problema específico. Isto propiciará várias ideias e pelos menos uma delas poderá gerar uma solução satisfatória.

Para a utilização desta matriz, identifique as características do seu problema que necessitam ser melhoradas a partir da função nas linhas e as características, que, em consequência daquela melhoria, ficam prejudicadas (ou as contradições e/ou conflitos técnicos) nas colunas (Figura 4.8). Localize no cruzamento os números dos princípios indicados para resolver a contradição.

Uma vez identificados os princípios, procura-se na relação a sua explicação e exemplos de aplicação. Veja exemplo na Figura 4.9.

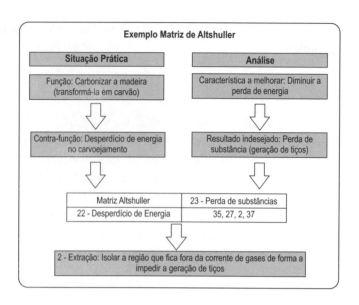

Figura 4.8: Método para usar a tabela de Altshuller.

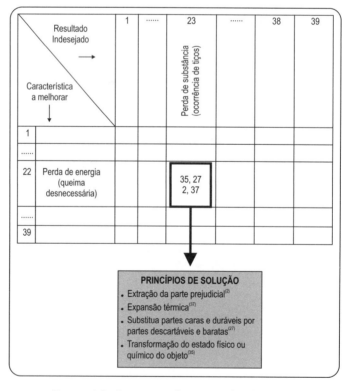

Figura 4.9: Ilustração da matriz de Altshuller.

4.4.5. Exemplo de aplicação da tabela de contradições

Vejamos um exemplo real de aplicação da matriz de Altshuller, em que esta indicou os princípios de solução e, após experimentos, solucionou a contra-função do processo de carvoejamento.

Na fabricação de carvão vegetal, a madeira de eucalipto é secada ao ar e enfornada em um forno de alvenaria. É feita a ignição, dando início à carbonização (queima controlada), em geral pelo topo do forno. Uma chaminé ligada à base do forno faz a tiragem e regula a velocidade de carbonização. A função do forno é "carbonizar madeira". Para melhorar o rendimento do processo, a queima deve ser interrompida após toda a madeira ter sido carbonizada. Este instante para interromper a carbonização é reconhecido pelo aumento da temperatura dos gases da chaminé. Mas é comum acontecer que, quando o processo de queima é interrompido e o forno é resfriado e aberto, depara-se com madeira mal carbonizada. Esta ocorrência frequente caracteriza uma contra-função "produzir tiços". Tiços são pedaços de madeira não carbonizados, geralmente localizados na periferia da base do forno (Figura 4.10). Os tiços provocam sérios danos nos circuitos de carregamento de carvão de Alto-Forno (equipamento para produção de ferro gusa, que é matéria-prima para produção de aço) e de fornos de Ferro-ligas, o que demanda muito trabalho e dinheiro das empresas, que tentam eliminá-los do carvão vegetal via catação manual.

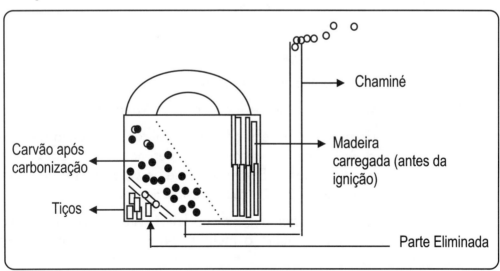

Figura 4.10: Forno de carvoejamento.

Aplicando o princípio 2 - "Extração da parte prejudicial" (Figura 4.10), deve-se eliminar a parte do forno que causa o problema. De fato, a madeira nesta posição fica fora da corrente de gases quentes. Entretanto, a aplicação direta deste princípio não irá resolver totalmente o problema.

Qual o tamanho da parte a eliminar? Pode-se preencher a parte com tijolos? Qual o ângulo da rampa? É melhor introduzir uma grelha metálica para facilitar o fluxo de gases na região?

Para responder a estas e a outras questões, há a necessidade de fazer experimentos[5] que, se positivos (eliminação total de tiços com bom aproveitamento de madeira), uma nova tecnologia de carvoejamento será introduzida.

Exemplo de projetos de experimentos que poderiam ser realizados usando o método Taguchi (Veja Apêndice 1).

a) As respostas a serem medidas no projeto de experimentos seriam:

1) Rendimento de madeira = tonelada de carvão produzido / tonelada de madeira seca carregada.

2) % de tiços formados.

3) Tempo de carvoejamento.

4) Teor de cinzas.

b) As variáveis ou parâmetros a otimizar seriam:

1) Ângulo da rampa da parte eliminada.

2) Tipo de material da rampa (grelha metálica ou refratário).

3) Comprimento da rampa até a saída para a chaminé.

4) Tipo de madeira (grossa/fina e seca/úmida) - Variável de ruído.

Para este tipo de processo, é recomendável realizar um projeto de experimento do tipo L'8 (Apêndice 1) realizando 8 experimentos com pelo menos duas repetições por experimento. Entretanto, este assunto não será aprofundado, já que é coberto por vários livros de estatística[14].

Uma vez concluídos os experimentos, são feitas as análises estatísticas e de razão sinal/ruído que indicam a melhor combinação dos parâmetros para otimizar as respostas tomadas em conjunto (superfície de resposta). Caso o projeto de experimento não tenha encontrado um conjunto de valores para os parâmetros que resolvam satisfatoriamente o problema, reiniciam-se os trabalhos considerando outro princípio. O princípio[27] "Substitua partes caras e duráveis por partes descartáveis e baratas" (Figura 3.7) poderia também ser testado. E se enchermos a parte do forno que produz tiços com moinha de carvão?

Todos estes passos fazem parte do esforço de desenvolvimento de tecnologia. Considerando a escala de produção destes fornos, as economias são promissoras.

Um exemplo, na pecuária

Vejamos um outro exemplo, bastante ilustrativo, relacionado à pecuária. É normalmente necessário uma bateção dos pastos com foice ou roçadeira de trator para eliminar ervas daninhas que comprometem a produção do capim (competição por nutrientes do solo e por luz). Para eliminar as ervas daninhas, após serem roçadas, deve-se aplicar um herbicida no toco cortado. Normalmente esta aplicação é feita imediatamente depois do corte. Neste caso o conflito ocorre quando queremos melhorar a "Reparabilidade" (linha 34 do Apêndice 4) para garantir que todos os tocos cortados recebam uma única dose do herbicida (normalmente os herbicidas são produtos transparentes). Mas, ao fazer isto, perdemos muito tempo tentando reconhecer se houve ou não aplicação num dado toco. O resultado é que alguns tocos recebem mais de uma dose do herbicida e outros nenhuma. Então, criamos um conflito com o item "Perda de tempo" (coluna 25 do Apêndice 4). Olhando na tabela do Apêndice 4, vemos na célula de cruzamento da linha 34 com a coluna 25 os princípios n° 32,1,10,25. O princípio 32 diz: "mude a cor do objeto". Assim, foi adicionado 1% de anilina azul ao recipiente de aplicação do herbicida. Isto permitiu uma completa e rápida visualização dos tocos que não receberam a substância e, em consequência, melhorou enormemente a "Reparabilidade" e houve também redução da "Perda de Tempo." Este processo foi adotado com sucesso e representou uma economia de aproximadamente 7% nos custos totais de bateção de pasto.

Exemplo 1 na área de plano de saúde

As empresas de prestação de Assistência Médica vendem aos clientes planos de saúde que asseguram uma cobertura, estabelecida em contrato, de atendimento médico. Estas empresas cobram prêmios dos clientes e pagam aos provedores (médicos, hospitais, laboratórios, etc.) pelos serviços prestados àqueles. O cliente quer para si a melhor qualidade, independentemente do custo. O prestador em geral tem incentivos para prescrever mais serviços. Desta forma, para evitar que sua lucratividade caia, as empresas de planos de saúde averiguam previamente cada prescrição e glosam os atendimentos não cobertos no contrato. Esta averiguação impõe ao cliente perda de tempo, pois obriga-o ir à empresa com os documentos em papel, estacionar o carro, pegar senha e aguardar atendimento. Neste atendimento a empresa consulta os direitos dos clientes no cadastro (que contém o histórico do cliente) e, se necessário, realiza uma auditoria médica, procurando reduzir os custos dos tratamentos prescritos.

Para reduzir a "Perda de tempo" (característica 25 da matriz de Altshuller), ocorre uma contradição, que é a "Complexidade para Controle" (resultado indesejado nº 37), pois a empresa teria que controlar a prescrição por todos os prestadores ou de forma postergada, quando a conta fosse apresentada. Olhando na tabela de Altshuller, vemos no cruzamento da linha 25 e coluna 37 os princípios 18, 28, 32 e 10. Os princípios 10 e 28 poderiam ser adotados para orientar a solução tecnológica a ser aplicada. Estes princípios são descritos da seguinte forma:

10 AÇÃO ANTECIPADA

a) Realizar a ação requerida antecipadamente, ou pelo menos uma parte.

b) Arranje os objetos de forma que eles possam entrar em ação sem perder o tempo de preparação (e coloque-os na posição mais conveniente).

28 REPOSIÇÃO DE UM SISTEMA MECÂNICO

a) Substitua um sistema mecânico por um óptico, acústico, eletrônico ou baseado em odor.

b) Use campo elétrico, magnético ou eletromagnético para interação com os objetos.

Tomando inicialmente o princípio 28, a empresa poderia fornecer ao cliente um cartão magnético com informações adequadas e instalar nos prestadores, ou pelo menos em parte deles, computadores conectados ao seus sistemas de informações que leriam o cartão e reconheceriam o cliente. A secretária do prestador poderia digitar o código do procedimento médico e o próprio sistema autorizaria ou não o atendimento, realizando assim uma ação antecipada. Além desta função, esta tecnologia substituiria o sistema mecânico (ficha de atendimento, malote, movimentação física, digitação) para contabilizar o crédito do prestador de serviço, que passaria a ser eletrônico. Outra maneira poderia ser substituir o sistema mecânico por um acústico, colocando em operação um Call Center que evitaria inconveniências ao Cliente.

Exemplo 2 na área de planos de saúde

As cooperativas de plano de saúde precisam atender aos beneficiários nacionalmente e, portanto, fora de suas sedes. Assim, precisa contar com os serviços de atendimento de cooperativas de outras regiões. Este atendimento é feito, mas apresenta várias disfunções, desperdícios e conflitos entre as cooperativas envolvidas:

- A cooperativa que irá prestar o atendimento ao beneficiário fora do seu domicílio realiza vários exames e alguns destes seriam desnecessários se dispusesse de informações de saúde ou do prontuário do cliente.
- Os procedimentos são autorizados por meio de troca de fax. A cooperativa de origem desconhece antecipadamente os procedimentos que a prestadora fará e também o preço a ser cobrado.
- A cooperativa prestadora, temendo a possibilidade de glosas, tende a aplicar uma margem de segurança ao enviar a fatura.
- As cooperativas, por conta de um alto nível de destrato e glosas, nomeiam um interveniente para eventualmente arbitrar em alguns casos. Serviço este que tem custo para a cooperativa.
- Geralmente o próprio usuário fica irritado com atrasos para as autorizações de atendimento fora do domicílio.

Outros problemas podem ocorrer, o que fragiliza o sistema de estender a cobertura dos usuários a todo o País.

Este processo foi inovado atacando os pontos fracos e as disfunções apresentadas acima.

Em resumo, a solução se baseou em tecnologia web, a aplicação do princípio de ação antecipada e contratação direta entre as cooperativas, sem intermediários.

O processo resumidamente ficou assim:

1. A cooperativa de origem encaminha via web os exames e o prontuário (ou arquivo eletrônico) do paciente, o que evita alguns exames desnecessários.

2. A cooperativa prestadora faz um orçamento do atendimento, especificando os procedimentos com preços abertos.

3. A cooperativa de origem negocia on-line os procedimentos planejados e acerta um pacote de atendimento e concorda com o custo final previsto.

4. Feito este acerto entre as partes, é estabelecido um contrato eletrônico entre as cooperativas diretamente e sem intervenientes.

5. O contrato tem validade jurídica.

4.4.6. Solução de contradições físicas - Princípios de Separação

Em um sistema tecnológico um único parâmetro pode apresentar uma contradição com ele mesmo. Este fato caracteriza uma contradição física.

Quando o conflito existente no problema for uma contradição física - uma mesma propriedade é conflitante para algumas situações. (por exemplo: uma chapa metálica precisa ser resistente para suportar um esforço, mas também precisa ser macia para ser conformada). Nestes casos os princípios de separação, como exemplificado na Tabela 4.3, poderão inspirar as soluções.

Tabela 4.3: Alguns Princípios para solução de contradições físicas.

Nº	Termo	Conteúdo	Exemplo
1	Separação no espaço	Uma propriedade é realizada em uma área do espaço e a propriedade oposta em outra área	Estradas que cruzam em diferentes níveis
2	Separação no tempo	Uma propriedade é realizada num tempo e a oposta em outro intervalo de tempo	A ação de um semáforo num cruzamento de rua
3	Separação na estrutura	Uma parte do sistema tem uma propriedade enquanto o sistema por inteiro tem outra propriedade	Uma corrente de bicicleta é formada de elementos fixos
4	Separação no material (energia)	Um material ou campo de energia (ou sua parte) tem uma propriedade para um objetivo e outra para outro objetivo	A água (líquida) é congelada em um tubo para criar um tampão para seu reparo

Exemplo 1 - Ampola de medicamento

Para fechar determinado medicamento dentro de uma ampola de vidro, deve-se aplicar calor de forma a fundir o vidro. Porém, o mesmo calor pode prejudicar a composição química do medicamento.

A contradição se resolve aplicando o calor unicamente no extremo superior e colocando a parte inferior da ampola (onde está o medicamento) imersa num líquido refrigerante, como a água.

(Princípio: Separar os requerimentos no espaço).

Exemplo 2 - Asa de aviões

Durante a decolagem e aterrissagem de um avião, suas asas precisam ser grandes para lhe garantir estabilidade. Porém, durante o vôo, asas grandes aumentam o atrito com o ar e diminuem a velocidade do avião. A solução de compromisso, asas de tamanho médio, não é ideal. É preciso que o avião tenha asas grandes durante a decolagem e aterrissagem e asas pequenas durante o vôo. A contradição se resolve adicionando asas que são expandidas na decolagem e aterragem e recolhidas durante o vôo.

(Princípio: Separar os requerimentos no tempo).

4.4.7. Incrementando o nível de abstração para a busca de solução

Muitas vezes uma solução para um sistema tecnológico pode ser encontrada por meio de abstração. Criam-se modelos da realidade em vez de estudá-la diretamente. Há vários tipos de modelos, que podem ser físicos como o de uma represa em pequena escala, matemático como os de programação linear para minimizar o custo de uma ração, satisfazendo as restrições nutricionais e outros.

Iremos comentar dois exemplos muito frequentemente utilizados:

• Simulação discreta

Uma maneira de buscar soluções para um problema tecnológico é o uso de simulação. Neste caso estaremos abordando o problema ou o sistema por meio de um modelo que o representa[15]. A mais conhecida metodologia de simulação é o método de Monte Carlo. A simulação reproduz, por meio de um modelo, todo o fluxo das transações, como por exemplo, uma panela de aço, uma cesta de sucata e as entidades passivas ou servidoras, como os equipamentos, respeitando a lógica de operação, os tempos, as filas, os depósitos e suas capacidades, os habilitadores e suas características, permitindo observar a interação destas entidades por meio da operação simulada, muito próxima das condições reais. A simulação ilustrada a seguir é a de sistemas dinâmicos de eventos discretos; dinâmico porque o sistema é estudado ao longo do tempo, e discreto, pois a passagem do tempo é feita aos saltos, entre um evento e outro, por isso é também chamada de simulação de eventos discretos.

O método consistiu na construção de um modelo que permitisse resumir todas as operações logísticas de uma siderúrgica, respeitando a funcionalidade e a lógica operacional dos equipamentos e recursos envolvidos.

Nesse trabalho, utilizaram-se os passos de um estudo de simulação sugeridos por Law & Kelton[15]. Os passos são detalhados a seguir:

- Formulação do problema e planejamento do estudo.
- Coleta de dados e definição do modelo.
- Validação do modelo conceitual.
- Construção do programa computacional e verificação.
- Realização de execuções piloto.
- Validação do modelo programado.
- Projeto dos experimentos (Simulando várias condições do sistema).
- Realização das execuções de simulação.
- Análise de resultados.
- Documentação e implementação dos resultados.

Simulou-se o sistema de logística de uma siderúrgica (Usina de Piracicaba, da ArcelorMittal) e a Figura 4.11 mostra a relação entre a simulação, a realidade e a solução.

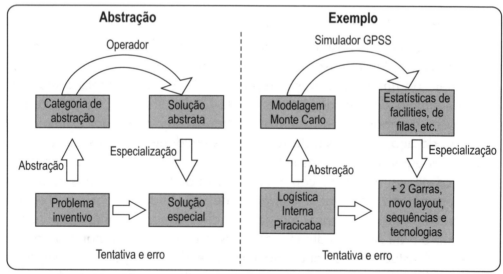

Figura 4.11: Aplicação de abstração por modelo de Simulação Discreta.

A metodologia de simulação mostrou-se muito vantajosa para esta aplicação. Possibilitou avaliar de forma precisa e antecipada o desempenho da logística da siderúrgica, possibilitando dimensionamento dos equipamentos, estabelecimento de regras de fluxos, mudança no layout, etc. O estudo conferiu precisão e segurança nas decisões a respeito do projeto de logística para aumento da capacidade industrial.

A animação realizada na simulação possibilitou o escrutínio do modelo pelas pessoas práticas da operação.

- Rede Neural

Redes Neurais Artificiais ou simplesmente Redes Neurais são uma simulação abstrata de um sistema nervoso que contém um conjunto de *neurônios* que se comunicam entre si. Inicialmente o conceito foi desenvolvido na esperança de se caminhar para algum dia construir uma máquina pensante.

Na década de 90 as Redes Neurais tiveram grande impulso com o desenvolvimento de computadores mais rápidos e de tipos de rede mais fáceis de trabalhar.

Atualmente o uso de redes neurais está amadurecido e tem se desenvolvido muito na modelagem e na otimização de processos industriais.

Mostramos abaixo um caso em que se usou a rede neural para simular um processo. Vejamos o exemplo de um forno elétrico a arco para a fabricação de aço.

O objetivo deste trabalho era o de otimizar (considerando vários critérios) a carga e as condições de operação do forno elétrico, analisando simultaneamente mais de 40 variáveis. O modelo do processo de fusão foi construído analisando o histórico de cerca de 7.000 corridas (uma batelada de aço) por meio de uma rede neural.

A Figura 4.12 abaixo mostra a sequência de métodos utilizados.

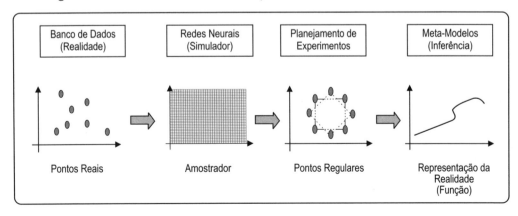

Figura 4.12: Aplicação de abstração por modelo de Rede Neural.

A fase do aperfeiçoamento do modelo atual foi baseada no histórico de corridas validado pela área sobre o qual se construíram várias redes neurais até convergir para o modelo *cascade regression*. Esta rede permitiu quantificar a influência de cada variável no consumo de energia, no rendimento (com pouca aderência) e, consequentemente, no custo, produção horária e margem bruta mensal.

Com base neste modelo foi aplicado o método estatístico de projeto de experimentos (DOE), utilizando-se a rede para fazer os "experimentos virtuais". Foi planejado um DOE com nove variáveis de mistura (proporções dos tipos de sucatas) e com as seis principais variáveis de processos apontadas pelo modelo de rede neural. Foi necessário um projeto de experimento composto de mais de quinze mil experimentos. Com isto pode-se chegar a um ponto ótimo de operação para cada critério de otimização (energia, rendimento, custo, produção horária ou margem bruta mensal visualizando os *trade offs* entre os critérios). Foi utilizado para esta análise o programa MINITAB, aplicando a ferramenta *response optimizer*. Assim pode-se converter um modelo neural em um modelo polinomial por meio de DOE.

Para a confirmação foram feitas experiências reais guiadas pelas indicações da rede neural, visando a esclarecer (confirmar ou negar) relações novas entre os parâmetros do processo. Poderão ser realizados experimentos de mistura em regiões fora do domínio do histórico das variáveis para possibilitar a ampliação do conhecimento nestes domínios ou fazer experiências em torno do ótimo gerado pelo modelo. Os resultados e os dados deste trabalho não poderão ser publicados.

Bibliografia Citada

1. DOM CLAUSING. *Systems Engineering Tutorial Proceedings of international Symposium on QFD - Linkoping*, Sweden.

2. MATTOS, João Roberto Loreiro de. *Gestão da Tecnologia e Inovação - uma abordagem prática*. Ed. Saraiva.

3. WERKEMA, M.; AGUIAR, S. *Otimização Estatística de Processo*. Vol. 9 - FCO.

4. ORLOFF Michael A. *Inventive Thinking Through Triz*. SPRINGER-VERLAG BERLIN NEW YORK.

5. TAGUCHI, Genichi. *System of Experimental Design*, ASI.

6. CARVALHO, Aloysio. A. P. *A utilização do QFD para escolha de equipamentos durante o desenvolvimento de produtos*. UFMG, 1998. (Dissertação de Mestrado).

7. CSILLAG, João Mario. *Análise de Valor*. Ed. Atlas.

8. UPTON, David M. *Designing Managing and Improving Operations*. PRENTICE-HALL, INC.

9. OLIVEIRA C. A. "Process Design through Quality Deployment - The Missed Link". 3rd Intenational QFD Symposium, Linkoping - Sweden. 1997.

10. Apresentação de Trabalho - "QFD in a Brazilian Steel Industry" - QFD Institute EUA 1996, 2nd International QFD Symposium (Trabalho Desenvolvido na Belgo Mineira).

11. AILTON B. & OLIVEIRA C. A. *Wire Decarburization during Spheroidization Treatment*, Wire Association Congress, (Taguchi Method) 1992.

12. OLIVEIRA, Carlos A. *Product Design of a Heavy Hot - Galvanized Steel Wire*, (Taguchi Method) Wire Association, Interwire, Atlanta, USA, 1993.

13. OLIVEIRA, Carlos A. *Otimização do Processos de Fabricação de Cordoalhas Galvanizadas para Eletrificação Rural* - (Taguchi Method). 43 Congresso da ABM - 1988.

14. OLIVEIRA, Carlos A. de; RIBEIRO, Márcio R. *XXXVII Seminário de Aciaria - Internacional da ABM*, de 22 a 24 de maio de 2006. Porto Alegre - RS.

15. LAW, A. M.; KELTON, W. D. *Simulation modeling and analysis*. 3ª Edição. Boston: McGraw-Hill, 2000.

CAPÍTULO 5

DESDOBRAMENTO DO PROCESSO DE CRIAÇÃO DA QUALIDADE

5.1. Introdução

No capítulo anterior, foram discutidos os meios para definir as características da qualidade mais importantes para a promoção da satisfação dos clientes, sintetizadas na matriz da qualidade (Job#1). A partir desse ponto, é preciso desenvolver um novo processo produtivo capaz de gerar essas características de acordo com os "valores-metas" especificados e com a menor variabilidade possível.

Neste capítulo, serão descritos os passos para planejar o processo produtivo a partir da voz do mercado. Trata-se de um conteúdo extremamente importante para a garantia da qualidade do produto obtida nos processos produtivos, especialmente para estabelecer o planejamento do controle dos processos. Serão desenvolvidas as etapas "Desdobramento do Processo" até o "Estabelecimento dos valores-metas dos Itens de Controle" conforme Figura 1.7.

Inicialmente é abordado o caso em que o produto pode ser produzido por vários processos alternativos e como fazer a escolha corretamente.

Em seguida, é mostrado como correlacionar as características do produto final com o processo escolhido, para identificar os pontos do processo em que são formadas as características críticas, ou seja, as mais importantes para a garantia da qualidade do produto.

Na seção seguinte, são estudadas as funções dos processos para melhor compreensão do valor criado no processo. Este estudo leva à identificação de características observáveis que permitem avaliar se a função básica do processo está sendo cumprida durante a produção e, portanto, a tempo de evitar a má qualidade. O estudo das funções das unidades de processo permite também averiguar a ocorrência de contra-funções que devem ser tratadas com inovações tecnológicas, conforme método sugerido no Capítulo 4.

Finalmente, na última seção, é mostrado como priorizar os itens que medem o desempenho das unidades críticas de processo para focalizar as ações de garantia da qualidade.

Os conceitos abordados neste capítulo e no Capítulo 4 são adequados para o projeto de qualquer processo, tais como de programação da produção, de vendas, contabilidade, etc. Os métodos utilizados nos permitem obter a eficácia do processo por meio de um melhor entendimento dos seus objetivos, dos valores criados e dos controles necessários.

Neste estágio, a empresa já está preparada para estabelecer os planos de controle dos processos, conforme será abordado no Capítulo 6.

Na Tabela 5.1 são apresentadas as principais atividades que serão contempladas neste capítulo e que correspondem ao detalhamento das etapas compreendidas entre o "Desdobramento do Processo" e o "Estabelecimento dos valores-metas dos Itens de Controle", conforme a Figura 1.7. É também indicado como cada atividade é realizada e o porquê.

Tabela 5.1: Resumo dos passos para desdobrar o processo de criação da Qualidade.

	O QUE	PORQUE	COMO
	⋮	⋮	⋮
	Definir o processo básico.	Para buscar o máximo valor, considerando qualidade e custo.	Avaliar a potencialidade dos processos alternativos para atingir a qualidade projetada e comparar com os respectivos custos.
	Identificar as unidades de processo responsáveis pelas características importantes.	Para levantar todas as unidades de processo onde estas características são formadas.	Desdobrar os processos em que são formadas as características até o nível de unidade de processo.
	Correlacionar as características da qualidade do produto com as unidades de processo.	Para identificar as unidades de processo que formam as características da qualidade.	Formar uma matriz cruzando a tabela de característica da qualidade do produto com a de desdobramento do processo.
P	Selecionar as unidades de processo mais importantes, a partir da voz dos clientes.	Para priorizar os trabalhos de controle nas unidades de processo mais críticas.	Converter o peso das características da qualidade do produto em peso das unidades de processo, utilizando as correlações efetuadas.
	Identificar as funções das unidades de processo consideradas críticas.	Para identificar o que é importante de medir nas unidades de processo.	Realizar a análise da função e Engenharia de Valor, entendendo funções que podem ser eliminadas.
	Avaliar oportunidades de inovações tecnológicas para a incorporação ao processo.	Para ganhar desempenho no processo.	Estudo das contra-funções do processo e oferta de tecnologia (Capítulo 3).
	Extrair características que avaliam as funções.	Para avaliar se as funções estão sendo cumpridas.	Refletir sobre funções de vários níveis do processo.
	Estabelecer itens de controle a partir das características.	Para possibilitar o controle durante a produção (*on time*).	Selecionar as características segundo critérios, tais como: mensurável, fácil de medir, a tempo.
	Especificar valor-meta dos itens de controle.	Para identificar o ponto ótimo dos itens de controle.	Aplicar métodos estatísticos, função perda e engenharia.
	Especificar as faixas de tolerâncias econômicas dos itens de controle.	Para determinar os valores limites aceitáveis em cada processo.	Identificar custos associados a tolerâncias.
	Priorizar os itens de controle.	Para dar foco ao esforço de controle dos processos.	Analisar a criticidade segundo critérios, tais como: importância, gravidade, ocorrência, detecção.
	⋮	⋮	⋮

5.2. Definição do Processo Básico

Uma vez projetadas as características da qualidade do produto, como estudado no Capítulo 3, é necessário definir o processo básico para a sua produção. Em muitos casos pode haver vários processos alternativos para fabricar o produto. A escolha de um processo básico deve ser baseada no nível de qualidade que pode ser obtido e nos custos de produção.

O método mais comum para este estudo é a Engenharia de Valor. Neste estudam-se as funções do produto e se procura atender a estas funções analisando opções de concepção e de processo na tentativa de obter a melhor relação valor/custo. Entretanto, este método não faz uma ligação quantitativa entre a qualidade e o custo do produto devido à segmentação da análise e pelo fato de não trabalhar com a voz do cliente de forma explícita (Tabela de necessidades dos clientes com os respectivos pesos).

Quando a concepção do produto está estabelecida, as possibilidades de racionalização se resumem na escolha de processos alternativos em que se podem obter o produto, matérias-primas alternativas ou métodos de produção alternativos. Os processos e as matérias-primas em geral são os maiores responsáveis pela formação do custo na indústria de processo. Utilizando um diagrama de matriz e conceitos da Engenharia de Valor pode-se fazer um balanceamento entre a qualidade do produto e o custo. Por meio de um diagrama de matriz, cruzando as características da qualidade do produto com os processos alternativos e seus custos pode-se decidir qual o melhor processo. A Figura 5.1 mostra um exemplo em que são cruzadas as características da qualidade do produto com os processos alternativos. Em cada célula da matriz é avaliada a capacidade do processo alternativo de atingir o valor-meta da característica da qualidade. O custo direto para cada processo é também mostrado na matriz. O potencial para obter a qualidade de cada processo alternativo é calculado por meio da conversão do peso da característica (que é calculado na matriz de qualidade) em peso do processo alternativo.

Esta matriz facilita a análise de Custos x Qualidade, balanceando o custo de vários processos alternativos e sua potencialidade para formar a qualidade.

No caso de produtos que possuem várias partes, para cada parte que apresenta processos alternativos deve-se construir uma matriz cruzando as características da parte (sistema, subsistema, conjunto e componente) com os processos alternativos. Esta matriz facilitará a definição do processo básico de cada parte do produto (Arquitetura do Produto).

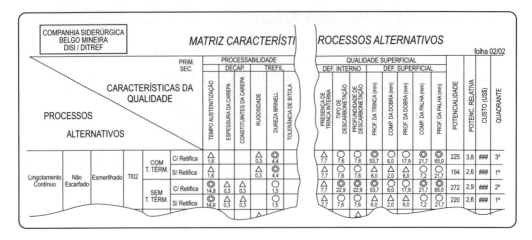

Figura 5.1: Matriz para a escolha do melhor processo de fabricação.

A Figura 5.2 mostra o resumo desta análise e como pode ser definido o processo de fabricação com a melhor relação entre a qualidade e o custo. Os pontos no gráfico mostram a posição de cada processo alternativo, sendo mais indicados os que mais se aproximam do quadrante 4.

O cruzamento das características das matérias-primas e seus custos com as características do produto final nos daria também a possibilidade de redução de custos. Desta forma, podemos visualizar o impacto das matérias-primas e suas características na formação do custo e da qualidade e com isto obter especificações mais inteligentes das matérias-primas. O conceito aqui utilizado é o de que as matérias-primas com especificações mais apertadas em geral são mais caras. Este custo adicional deve ser balanceado com o acréscimo de qualidade buscada pelo cliente, entendendo desta forma a relação valor/custo. Este estudo será desenvolvido no Capítulo 6.

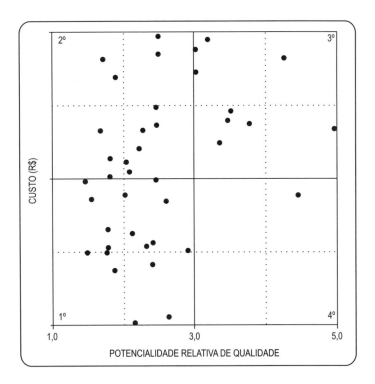

Figura 5.2: Gráfico de dispersão dos custos e da qualidade dos processos alternativos.

- Análise Econômica

Após a análise da competitividade da empresa, vista no Capítulo 3, e o estabelecimento do processo básico, é necessário fazer um estudo econômico para definir a rentabilidade do projeto. Para este estudo é necessário calcular a Receita Marginal e o Custo Marginal decorrente da introdução deste novo produto no *mix* de produtos da empresa.

Os dados para este estudo são obtidos da seguinte forma:

- O estabelecimento do processo básico nos dará uma ideia clara dos custos de produção do produto.

- O preço, o volume de produção e o custo de distribuição são obtidos como indicado no Capítulo 7.

- O Custo Marginal e a Receita Marginal são obtidos simulando o plano de produção e vendas com e sem a participação do produto. São então calculadas as variações, tanto para o custo total quanto para a receita total por todo o período correspondente ao ciclo de vida do produto.

- São lançados os custos de desenvolvimento e de tecnologias necessários para o desenvolvimento do produto.

- É então estabelecido o Fluxo de Caixa da Receita Marginal e do Custo Marginal e são calculados os índices de avaliação econômica, como a Taxa Interna de Retorno e o Valor Presente.

Se o projeto não for econômico, ou seja, se a taxa de retorno for inferior à Taxa de Atratividade da empresa, o projeto deve ser abandonado nesta fase. Caso contrário o desenvolvimento do produto continua com o desdobramento do processo produtivo, como será visto nos próximos passos. Recomenda-se o uso da metodologia da Análise de Risco como uma das melhores ferramentas para tomada de decisão nestes casos.

5.3. Como Identificar as Unidades Críticas de Processo

Ao planejar como garantir a qualidade dos processos intermediários de produção, de forma a assegurar a satisfação dos clientes (tanto internos quanto externos), a primeira ação a ser conduzida é a escolha dos pontos dos processos que merecem atenção e sobre os quais se deve empreender os esforços de controle.

A experiência prática mostra que é impossível exercer o controle acurado de todos os pontos dos processos. Restrições de tempo, recursos humanos, tecnologia e custos impõem uma priorização para as ações de controle, de forma que elas se tornem viáveis e efetivas. No dia-a-dia das empresas, ainda é muito comum realizar esta escolha apenas com base no "sentimento" e na opinião dos especialistas. Em geral, não se analisa o valor criado no processo, levando à escolha de itens de controle inúteis ou desnecessários.

É preciso estabelecer uma maneira sistemática para identificar as unidades importantes do processo nas quais devem ser focalizados os esforços de controle.

Inicialmente, é necessário definir o que é uma unidade de processo.

Uma unidade de processo pode ser entendida como uma decomposição de um processo principal em fases (Engenharia de Sistemas) que permitam observar transformações de características no produto, semi-produto ou partes. Existem casos em que esta unidade de processo é muito grande, como, por exemplo, uma estação de decapagem contínua da indústria siderúrgica, onde o material entra no túnel e sai depois de passar por vários banhos. Neste caso, toda a estação deve ser considerada como uma única unidade de processo, pois não é possível decompô-la para observação de transformações intermediárias.

Pontos de processos, onde não ocorre nenhuma transformação nas características dos produtos intermediários, não são considerados unidades de processo. Por exemplo, posicionar uma barra, vazar o aço, carregar o forno, mover a carga, entre outros, não caracterizam uma unidade de processo.

Os limites de uma unidade de processo devem permitir a avaliação das transformações no produto por meio de comparações entre a entrada e a saída da unidade de processo. A Figura 5.3 apresenta alguns exemplos de unidades de processos. Nesta figura, destacam-se não só as unidades de processos, como também suas "entradas", "saídas" e as características modificadas, destacando-se a importância de ocorrência de transformação nos produtos intermediários dos processos.

UNIDADE DE PROCESSO	ENTRADA	SAÍDA	CARACTERÍSTICA MODIFICADA
Tratamento do aço na panela	Aço com inclusões	Aço limpo	Conteúdo de inclusões, temperatura
Trefilação de barra schmag	Rolo de fio-máquina	Barra trefilada	Forma, dureza e superfície
Trefilação de barra monobloco	Rolo de fio-máquina	Rolo de arame	Forma e dureza
Endireitamento	Rolo de arame	Barra endireitada	Forma
Decapagem contínua	Arame oxidado	Arame limpo	Superfície
Lavadora de roupa	Roupa suja	Roupa limpa	Umidade, sujeira

Figura 5.3: Exemplos de Unidades de Processo.

Uma "Unidade Crítica de Processo" é uma unidade de processo onde são formadas (ou que contribui para formar) as características da qualidade importantes para a satisfação dos clientes. Uma unidade crítica de processo deve desempenhar uma função, ou seja, um trabalho que gere modificações nas características do produto que está sendo produzido. Ela pode compreender uma única máquina (ou similares) ou uma sequência de máquinas, e suas dimensões dependem diretamente das características dos processos em questão.

O termo "crítica", atribuído à essas unidades de processo, refere-se ao fato de estes pontos do processo serem vitais para a formação de características importantes do produto, sob a ótica dos clientes. Portanto, é imprescindível que estas unidades de processo mereçam especial atenção, pois elas são "críticas" para a satisfação dos clientes.

Para identificar as "Unidades Críticas de Processo", é necessário localizar, no processo como um todo, os pontos onde se formam as características de qualidade com altos pesos relativos, mostrados na matriz da qualidade apresentada no capítulo anterior.

Para isso, deve-se inicialmente construir uma tabela de desdobramento do processo produtivo, desdobrando os grandes processos em unidades menores, utilizando a técnica do diagrama de árvore[1].

Em seguida, é necessário correlacionar todas as unidades de processos com todas as características da qualidade do produto final. Para isso, pode-se construir uma matriz que correlacione a tabela de desdobramento das características da qualidade do produto final com a tabela de desdobramento do processo produtivo. Assim, podemos visualizar as interrelações de cada unidade de processo e das características da qualidade mais importantes para a satisfação dos clientes. Isso permite definir os pontos dos processos onde essas características são formadas, identificando as unidades críticas de processos.

PROCESSO / CARACTERÍSTICA DA QUALIDADE	ACIARIA						LAMINAÇÃO							PESO RELATIVO
	LD		M.L.C.										
	CARREGAMENTO	SOPRO	TRATAM. PANELA	DISTRIBUIDOR	MOLDE	RESFRIAMENTO SECUNDÁRIO	CORTE	ESMERILHAMENTO	AQUECIMENTO	DESBASTE	PRÉ-ACABAMENTO	ACABAMENTO	RESFRIAMENTO NA ÁGUA	RESFRIAMENTO NO AR	
DUREZA			◉										◉	◉	9
TIPO ESTRUTURA		○			○								◉	◉	15
QUALID. INTERNA (TRINCAS)	○	○		◉		◉									4
DESCARBONETAÇÃO						○			◉						40
DOBRA				○	○		○	◉	○	◉	◉	◉			32
PESO ABSOLUTO	12	57	81	36	141	254	96	288	465	288	288	288	216	216	
PESO RELATIVO %	0	1	2	3	4	10	3	11	14	11	11	11	9	9	

Figura 5.4: Exemplo da Matriz de Características da Qualidade x Desdobramento do Processo.

A Figura 5.4 mostra um exemplo de uma matriz de processos produtivos versus características da qualidade do produto final. As características na horizontal (apresentação parcial) são cruzadas com as unidades de processo (colunas). Os pesos das características vêm da matriz de qualidade e são convertidos em pesos das unidades de processo.

O preenchimento desta matriz segue os critérios de correlação apresentados na Figura 5.5.

SÍMBOLO	VALOR	CRITÉRIOS DE CORRELAÇÃO
⊙	9	A característica é com certeza totalmente formada na unidade de processo (mesmo que não exclusivamente)
○	3	A unidade de processo contribui para formar a característica da qualidade
△	1	A unidade de processo pode influenciar na formação da característica da qualidade
Em branco	0	A unidade de processo definitivamente não afeta a característica da qualidade

Figura 5.5: Critérios para o Preenchimento da Matriz de Processos X Características da Qualidade do Produto Final.

Com esta matriz, observando os pesos relativos de cada unidade de processo, temos a orientação para decidir quais delas devem ser estudadas em detalhe, cabendo às demais apenas estudos mais simples. Dependendo da urgência e disponibilidade de pessoal, podem-se iniciar os trabalhos de desdobramento nas unidades de processo com pesos mais altos e naquelas com pesos médios que influem em características que têm sido a causa de reclamações de clientes.

Quando o produto é composto de partes (sistemas subsistemas, conjuntos e componentes), é necessário primeiramente identificar as partes mais importantes e, para estas, localizar as unidades críticas de processo. A Figura 5.6 mostra, para um apartamento, como estas partes mais importantes são facilmente identificadas cruzando-se as características da qualidade do produto com as características das partes. Para as partes mais importantes, que são selecionadas por meio da soma dos pesos de suas características, é desdobrado o processo construtivo. Um novo diagrama de matriz é construído, cruzando estas unidades de processo com as características das partes mais importantes. Este diagrama ajuda a identificar as unidades críticas do processo.

PARTES DO APARTAMENTO		C.Q CARACTERÍSTICA QUALIDADE	Parte elétrica						Características de Projeto									
			CARGA TOLERADA	TAXA DE LUX	Nº DE PONTOS ELET.	DISTR. DE PTOS	DISTR. DE CARGAS	SISTEMA DE TV	CONDUTIVIDADE MATERIAL	VAZÃO	CIRCULAÇÃO DE AR	ESTRUTURA COMPATÍVEL	MODULARIDADE PAREDES	Nº DE CORTES PROJETO	DETALHES ARQUITETÔNICOS	MARCAS (FABRICANTE)	REFERÊNCIAS	ESPECIFICAÇÃO	LIMITE DE CONTROLE	PESOS ABSOLUTOS	PESOS RELATIVOS
LIVING	PAREDE	ALINHAMENTO																		0	0
		PRUMO																		0,0	0,0
		ACABAMENTO														⊗	⊗	⊗		122,9	4,7
		ESPESSURA							⊗			⊗		⊗						102,1	3,9
	PISO	ALINHAMENTO																		0,0	0,0
		NIVELAMENTO																		2,8	0,1
		ESQUADREJAMENTO																		0,0	0,0
		TONALIDADE														⊗	⊗			69,3	2,6
		RESISTÊNCIA A ABRASÃO														⊗	⊗			69,3	2,6
		VEDAÇÃO / ESTANQUEIDADE								O										3,7	0,1
	ESQUADRILHAS DE ALUMÍNIO	ISOLAMENTO ACÚSTICO							⊗											8,3	0,3
		DIMENSÕES ADEQUADAS		O								⊗	⊗							201,2	7,7
		LOCALIZAÇÃO									⊗		⊗	⊗						228,2	8,7
	RODAPÉ	ALINHAMENTO																		0,0	0,0
		FORMA											⊗	⊗						88,3	3,4
		ACABAMENTO														⊗	⊗			69,0	2,6
		DURABILIDADE																		0,0	0,0
	INSTALAÇÕES ELÉTRICAS	CAPACIDADE DE CARGA	⊗	⊗	⊗	⊗	⊗											⊗		229,6	8,7
		Nº DE PONTOS	⊗	⊗	⊗	⊗	O	⊗												220,8	8,4
		DISTRIBUIÇÃO DE PONTOS	O		⊗	⊗		⊗						∇						179,1	6,8
	PEITORIL	INCLINAÇÃO																		0,0	0,0
		ACABAMENTO															⊗			34,7	1,3
		ESTANQUEIDADE																		0,0	0,0
COZINHA	PAREDE	ALINHAMENTO																		0,0	0,0
		PRUMO																		0,0	0,0
		ACABAMENTO														⊗	⊗			69,3	2,6
		TEXTURA DO REVESTIMENTO							O											2,8	0,1
		TONALIDADE															⊗			34,7	1,3
	PISO	ALINHAMENTO																		0,0	0,0
		NIVELAMENTO																		2,8	0,1
		ESQUADREJAMENTO																		0,0	0,0
		TONALIDADE															⊗			34,7	1,3
		RESISTÊNCIA A ABRASÃO														⊗	⊗			69,3	2,6
	INSTALAÇÕES HIDRO-SANITÁRIAS	VAZÃO								⊗										14,7	0,6
		ESCOAMENTO								⊗										14,7	0,6
		DURABILIDADE																	O	11,6	0,4
	INSTALAÇÕES	CAPACIDADE DE CARGA	⊗	⊗	⊗	⊗												⊗		229,6	8,7
																				220,8	8,4
	BANCADA	ACABAMENTO																		122,9	4,7
		PESOS	7,19	0,92	5,34	6,47	1,74	3,69	0,92	1,63	1,23	6,58	7,9	3,85	5,96	3,85	3,85				

Figura 5.6: Cruzamento das características do apartamento com as partes.

Na Figura 5.7, mostra-se um exemplo de como se localizam as unidades críticas de processo quando o produto possui diferentes partes. Estão sendo utilizadas duas matrizes simultaneamente. Cruzou-se a tabela de características de qualidade de um retroprojetor (contendo os pesos das características obtidas no cálculo da matriz da qualidade) com a tabela de características de partes do retroprojetor. Esta matriz permite compreender o peso (importância) das partes que compõem o retroprojetor e de suas características. A forma da interface entre estas matrizes se torna de mais fácil compreensão quando se tem uma base nos conceitos de Engenharia de Sistemas. Por ser uma metodologia complexa, não é tratada neste livro, mas recomenda-se a leitura e o conhecimento dos princípios que norteiam esta metodologia. Assim pode-se ver que as lentes e a estrutura lateral são partes com altos pesos.

As partes com pesos mais altos serão selecionadas para o desdobramento do processo em unidades de processo. No exemplo, estas foram indicadas com um SIM. Assim, o processo de estampagem da estrutura lateral e o processo de usinagem das lentes foram desdobrados em unidades de processo, formando uma tabela de desdobramento que foi então cruzada com a tabela de Características das Partes, de forma semelhante à que foi usada na Figura 5.4. Após o cálculo destas matrizes, convertendo o peso das características do produto em peso das partes e em seguida em peso das unidades de processo, poderemos selecionar as unidades de processo com pesos mais altos e elegê-las como críticas, conforme indicado no rodapé da matriz à direita. Para esta eleição, pode-se usar o critério 80/20, ou seja, as unidades críticas de processo são aquelas com pesos mais altos, cuja soma atinge 80%.

		CARACTERÍSTICA DE QUALIDADE DO PRODUTO FINAL																		DESDOB. DO PROCESSO (UNID. DE PROCESSO)										
			DIMENS.			FORMA		NITIDEZ				ILUMIN.								ESTAMPAGEM CH. LATERAL					USINAGEM LENTES					
		PESO	ALTURA	LARGURA	COMPRIM.	VOLUME	REL. ALT./LARG.	GRAU REFL.	ABERRAÇÃO	ÁREA PROD.	DIST. MÁX. PROJ.	TAXA LUZ	RIGIDEZ	RUÍDO dB	PESO CARACT.	PESO PARTE	PESO RELATIVO	VALOR CARACT.	SELEÇÃO (FILTRO)	CORTE	PRENSAGEM	DOBRAMENTO	FURAÇÃO	PINTURA	CORTE BLOCO	CORTE DISCOS	GENERATOR	ESMERILHAGEM	POLIMENTO	EXAME ÓTICO
	PESO RELATIVO	4,6	8,1	7,4	7,4	6,3	5,5	7,2	2,2	9	14,2	14,2	5	7,2																
ESTRUT. LAT.	ESP. CHAPA	⊗												○	63	440	1,5	0,3	SIM											
	COMPRIMENTO		△	⊗	△		⊗								131		3,2	300		○	⊗									
	LARGURA		⊗	△	△		⊗								137		3,4	260		○	⊗	△								
	Ø FURO												⊗		45		1,1	3,5					⊗	△						
	COTA FURO												⊗		45		1,1	20+30					⊗							
	REST. TRAÇÃO	○		△	△										14		0,3	50 kg			○									
	ÂNG. DOBRA														14		0,3	9051			○									
HASTE	RESIST. FLEXÃO	△											⊗		4		0	5												
	SEÇÃO				△								○	△	6		0	70												
	COMPRIMENTO	△	⊗		△	○	⊗								150		3,7	8x12												
NÍVEL 1 LENTES ESF.	DIST. FOCAL							○	⊗	⊗	○	○			156	546	3,9	30	SIM							△	⊗	○	△	⊗
	ABERTURA							△	△	○	○	⊗			50		1,2	10							○	○	△			△
	ÍNDICE REFRAÇÃO	△							○	○	○	○	△		175		4,3	30								○	○	△	△	○
	TRANSPARÊNCIA								○		△	○	⊗		95		2,3	95								△			△	○
	NÍVEL POLIMENTO								△	⊗	○	○			70		1,7	...									○	○	⊗	○
NÍVEL 2 LENTES ESF.	DIST. FOCAL							○	⊗	⊗	○	○			156	546	3,9	30	SIM							△	⊗	○	△	⊗
	ABERTURA							△	△	○	○	⊗			50		1,2	10							○	○	△			△
	ÍNDICE REFRAÇÃO	△							○	○	○	○	△		175		4,3	30º								○	○	△	△	○
	TRANSPARÊNCIA								○		△	○	⊗		95		2,3	95								△			△	○
	NÍVEL POLIMENTO								△		○	○			70		1,7	...									○	○	⊗	○
ESP. PLANO	IND. REFLEXÃO								⊗	○	△	△	⊗		240	294	6,0	20º												
	PLANITUDE									⊗		△	△		54		1,3	90º												
LENTE FRES-NEL	NÚMERO ANÉIS								○	⊗		○																		
	GRAU DE TRANSP.																													
	PESO																			19,8	116	6,6	3,8	2,2	7,2	117,4	402,7	115,1	120,9	49,1
	PESO RELAT.																			2	12	0,6	0,3	0,2	0,7	12	42	11	12	5
	UNID. CRÍTICA DE PROC.																				SIM					SIM	SIM	SIM	SIM	

Figura 5.7: Exemplo de matriz característica do produto x característica de parte x unidade de processo.

A identificação das Unidades de Processo, e dentre estas as Unidades Críticas de Processo, não apresenta maiores dificuldades quando se conhecem os pesos ou a importância das características de qualidade do produto.

Como exemplo, imagine um restaurante com serviços "A la Carte" cuja moqueca à baiana é a sua especialidade. Este prato possui três partes: a moqueca, o pirão e o arroz. As características do prato estão relacionadas com as características das partes. A temperatura servida do prato (característica da qualidade) depende da temperatura das três partes de uma forma forte. Já para as características de sabor, a moqueca e o pirão terão uma relação mais forte com o sabor do prato do que o arroz. Construindo uma matriz da qualidade, conforme explicado no item 3.4, esta ficará semelhante à da Figura 5.6 e permitirá localizar os processos de fabricação das partes mais importantes. Provavelmente, os processos de fabricação do pirão e da moqueca serão selecionados. O restaurante oferece também outros pratos e as necessidades dos clientes devem ser pesquisadas para cada um destes. Assim, podemos construir várias matrizes, localizando para cada prato as partes mais importantes e as respectivas unidades críticas de processo.

Mapa de Processo (ou Mapa de Relacionamento)

Quando o processo é um serviço, as unidades de processo podem ser mais bem identificadas por meio do Mapa de Processo. O Mapa de Processo deve ter as seguintes características:

- Mostrar todos os contatos e todas as atividade com o usuário.
- Mostrar as atividades da linha de frente.
- Mostrar os relacionamentos entre as atividades de bastidores necessárias para apoiar quaisquer canais de distribuição e usuários finais.
- Mostrar todo o suporte de informações necessário.
- Mostrar o relacionamento com fornecedores-chaves.
- Criar faixas no mapa de processo para diferenciar as atividade do usuário, da linha de frente, do pessoal de retaguarda, do sistema de informações, e dos fornecedores.

A Figura 5.8 mostra um exemplo de mapa de processo de atendimento à solicitação de ligação de água de uma companhia de saneamento.

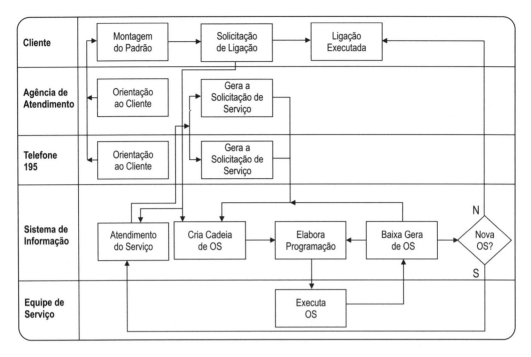

Figura 5.8: Processo de atendimento à solicitação de ligação de água.

A Programação de Execução das OS e de Baixa das OS foram neste caso selecionadas como Unidades Críticas de Processo por meio do consenso da equipe.

Análise das disfunções da cadeia de valor

Outra maneira de estudar processos de serviços é procurar o entendimento da empresa de serviços desenhando seu Sistema Geral e analisando disfunções globais antes de redesenhar as unidades de processos. Muitas vezes, por meio de uma "visão sistêmica" se percebem oportunidades para mudanças significativas. Veja um exemplo de uma cooperativa de médicos.

O sistema econômico do negócio Cooperativa Médica possui um regulador, o valor da UT (Unidade de Trabalho), que permite que o sistema fique sempre em estado de equilíbrio econômico. Desta forma, o negócio Cooperativa Médica é sempre levado a um estado de conforto, pois o valor da UT possibilita, continuamente, o repasse aos cooperados dos custos da cooperativa e de todo o sistema, retirando toda a pressão por eficiência e racionalidade.

Assim sendo, não existe uma forte pressão para a contenção dos custos e para o aumento da qualidade dos serviços, diferentemente de uma empresa privada que, se não der lucro, estará falida.

O cooperado é beneficiado ao aumentar os procedimentos médicos e, consequentemente, aumentar sua produção, prejudicando, porém, os custos totais e diminuindo a longo prazo o valor da UT.

O cliente não se preocupa com o custo dos tratamentos, já que não irá pagar por eles. Os custos são limitados porque a supervisão hospitalar coíbe abusos por meio de controle postergado.

A Figura 5.9 mostra o mecanismo de regulação do Sistema Cooperativa Médica. Preços e volumes de venda são limitados por força da concorrência indicada na figura com o sinal negativo (-) na formação do faturamento. A força de vendas aumenta a base de clientes, que leva ao aumento do faturamento, mas por outro lado uma percentagem de pessoas demanda tratamento de saúde. Esta percentagem forma a produção médica. Os médicos, ao prescrever outros tratamentos, acionam os fornecedores ou outros cooperados que, por sua vez, levam, ao final, ao aumento da produção médica, o que diminui o valor final da UT. A conta de fornecedores é controlada por meio da auditoria médica, que reduz o valor a ser pago aos fornecedores. A produção médica constitui-se no quantitativo da remuneração do cooperado que, multiplicado pelo valor da UT, forma a remuneração do cooperado. A Cooperativa Médica criou o fator de equilíbrio que visa a coibir abusos dos médicos, baseado em estatísticas de prescrições. A Federação acresce os custos de administração da Cooperativa Médica e estes influem negativamente no ajuste contábil, reduzindo o valor da UT.

Assim, a cooperativa se constitui em um sistema aberto, trocando com o ambiente (fornecedores) transações para, ao final, obter a preferência dos clientes que, em última instância, sustentam o negócio. A situação fica ainda mais complexa quando o próprio cooperado é membro de um hospital ou de um laboratório. O cooperado é o elemento com maior poder político na cadeia, visto que desempenha ao mesmo tempo o papel de prestador de serviço, sendo remunerado por seu desempenho, e o papel de sócio da Cooperativa. Muitas vezes, o cooperado utiliza seu poder político para manobrar negociações de outros elementos da cadeia de valor, como por exemplo laboratórios, contra a cooperativa. Neste caso, esta influência política favorece uma minoria de cooperados, normalmente donos, gestores ou sócios de clínicas, laboratórios e hospitais, pois reduz o valor a ser rateado ao final do período com os demais cooperados.

Neste caso, o interesse do negócio particular pode sobrepujar o interesse da cooperativa e, consequentemente, dos demais cooperados. Além disto, tais cooperados proprietários são os que mais influenciam a condução da cooperativa.

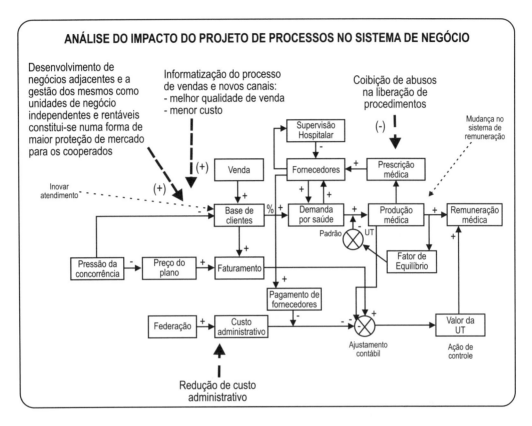

Figura 5.9: Análise sistêmica do processo de negócio.

Neste exemplo foram localizadas 10 unidades críticas de processo que tiveram que ser redesenhadas, racionalizando o processo, transferindo funções do operador de atendimento para o computador, facilitando a utilização do plano de saúde pelo cliente e melhorando a eficácia global da cooperativa.

5.4. Identificando os Itens de Controle das Unidades Críticas de Processos

Uma vez localizadas as Unidades Críticas de Processo, serão desenvolvidos estudos aprofundados em cada uma destas unidades.

Um processo passa a ser dominado quando se entendem as relações de causa e efeito entre os *inputs* e *outputs* e se faz uso deste conhecimento para obter os resultados desejados.

Ao estudar cada unidade de processo, é necessário buscar os Pontos de Controle de Juran, que são os seguintes:

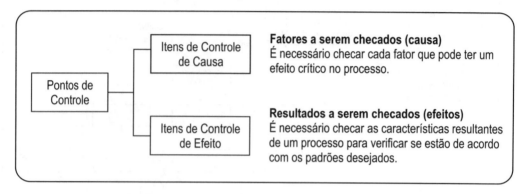

A Figura 5.10 mostra, esquematicamente, como será abordado o processo para a obtenção deste domínio. Olhando para o produto ou resultado do processo, podem-se contemplar os efeitos de várias variáveis operacionais do processo. Estas variáveis, tais como condições das máquinas, características dos materiais utilizados, métodos adotados, etc., são as causas daqueles efeitos. O presente capítulo irá enfocar a parte direita da Figura 5.10, observando o *output* da Unidade Crítica de Processo. No Capítulo 6 será estudado o *input* do processo, buscando as causas para assegurar os resultados desejados no processo.

Na Figura 5.10, os efeitos devem ser identificados com o auxílio da Engenharia de Valor, utilizando a técnica de Análise da Função. Os itens de controle de causa ou de verificação, por sua vez, são identificados pela Análise de Operação, que é um método de Engenharia Industrial.

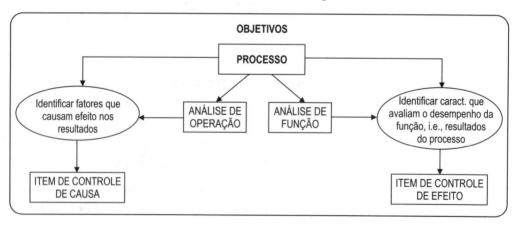

Figura 5.10: O Papel da Análise da Função e Análise da Operação no Planejamento dos Processos Produtivos.

Após a identificação das unidades críticas de processo, é preciso definir como avaliar se estas estão cumprindo bem o seu papel, ou seja, se estão alcançando os resultados esperados.

Para avaliar um determinado processo produtivo, a primeira tarefa a ser realizada é definir o que deve ser medido neste processo, para julgar o seu desempenho. Todo processo deve ser avaliado de acordo com o seu resultado e, para isso, são identificados os "Itens de Controle" deste processo, que são índices, números ou valores que medem o resultado de um processo.

Para encontrar os itens de controle que avaliam o resultado de um processo, pode-se utilizar uma abordagem baseada na análise da "função" desse processo. A ideia consiste em identificar qual é a função para a qual determinado processo produtivo foi idealizado. Isto significa identificar qual é a função desta unidade de processo dentro do fluxo produtivo como um todo, ou ainda, qual trabalho é realizado neste ponto do processo para produzir o valor esperado. Este tipo de análise é facilitado pela Análise de Valor (veja Apêndice 2).

A função básica de uma unidade de processo é a que justifica a sua existência no fluxo do processo, ou seja, cria um valor que é adicionado naquela unidade.

Uma função pode ser sempre expressa por um verbo de ação mais um substantivo. São exemplos de funções de processos: - polir uma superfície; - gerar eletricidade; - filtrar uma substância; - aquecer a água; - homogeneizar uma mistura; etc. Sempre deve haver um verbo (ação) agindo sobre um substantivo (objeto).

Inicialmente, o grupo responsável pelo estudo de uma determinada unidade de processo deve identificar a função básica desta, respondendo à seguinte pergunta: "qual é a razão de existir esta etapa do processo?", ou ainda, "qual trabalho deve ser realizado por ela para cumprir a sua função básica?". A resposta deve ser sempre da forma: "verbo + substantivo".

Pode-se observar que, se um processo foi concebido para filtrar uma substância ou homogeneizar uma mistura, ao deixar de fazê-lo, estará deixando de cumprir a função para o qual foi projetado. Esta abordagem pode parecer demasiadamente simplista e óbvia, mas muitas vezes deixa-se de implementar ações de melhoria no produto simplesmente por negligenciar a função da unidade de processo. Casos reais como este estão presentes em muitas empresas nas quais ainda não se tem uma compreensão exata dos atuais processos de produção. Há casos em que se elegem itens de controle que não avaliam se a função está sendo cumprida ou não. Por exemplo, em um equipamento de produção no qual é considerado como item de controle apenas o volume produzido, o valor não estará sendo medido, pois este pode estar gerando material defeituoso.

A eficácia do controle do processo depende fundamentalmente da extração de itens de controle corretos. Para isto, é necessário um perfeito entendimento das funções do processo. Não despreze esta parte do trabalho, gaste tanto tempo quanto necessário. Devido à importância deste assunto, foi acrescentado o Apêndice 2, que aprofunda um pouco mais a análise das funções do processo.

Para facilitar a identificação de uma função de uma unidade de processo, suponha que esta seja momentaneamente retirada do processo. O que acontece? Por meio do valor que não mais é obtido pode-se reconhecer a função básica da unidade de processo.

Uma vez obtidas as funções de uma unidade de processo, analisando estas a partir dos verbos que as descrevem, pode-se identificar uma ou mais características que possam ser medidas no processo, para permitir acompanhar o cumprimento destas funções a tempo de prevenir defeitos no produto final. Aqui entra o conhecimento técnico da equipe para encontrar os índices de medida que possam avaliar a ação descrita pelo verbo da função. Nada substitui o conhecimento técnico e o **pensar**, que é muito requerido nesta fase.

Por exemplo, para a função "filtrar uma substância Y", uma grandeza que avalia o verbo "filtrar" seria a "concentração da substância Y". Para a função "polir uma superfície", o índice que mede a eficiência do verbo "polir" seria "nível de rugosidade".

A função básica de um processo é geralmente uma função de alto nível que, para ser cumprida, requer que sub-funções ou funções secundárias sejam cumpridas. As funções secundárias são identificadas questionando "como?" a função básica é cumprida. As funções de um processo são apresentadas em forma de diagrama e a técnica para a sua elaboração vem da Análise de Valor[1] e é chamada diagrama FAST (*Function Analysis System Techinique*). Neste, as funções são agrupadas e ordenadas da esquerda para a direita, caminhando da função básica para as secundárias (Apêndice 2).

Este diagrama irá permitir a extração de características mensuráveis observando os resultados ou saída do processo que irão constituir os itens de controle.

Muitas vezes a própria função básica de um processo ou unidade de processo não está explícita. Neste caso, pode-se dispor de sub-funções do processo, observando o que o processo faz. Neste caso a pergunta é "com que objetivo o processo faz esta sub-função"? ou "por que é feita esta sub-função"? Respondendo a estas perguntas para cada sub-função, identificam-se funções superiores que são realizadas no momento em que as sub-funções são cumpridas. Uma única função superior, mas que ainda ocorre no processo, constitui a sua função básica.

Nesta fase, é muito importante analisar a utilidade das funções identificadas para cada processo, fazendo-se a seguinte pergunta para cada função ou sub-função: "por que é necessário cumprir esta função?".

Como exemplo, analisando o fluxo de produção de aço tem-se a fase de ressopro no convertedor LD, cuja função é "corrigir composição ou temperatura do aço". Questionando a utilidade desta função, percebe-se ser desnecessária, já que procura corrigir erros de funções anteriores não cumpridas. Portanto, o que se deve procurar é eliminar esta função, atuando nas funções anteriores do processo, o que trará redução de custos.

5.5. Extração de Características que Avaliam o Cumprimento da Função da Unidade Crítica de Processo

Uma vez identificadas todas as funções de uma unidade de processo, podem-se extrair características que avaliam o cumprimento destas funções, seguindo o fluxograma da Figura 5.11. É de fundamental importância este estudo de funções para extrair itens de controle corretamente e assegurar que, durante a produção, o processo atinja seus objetivos por meio do cumprimento de suas funções.

Para deixar mais clara a necessidade de análise de função (que costuma aumentar o entendimento dos objetivos dos processos e com isto mudanças dos itens de controle), vejamos o exemplo abaixo, sobre a unidade de processo esmerilhadeira de tarugos. Tarugo é um semi-produto da indústria siderúrgica, que é esmerilhado para melhorar a qualidade superficial do produto final (fio-máquina).

Antes da análise de função, um item de controle era "peso específico de material esmerilhado". Entretanto, este item de controle não avalia o cumprimento da função "eliminar defeitos da superfície do tarugo". Para esta função, o item de controle correto seria: "nível de defeitos remanescente" que seria medido por meio de uma avaliação visual da superfície do tarugo. Entretanto, a função básica deste processo (valor) é "melhorar a superfície do fio máquina", mas esta só será conhecida dias depois, após a laminação. Se tiver havido um problema de esmerilhamento, nada mais poderá ser feito e o material será desclassificado.

A função básica é cumprida se suas sub-funções o forem: "Eliminar defeitos da superfície do tarugo" e "Melhorar a geometria" (Tabela 5.2). A primeira porque os defeitos não retirados irão para a superfície do fio-máquina. Esta função é acompanhada pelo item de controle "nível de defeitos remanescentes". A segunda também é necessário que seja cumprida, pois a geometria do tarugo é responsável pelo preenchimento completo e regular dos canais de laminação, fato que previne a formação de "dobras" no material durante as deformações de laminação. Esta sub-função "melhorar a geometria" é então acompanhada por dois itens de controle: "raio de canto (médio)" e "raio mínimo".

Assim, se estas funções são garantidas durante o esmerilhamento, nenhum problema de superfície do fio-máquina, cuja causa seja proveniente deste processo, deverá ocorrer.

No Apêndice 2, é explicado com maiores detalhes o uso da análise da função e é mostrado também outro exemplo.

Muitas vezes, como neste caso, não é possível conhecer as características finais do produto nos processos a montante (por estarem produzindo semi-produtos ou partes). Neste caso, será necessário pesquisar e observar uma característica substitutiva, avaliando indiretamente a característica final desejada, podendo até mesmo ser um parâmetro do processo que tenha forte correlação com a característica objetivada do produto final, com o fim de possibilitar desta forma o controle a montante. (Veja item 2 do Apêndice 1).

Exemplo: Esmerilhamento de biletes para a laminação de fio-máquina.

Tabela 5.2: Desdobramento das Funções da Esmerilhadeira de Tarugos.

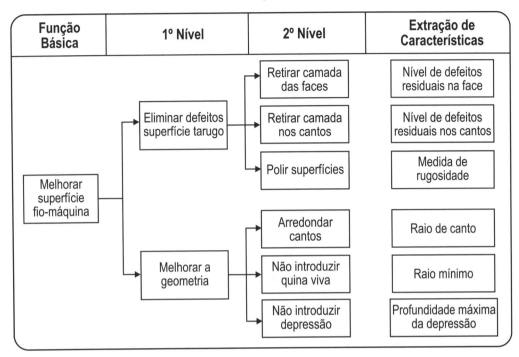

Visando a esclarecer mais esta abordagem para a obtenção dos itens de controle e enfatizar a importância do estudo das funções, será comentado mais um exemplo da área de serviços.

A função básica de um anúncio televisivo de um produto é: "Aumentar Demanda". Algumas funções secundárias seriam: "Despertar interesse", "Informar valor", "Incitar a compra", etc.

Outras funções de níveis mais baixos seriam: "Comunicar o produto", "Comunicar ponto de venda", "Mostrar a vantagem", etc.

A taxa de incremento de demanda seria uma característica extraída da função básica. Porém, pelo estudo da função, pode-se perceber antecipadamente o não cumprimento da função básica por meio de avaliação de outras características extraídas das funções secundárias.

Por exemplo, pode-se perceber que a função "despertar interesse" não está sendo cumprida por meio do acompanhamento da "% de compradores potenciais atentos ao anúncio", que pode ser medida por amostragem avaliada logo nos primeiros anúncios. Desta forma, pode-se avaliar antecipadamente a eficácia do anúncio e eventualmente evitar os custos decorrentes de meses de anúncios inócuos.

Este assunto está sendo enfatizado porque, na maioria das publicações sobre este tema, a abordagem é do *Feedback Control*: mede-se um resultado do processo, geralmente por amostragem e, percebendo desvios, procura-se a causa para atuar.

Esta abordagem diferencial traz benefícios para o produto (especialmente para manter a qualidade), mas não necessariamente assegura que o máximo valor está sendo obtido e nem sempre é feita a tempo de prevenir baixa qualidade.

A Figura 5.11 mostra um resumo dos passos para definir os itens de controle das Unidades Críticas de Processos. Esta figura procura mostrar que podem ocorrer casos em que o nível de detalhamento do estudo das funções não é específico o suficiente para extrair características. Neste caso, é necessário continuar o detalhamento das funções secundárias, prosseguindo com a pergunta "Como?" para as funções até chegar a um nível em que a associação ou a extração de características seja facilitada.

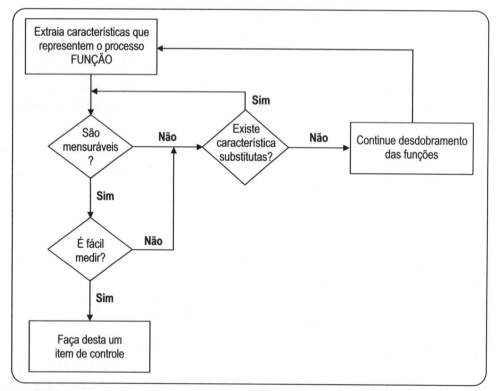

Figura 5.11: Visão Geral do Procedimento para Identificar Itens de Controle das Unidades de Processos Críticas (Fonte: Adaptado de Mizuno, Akao[4]).

O objetivo desta análise é extrair itens de controles (de resultado ou de efeito) que possibilitem um monitoramento nas unidades críticas de processos intermediários durante a fabricação do produto, a tempo de garantir a qualidade, reduzindo a necessidade de inspeções no final da linha e evitando, assim, retrabalhos ou refugos de produtos prontos.

Princípio da integração do controle

Podem-se questionar prejuízos globais pela segmentação dos estudos, devido ao fato de focarmos os estudos tomando as unidades críticas de processo, uma de cada vez. Entretanto, conforme demonstram os estudos de Genichi Taguchi[1], isto não acontece. Segundo este autor, a variabilidade da qualidade do produto final será reduzida em proporções maiores do que a correspondente redução de variabilidades locais nas unidades de processo (devido a interações das características de qualidade). Como a variabilidade na saída de uma unidade de processo em geral depende da variabilidade de entrada, a redução desta, proveniente de estudos em unidades de processo a montante, permitirá uma melhor compreensão dos efeitos das variáveis locais, facilitando enormemente o controle.

Como exemplo, o processo de recozimento da indústria siderúrgica tem como um de seus itens de controle a dureza do material. Tal dureza depende de variáveis locais como a temperatura, o tempo de permanência, etc., e de variáveis de entrada como a composição química do aço. Se nas unidades de processo a montante (no caso a aciaria), onde é formada a composição química, houver uma redução da variabilidade do teor de carbono, por exemplo, a variabilidade da dureza na saída deste forno será reduzida e será relativamente mais dependente das variáveis do próprio forno. Isto facilitará o controle desta unidade de processo. O controle dos sistemas de automação serão também altamente beneficiados pela redução dos ruídos (variabilidade dos sinais) na entrada do sistema de controle, o que facilitará o controle em malha fechada.

Assim, o princípio desta abordagem é:

> **Se cada unidade de processo cumprir suas funções básicas, a qualidade do produto final estará garantida.**

E, ao mesmo tempo, ocorrerá uma drástica redução da variabilidade das características do produto final.

As funções são acompanhadas por meio do acompanhamento a montante de características intermediárias, observáveis durante a produção.

Assim, olhando para todo o processo, estaremos movendo o controle para montante, no instante em que a qualidade estiver sendo formada, a tempo de fazer ajustes e prevenir problemas. Assim agindo, estaremos aplicando o conceito de controle a montante ou o "Feed Forward Control".

A abordagem de controle enfatizada neste livro é :

> **Aumente o domínio sobre o processo a ponto de poder prescindir de controle estatístico.**

Isto requer que um entendimento profundo das relações de causa e efeito seja desenvolvido. Conhecimento este que, muitas vezes, requer o desenvolvimento de projetos de experimentos avançados, de automação, de modificações no equipamento, etc.

5.6. Análise de Consistência da Extração dos Itens de Controle

Ao extrair os itens de controle pela análise das funções das unidades críticas de processo, a ênfase do controle recai sobre algumas unidades de processo, que em geral são responsáveis pela formação de características intermediárias de semi-produtos ou de partes. Nesta etapa, é recomendável analisar quais unidades de processo não foram selecionadas e verificar se não existem reclamações de clientes provenientes de características formadas nestas unidades.

5.7. Determinação dos Valores - Meta e Tolerâncias dos Itens de Controle

Os itens de controle de uma unidade de processo podem ser uma característica final do produto (quando no processo já se mede uma característica final) ou uma característica substitutiva (medida indireta) relacionada com uma característica final.

A determinação dos "valores-metas" e da tolerância dos itens de controle pode ser óbvia e simples quando existe muita experiência sobre a característica ou pode apresentar alguma dificuldade, como no caso de produtos novos ou quando se queira fazer uma melhoria na qualidade, ajustando o valor da característica para um valor ideal.

> Este ajustamento não é apenas uma questão funcional, mas também uma questão econômica.

A determinação dos "valores-metas" deve ser realizada de forma tal que se consiga com que o produto cumpra a sua função com o mínimo custo possível (custos conjuntos do produtor e do cliente).

Serão introduzidos, nesta parte, os conceitos da Função Perda de Qualidade, proposta pelo Dr. Genichi Taguchi[1,5], que ajudarão muito na decisão de especificação dos valores-metas de características e de suas tolerâncias, assim orientando o controle ou os planos de inspeção.

Conceito de função perda de qualidade de Taguchi

A questão agora é determinar o valor-meta do item de controle e suas tolerâncias de fabricação.

Para isto lançaremos mão da Função Perda de Qualidade de Taguchi. Segundo este autor, para cada característica do produto existe um valor-meta, e os produtos que apresentam a referida característica ajustada à meta influem nas mínimas perdas econômicas para a sociedade (produtor e consumidor). Na medida em que o valor da característica se afasta desta meta, começam a ocorrer perdas econômicas.

Como exemplo, a pressão-meta de um pneu de carro específico é de, digamos, 26lb/in2 (de mínima perda). Quando a pressão é alta, digamos, 32 lb/in2, ocorrem danos na suspensão do carro, desconforto, desgaste no centro do pneu, perda de aderência com o piso e uma percentagem destes pneus vem a estourar por não resistir aos impactos de defeitos no piso. Por outro lado, quando a pressão é baixa, digamos, 20 lb/in2, provoca-se o aumento do consumo de combustível, redução da vida do pneu, diminuição da aderência (acidentes) e, portanto, isto também provoca perdas econômicas. Os fabricantes recomendam, então, 26 lb/in2 como o valor de mínima perda econômica. Esta informação foi conseguida por meio de experimentos e testes de laboratórios e de campo.

Taguchi estudou este assunto e propôs o cálculo destas perdas econômicas por meio de uma equação chamada Função Perda de Qualidade, que depende do valor da característica, de uma constante econômica e do valor-meta.

No Apêndice 1, este assunto é discutido com mais detalhes, que será útil para o estabelecimento dos "valores-meta" dos itens de controle e de suas respectivas tolerâncias.

5.8. Priorizando os Itens de Controle das Unidades Críticas de Processos

Os Itens de Controle podem ser priorizados por meio da avaliação de quatro índices: a importância, a ocorrência, a gravidade e a facilidade de detecção.

a) Índice de importância

A importância dos itens de controle pode ser estimada pela sua correlação com as características da qualidade do produto final. Os itens de controle que se relacionam com características importantes são também importantes. Estas importâncias (ou pesos) são obtidas da Matriz da Qualidade. Utilizando esta relação, podem-se converter os pesos das características de qualidade em pesos dos itens de controle. Para isto, basta mudar a escala por regra de três, em que a característica de maior peso irá corresponder à importância 5 do item de controle. Para estes, os pesos devem variar de 1 a 5. Note que o item de importância está relacionado com a satisfação do cliente, enquanto o índice de gravidade (que será visto à frente) está relacionado com a funcionalidade apenas.

b) Índice de ocorrência

Avalia a probabilidade de um item de controle provocar uma falha no processo. Para avaliar este índice, pode-se utilizar o índice de capacidade do processo Cpk[2], utilizando os seguintes critérios para a pontuação do índice de ocorrência:

Pontuação de Índice de Ocorrência	Probabilidade de Ocorrência da Falha Valor do Cpk do item de controle
1	Cpk > 1,67 Probabilidade muito remota de ocorrer falha (1 ocorrência em 1.000.000)
2	1,67 > Cpk > 1,33 Número de ocorrência baixo (1 em 20.000)
3	1,33 > Cpk > 1 Número moderado de ocorrência (1 em 4.000)
4	Cpk < 1 Número alto e frequente de ocorrência (1 em 400)
5	Falhas em proporções alarmantes (1 em 6)

c) Índice de gravidade

É uma avaliação das consequências que o cliente sofre, assumindo que o tipo de falha aconteceu naquele item de controle.

Pontuação de Índice de Gravidade	Gravidade da Falha
1	Falha de menor importância.
2	Redução no desempenho do produto. O cliente perceberá a falha, mas não irá reclamar.
3	Degradação progressiva do desempenho do produto. Insatisfação do cliente.
4	Na maioria dos casos não se consegue utilizar o produto. O cliente reclamará ou devolverá o produto.
5	Haverá devolução do produto, pois não funciona para o cliente. Causa forte desconfiança.

d) Índice de detecção

O Índice de detecção avalia a probabilidade de o defeito chegar ao cliente provocado por descontrole do item de controle.

Pontuação de Índice de Detecção	Possibilidade de passar pelas inspeções
1	Muito baixa ou nenhuma.
2	Baixa, tem excelente controle. Ações são tomadas pelo menos 90% das vezes que o processo sai de controle.
3	Probabilidade moderada - O controle é inadequado e não efetivo. Somente 50% das vezes são tomadas ações corretivas. Moderada parte do material chega ao cliente fora das especificações.
4	Probabilidade muito alta. Não existe ação sistemática de controle ou inspeção. O produto chegará defeituoso ao cliente com alta probabilidade.
5	Nenhuma ação de controle. O produto certamente chegará defeituoso no cliente.

e) Priorização global

Todos os fatores: Importância (I), Ocorrência (O), Gravidade (G), Detecção (D), determinam a priorização dos itens de controle. Assim, o índice de Criticidade (C) ou de priorização de cada item de controle é dado por:

$$\text{Priorização - } C = I \times O \times G \times D$$

Estes índices de criticidade para cada item de controle de cada unidade crítica de processo serão utilizados para a conversão em pesos dos itens de verificação, por meio de uma matriz, que será estudada no Capítulo 6. Observe-se que os valores indicados em cada tabela são apenas uma sugestão, pois para cada tipo de negócio os valores podem ser bem diferentes, como por exemplo, indústria aeronáutica, indústria automobilística, serviços, etc. Recomenda-se, aos técnicos que queiram se aprofundar, o estudo dos conceitos do FMECA.

O objetivo da utilização do FMECA (*Failure Mode, Effects and Criticality Analysis*) é efetuar uma avaliação de Confiabilidade na fase de projeto/instalação que analisa o potencial de cada modo de falha dentro de cada sistema, com o objetivo de determinar os efeitos no desempenho de um equipamento ou sistema. Na realidade, o FMECA é composto de duas análises efetuadas em separado, que são; FMEA (*Failure Mode and Effects Analysis*) e Análise de Criticidade (CA).

5.9. Conclusão

Neste capítulo, vimos como, a partir das necessidades dos clientes, se localizam as Unidades Críticas de Processos e se determinam as mais responsáveis pela formação da qualidade desejada pelo cliente.

Foi então utilizada a Análise de Valor, com a finalidade de melhorar o entendimento do funcionamento das Unidades Críticas de Processos, identificando Itens de Controle que possam garantir que as Funções Básicas destas unidades serão cumpridas, permitindo, assim, acompanhar o Valor que o processo introduz no produto durante a produção.

Em seguida procurou-se priorizar estes itens de controle, tendo em vista vários critérios.

Neste capítulo, chegamos, por meio de Análise de Valor, aos itens de controle (efeitos). No próximo capítulo, por meio de Análise da Operação (método de Engenharia Industrial), chegaremos aos Itens de Verificação (causas).

Serão então estudados, no Capítulo 6, os passos e os métodos para identificar as causas que irão possibilitar que as Unidades Críticas de Processo possam ser controladas pelo operador.

Bibliografia Citada

1. TAGUCHI, G. *System of experimental design*, ASI, 1988.

2. DELARETTI, O.; DRUMOND, F. B. *Itens de controle e avaliação de processos*. Belo Horizonte: Fundação Christiano Ottoni, 1994.

3. TAGUCHI, G. *Introduction to Quality Engineering*, APO, 1988.

4. MIZUNO S.; AKAO Y. (Eds) *QFD: The customer-driven Approach to Quality Planning and Deployment*. Tokio; APO, 1994.

5. AILTON, B. & OLIVEIRA, C. A. *Wire Decarburization during spheroidization Treatment*, Wire Association Congress, (Taguchi Method) 1992.

6. CAMERON, STATION, Alexandria, VA, FMECA.

CAPÍTULO 6

COMO GARANTIR A QUALIDADE DO PRODUTO DURANTE A PRODUÇÃO

6.1. Introdução

Nos capítulos anteriores, foram descritos os passos a serem seguidos para chegar às especificações dos itens de controle de cada unidade de processo, com suas respectivas especificações e faixas de tolerância. No Capítulo 3, foi mostrado como projetar as características da qualidade do produto com a ajuda da matriz da qualidade. No Capítulo 4, descreveu-se o método para priorizar os processos produtivos a partir das informações da matriz da qualidade e foi proposta a utilização da técnica de análise das funções em cada unidade de processo para chegar aos itens de controle. Apresentou-se também uma sistemática para priorizar e estabelecer as especificações destes itens de controle, com base no conceito de função perda de Taguchi.

São desenvolvidas, neste capítulo, as etapas compreendidas entre o "Desdobramento do Processo" e a "Padronização final" de acordo com a Figura 1.7. Este trabalho levará à compreensão e remoção dos gargalos para se atingir a qualidade projetada. O método de controle será desenvolvido, possibilitando ao operador o domínio do processo para a obtenção da qualidade.

O objetivo deste capítulo é apresentar os passos finais para realizar o planejamento do controle dos processos de produção.

Recomenda-se que este trabalho esteja em sua fase semi-final durante a produção ou corrida do lote piloto, de forma que este lote seja fabricado nas condições reais de fabricação do produto, conforme o planejamento de qualidade, evitando que ocorra o caso de peças desenvolvidas por fornecedores com amostras totalmente aprovadas e o primeiro lote fornecido oficialmente totalmente rejeitado, gerando com isto desgaste entre o relacionamento de cliente e fornecedor. Aspecto realmente negativo neste contexto Supply Chain, do atual mundo de negócios.

Inicialmente, será apresentado como é feito o levantamento sistemático das possíveis causas de desvios dos itens de controle. Serão identificadas as principais causas, e consequentemente os itens de verificação, para realizar estudos de controle. Para esta atividade pode ser necessário a realização de projeto de experimentos para aperfeiçoar o processo, reduzir sua variabilidade e quantificar a ação de controle. A atividade seguinte é a de padronizar o método de controle por meio da criação de documentos como o Padrão Técnico do Processo. A última atividade consiste em dar treinamento a todos os operadores no novo método de controle.

Na Tabela 6.1 apresentam-se as atividades que serão abordados neste capítulo. Os três últimos itens da tabela serão vistos no Capítulo 7.

Tabela 6.1: Resumo dos Passos para Projetar o Método de Controle.

	O QUE	PORQUE	COMO
	⋮	⋮	⋮
P	Levantar possíveis causas de desvio da especificação.	Localizar as ações de melhoria e de controle.	Desdobrar os parâmetros do processo (Método, Materiais, Máquina e Mão de Obra).
	Identificar os itens de verificação e parâmetros de processo mais importantes.	Para viabilizar o controle efetivo realizado sobre as causas.	Cruzamento dos itens de controle com os parâmetros do processo por meio de matriz (Matriz de Processo).
	Estabelecer planos de melhoria e trabalhos de Padronização.	Para reduzir a variabilidade e remover gargalos de engenharia.	A partir da análise da matriz, identificar ações que levem à melhoria dos resultados dos processos.
D	Estabelecer os métodos de controle.	Para dominar o processo.	Explicitar e quantificar as relações de causa/efeito. Realizar experimentos.
	Registrar sistematicamente todo o método de controle.	Para sumariar e dar visibilidade ao gerenciamento dos processos.	Elaborar padrões iniciais e documentos do processo.
C	Realizar testes de produção piloto e avaliar a reação dos clientes.	Para verificar o projeto do produto e a consistência dos padrões.	Produzir lote experimental de acordo com a qualidade projetada e seguindo os padrões iniciais.
	Realizar a padronização definitiva.	Para obter um bom produto e estabilidade da qualidade.	Elaborar e implementar os documentos de controle do processo.
A	Estabelecer o Preço do produto.	Para maximizar a rentabilidade do produto.	Avaliar o valor percebido pelo cliente e a elasticidade da demanda.
	Estabelecer a Comunicação com o cliente.	Para promover a venda, divulgar a vantagem do produto e colher *feedback* do cliente.	Selecionar veículos de comunicação tendo em vista a eficiência e o custo.
	Estabelecer o Canal de Distribuição.	Para disponibilizar o produto ao cliente.	Selecionar opções de distribuição que cumpram as funções necessárias a baixo custo.

6.2. Visão Global do Controle do Processo

O objetivo do controle do processo é obter a qualidade do produto de forma estável e garantida em cada estágio da produção. Muitas empresas querem introduzir o conceito Toyota de produção sem compreender que a base deste sistema está no gerenciamento da rotina, desenvolvido pelas matrizes do QFD. O planejamento do Controle do Processo por meio do Desdobramento da Qualidade mostra em detalhe como o processo será controlado, garantindo a qualidade durante a produção do produto de forma eficaz e com uma boa relação custo/benefício. O fator crítico para o sucesso do controle de um processo está na determinação dos pontos e métodos de controle e na identificação dos responsáveis pelo controle. Para isto, é necessário que haja um completo conhecimento das relações de causa e efeito entre os itens de controle e os itens de verificação. O controle deve ser feito cumulativamente nas várias unidades críticas de processo e não apenas no final do processo. Se cada unidade de processo cumprir suas funções, o processo por inteiro passa a produzir um produto com qualidade garantida.

O controle do processo é efetuado por meio do gerenciamento dos itens de controle, que avaliam os resultados de qualidade e do monitoramento dos itens de verificação, quando efetivamente são tomadas as ações para exercer o controle. Assim, o controle é conseguido por meio dos itens de verificação, desenvolvido tecnicamente dentro da metodologia adequada, aqui mostrada em detalhes. Esta constitui na realidade a GFO (Gestão de Processos com Foco no Operador) que muitas empresas vêm há anos procurando introduzir e não conseguem, pois não têm como base este conceito. O gerenciamento de um processo não pode ficar restrito aos itens de controle que avaliam o resultado do processo final (ou características finais do produto), pois, ocorrendo alguma falha em processos a montante, a qualidade fica prejudicada, gerando desperdício e retrabalho. Para evitar esta perda, devemos planejar o monitoramento sistemático dos itens de verificação de cada unidade de processo, aumentando sensivelmente a probabilidade de chegar ao resultado planejado. A qualidade deve, portanto, ser controlada enquanto está sendo formada. Para ilustrar este conceito, podemos citar o exemplo da fabricação de um câmbio de automóvel. As inspeções no final da linha não asseguram a qualidade se o processo de têmpera das engrenagens não for controlado. Atualmente existem cursos específicos de Análise de Risco que analisam estatisticamente este problema e indicam o risco que a empresa poderá enfrentar antes mesmo de ter feito seu primeiro investimento.

Um ótimo trabalho, que poderá servir de referência para o bom entendimento do potencial desta metodologia, pode ser visto no trabalho do INDG sobre Análise de Risco voltada a processos, que foi aprovado pela NASA para apresentação no Simpósio Internacional de Confiabilidade e de Manutenabilidade no RAMS, nos Estados Unidos (2010), S. Jose, Califórnia.

Um dos motivos que justificam a metodologia do QFD voltada na sua modelagem para processos, aqui demonstrada passo a passo, é o fato de que se uma não conformidade é detectada enquanto se trata de um semiproduto, a ação corretiva custa menos do que quando detectada no produto final (Fluxo Agregado de Valor). Muitas multinacionais, ainda hoje, pagam elevado custo por não usar este conceito na prática, na sua rotina fabril e possuem, devido a este fato, verdadeiras fábricas na linha final para retrabalho de produtos. Dr. Deming definiu como um dos indicadores o *First Run Capability* na linha final para analisar o desempenho de uma empresa.

A aplicação deste conceito provocará uma redução de controles e inspeções finais, e um aumento no controle em algumas unidades críticas de processo, possibilitando controlar a qualidade no instante em que está sendo formada e a tempo de agir sobre o processo preventivamente. Pode parecer que esta abordagem acarretará um incremento do trabalho de controle, entretanto, serão abordados apenas as unidades críticas de processo, levando ao final a uma grande melhoria no rendimento dos trabalhos de controle. O excesso de controle não leva uma empresa a produzir produtos de qualidade mundial, pois, se assim fosse, estaríamos na fase Pós-Segunda Guerra Mundial (1945).

Um grande benefício pode ser identificado no que se refere à conscientização dos operadores. Não é fácil conscientizar cada trabalhador da importância do seu trabalho na formação da qualidade do produto, uma vez que este é responsável apenas por atividades locais de um processo. Esta conscientização, tão almejada, é conseguida pela explicitação e entendimento das operações que influem na qualidade. O uso da metodologia Gestão com Foco no Operador tem aqui o seu grande mérito, se bem aplicada.

Assim, o raciocínio pragmático dos operadores passa a ser mais bem aproveitado. Uma drástica redução na variabilidade do processo e melhoria na qualidade passam, com certeza, a ocorrer. O método de controle é estabelecido por meio de uma análise sistemática das unidades de processo e de seu registro em um documento, o Padrão Técnico do Processo. A Figura 6.1 mostra esquematicamente como é desenvolvido o produto e o processo, desde o cliente até o operador, além das ferramentas utilizadas. Iremos nos aprofundar agora no estudo dos itens de verificação.

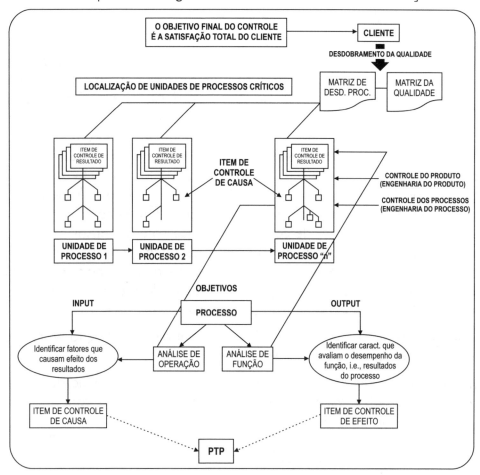

Figura 6.1: Conceito de Controle Integrado da Qualidade.

6.3. Como Definir os Itens de Verificação

O levantamento dos itens de verificação pode ser feito de diversas maneiras e usando diversas técnicas (como o diagrama de causa e efeito, projetos de experimentos e regressão estatística). No entanto, qualquer que seja a técnica utilizada, é imprescindível que se considere o conhecimento das pessoas envolvidas nos processos. O grupo de consultores do INDG que trabalham com manutenção possui excelentes exemplos práticos de como isto pode ser feito de maneira interativa, com resultados realmente surpreendentes em diversas empresas brasileiras.

Duas maneiras de pesquisar os itens de verificação são mostradas a seguir:

Por meio de diagrama de causa e efeito

O primeiro passo, após o estabelecimento das especificações dos itens de controle, apresentado no Capítulo 5, é o levantamento das causas, parâmetros ou itens de verificação que possam ter relações ou efeito em cada item de controle para cada unidade de processo. Os itens de verificação são aqueles parâmetros importantes que devem ser continuamente controlados para que os itens de controle atinjam seus valores-metas com baixas variabilidades. A maioria dos parâmetros deve permanecer fixa, e alguns poucos podem ter seus níveis ou valores ajustados, caracterizando uma ação de controle para obter um efeito nos itens de controle. As relações de Causa & Efeito dos processos são tomadas para fim de controle, de forma que os efeitos são os itens de controle do processo e as causas são os itens de verificação. Por exemplo, no processo de panificação para produzir o pão com a cor desejada, deve-se atuar na temperatura ou no tempo de permanência no forno, bastando ajustar a posição do reostato, aumentar ou diminuir o tempo de permanência (Figura 6.2).

Neste caso, a cor do pão é um item de controle e a posição do reostato e o tempo de permanência são itens de verificação.

Sobre os itens de verificação (causas) pode-se tomar a ação de controle pois, atuando sobre estas, se obtém o efeito no item de controle (a coloração desejada dos pães).

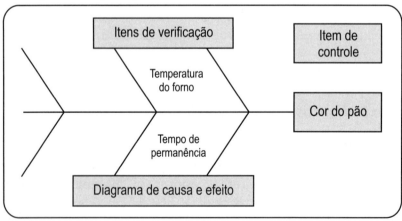

Figura 6.2: Representação por Diagrama da Relação de Causa & Efeito no Processo de Fabricação de pães.

Por meio da utilização de diagrama de matriz

Uma outra maneira de estudar os itens de verificação é por meio de um diagrama de matriz, no qual é feito o cruzamento dos itens de controle com os parâmetros do processo. Buscam-se estes parâmetros por meio da análise e desdobramentos dos 4Ms do processo (Método, Máquina, Materiais e Mão de Obra). Em seguida, cruzam-se os itens de controle com itens desdobrados dos 4M, formando um diagrama de matriz.

A grande vantagem do uso de matriz é que a priorizacão dos itens de verificação é obtida pela conversão dos pesos dos itens de controle (índice de criticidade). Outra vantagem é que a intensidade das relações entre os vários itens de controle e vários itens de verificação pode ser visualizada e avaliada em um único documento, facilitando o planejamento do método de controle.

Estas informações são organizadas de maneira sistemática, como em uma tabela de desdobramento.

6.4. Desdobramento dos 4M para obtenção dos Itens de Verificação

A busca dos itens de verificação fica facilitada por meio do desdobramento dos 4Ms. Cada M é desdobrado de uma maneira própria, como se segue:

1. **Mão de obra:** Devem ser desdobradas as habilidades e qualificações do operador requeridas para o posto de trabalho. Por exemplo: período de treinamento, tempo de experiência, acuidade visual, coordenação motora, capacidade de concentração, capacidade física, etc.

2. **Máquina:** Deve-se desdobrar a capabilidade da máquina. A capabilidade é a capacidade de uma máquina de realizar as diversas operações com qualidade e é influenciada pelas condições e características dos seus elementos. Desta forma, devem ser desdobrados os seus elementos e respectivas características que podem influenciar a qualidade. Um cuidado todo especial deve ser dado ao Planejamento das atividades de manutenção, a curto, médio e longo prazos. Recomenda-se que as máquinas que atuam nos processos críticos de uma empresa sejam gerenciadas, no tocante ao seu plano de manutenção, por técnicas como o RCM (*Reliability Centred Maintenance*). Por exemplo: características das ferramentas, dos instrumentos de medida, dos sensores de automação, do mecanismo de troca de energia, etc. Para realizar o desdobramento, siga os seguintes passos:

- Observe as operações em que a máquina está transformando o produto (ou formando uma característica) e extraia as capabilidades requeridas. Por exemplo, para uma máquina que, entre outras funções, realiza o corte da rebarba de uma peça, podemos extrair os seguintes itens de verificação: posição relativa das lâminas, velocidade de corte, nível de afiação das lâminas, luz de cisalhamento, etc.

- Observe os pontos em que são medidas as principais grandezas responsáveis pela qualidade e liste as capabilidades requeridas para obter valores certos e sem ruídos.

Por exemplo, um pirômetro é utilizado para medir a temperatura de um rolo de fio-máquina em um certo ponto do processo. Esta temperatura é responsável por formar uma característica da qualidade do produto, a dureza do fio-máquina. A leitura do pirômetro dará indicações para aumentar ou diminuir a refrigeração, comandada por um computador de processo. Se o pirômetro dá uma informação errada (sinal), a dureza não irá atender ao especificado. Assim, deve-se relacionar, por exemplo: posição de leitura, nível de calibrações, temperatura média por integração ou de média móvel, precisão de medida, etc., como características do pirômetro.

3. **Método:** Desdobre o método de trabalho nos seus elementos de método e indique as condições em que estes ocorrem. Utilize a Análise de Operação[2]: Os elementos de métodos são dos seguintes tipos: inspeção, operação, transporte, esperas, estocagem ou elementos combinados. Descreva uma tabela que indica a sequência e o tipo de elemento que são necessários para o funcionamento do processo, ou seja, para cumprir a função básica da unidade do processo.

4. **Materiais:** Relacione todas as características de cada material que possa ter efeito na qualidade do produto.

Veja o exemplo de uma tabela de desdobramento dos 4Ms de uma máquina de trefilar (indústria metalúrgica) na Figura 6.3.

Estes desdobramentos são feitos até que no último nível haja um significado bem específico, de forma que possa ser mensurado como apresentado na Figura 6.3. Assim, "medir a bitola de fio-máquina" ou "número de polias do decalaminador" ou "viscosidade do óleo lubrificante" permitem total entendimento, e estão no nível acionável (trocar o número de polias ou a viscosidade do óleo, e medir a bitola do fio-máquina são elementos de método perfeitamente identificado e não confundidos com nenhum outro elemento).

É importante a realização destes desdobramentos de forma exaustiva. Nesta fase, o conhecimento dos operadores sobre o método de trabalho, da equipe de manutenção sobre as condições dos equipamentos, e de conhecedores de recursos humanos e medicina do trabalho sobre a qualificação requerida da mão de obra, entre outros, são imprescindíveis para gerar o desdobramento da tabela 4Ms de uma maneira segura e correta.

Método	Etapas do Processo	Medir bit. FM	◇
		Regular comprimento	○
		Enfiar máquina	○
		Ligar máquina	○
		Medir comprimento	◇
		Trefilar a barra	○
		Medir diâmetro	◇
		Medir empeno	◇
		Avaliar acabamento	◇
		Acondicionar feixe	○
		Estocar / ident. feixe	▽
	Condições	Velocidade trefilação	
		Redução de área	
Materiais	Óleo lubrificante	Viscosidade	
		Demulsibilidade	
		Temperatura	
		Ponto de fulgor	
	Solução de limpeza do ultra-som	Ph	
		Permeabilidade Acúst.	
		Concentração	
		Densidade	
	Fio-máquina	Precisão bitola	
		Dureza	
		Espessura carepa	
Máquina	Trefilação	Decalaminador	Distribuição de polias
			Geometria
		Conjunto escovador	Geometria
			Dureza dos fios
			Diâmetros dos fios
			Frequência
		Ultrassom	Volume tanque
			Potência
Mão-de-obra	Condições de trabalho	Coeficiente monotonia	
		Índice fadiga	
		Esforço físico	
	Conhecimento, etc.	Tempo experiência	
		Conhec. específico, etc.	

Figura 6.3: Exemplo de uma Tabela de Desdobramento dos 4Ms (Cortesia da Metalúrgica Icatel S/A, realizada pelo Eng. Idelci Vieira Torres, apresentação simplificada).

6.5. Elaboração da Matriz de Processo

Após a elaboração da tabela de desdobramento dos 4Ms, é realizado o cruzamento desta com os itens de controle da unidade de processo (Figura 6.4).

O procedimento para a elaboração da matriz (matriz de processo ou dos 4Ms) é o seguinte:

Passo 1: Elaborar a tabela de desdobramento dos 4Ms, como descrito anteriormente, de cada unidade crítica de processo. Estas serão as linhas da matriz.

Passo 2: Elaborar uma tabela com os itens de controle de cada unidade crítica de processo. Estas informações formarão as colunas da matriz e podem ser obtidas na etapa descrita no Capítulo 3.

Passo 3: Correlacionar as duas tabelas, formando uma matriz. Fazer as correlações entre os itens da tabela de desdobramento dos 4Ms e cada item de controle. Atribua símbolos às correlações, considerando a convenção abaixo, por exemplo:

Correlação	Símbolo	Valor
Forte	◉	9
Média	○	3
Fraca	△	1
Inexistente		0

Em casos nos quais haja dúvida quanto à existência ou não de efeito, sugere-se utilizar técnicas estatísticas, como o planejamento de experimentos, regressão ou a análise de variância, para verificar se realmente um determinado fator interfere no processo.

Passo 4: Multiplicar o valor associado aos símbolos pelo peso relativo (índice de criticidade) de cada item de controle.

Passo 5: Calcular o peso absoluto de cada item de verificação, somando os resultados de cada linha.

Passo 6: Calcular o peso relativo de cada fator, convertendo o valor do peso absoluto em percentual.

Passo 7: Selecionar os itens de verificação de peso mais altos para serem objeto de estudo de planejamento do controle do processo (itens cuja soma dos pesos relativos atinge 80%, por exemplo).

Veja na Figura 6.4 um exemplo real desta matriz, aplicada para o processo de tratamento de água potável. (Note que, neste caso, a escala de avaliação da importância, ocorrência, gravidade e detecção foi de 1 a 10).

Nos casos reais dos Apêndices têm-se outros exemplos.

Comentário sobre a matriz de processo (cruzamento do item de controle x tabela de desdobramento dos 4Ms).

É conveniente indicar o cálculo da criticidade de cada item de controle no rodapé da matriz, para conferir maior visibilidade.

Observa-se que nem todos os itens de controle extraídos do estudo da função do processo irão fazer parte do PTP, ou seja, serão gerenciados cuidadosamente. Para alguns itens, o índice de criticidade é baixo e, portanto, não merecem maiores cuidados. Quanto menor o número de itens de controle definidos como necessários, melhor será a sua utilização na rotina do dia-a-dia. Caso não seja possível definir de forma adequada e seja realmente necessário um elevado número de itens, a premissa básica é executá-los sem alterar o *takt-time* do processo. Recursos adotados são, geralmente, frequência de inspeções, desdobramento dos itens nas funções de operador, inspetor, laboratorista, mantenedor, supervisor.

Na parte direita da matriz (Figura 6.4) encontramos os pesos dos itens de verificação, obtidos por conversão dos pesos dos itens de controle.

Estes pesos comparam, entre si, itens de significados únicos, por exemplo "granulometria da cal" ou "vazão da bomba de captação", que são específicos e permitem localizar causas primárias ou fundamentais, possibilitando a ação de controle. Note que na coluna de pesos relativos podemos perceber os pesos dos itens de verificação e, portanto, selecionar os que prioritariamente serão estudados em detalhe. Os estudos necessários serão de diferentes naturezas e podem ser de Análise de Operação[2], no caso de elementos pertencentes ao método, ou de Engenharia de Manutenção, para o caso de elementos pertencentes à máquina, ou de gestão de materiais e fornecedores, ou ainda, estudos experimentais para determinação das condições ótimas do processo, etc. Alguns elementos de método com alto peso poderão merecer um Procedimento Operacional Padrão ou POP. Assim, os estudos de padronização deverão destacar os elementos com forte influência nos itens de controle e, portanto, na qualidade desejada pelo cliente.

PROJETO DO PROCESSO "ÁGUA POTÁVEL" POR MEIO DO DESDOBRAMENTO DA QUALIDADE

		TABELA 4M	Vol. Água Bruto	Dosagem Sulfato	Dosagem Cal	Homog. Mistura	Nível Agitação	Tempo Residência	Freq. Limpeza Deca.	Freq. Limpeza Filtro	Dosagem Cloro	Dosagem Fluor	Peso Absoluto	Peso Relativo	Itens Selecionados	Método de Cont.	PPO
Método	Operação	Preparar solução de sulfato		◎ 40824									40824	6,18	*		SIM
		Preparar solução de cal			◎ 31752								31752	4,81	*		SIM
		Ligar bomba de sulfato			○ 13608								13608	2,06			
		Ligar bomba de cal				○ 10584							10584	1,60			
		Regular dosagem de sulfato	○ 6804	◎ 40824	○ 10584								58212	8,81	*		SIM
		Abrir válvula de água bruta	○ 6804	△ 4536	△ 3528	△ 72	△ 48	△ 10					14998	2,27			
		Regular vazão da água bruta	○ 6804	△ 4536	△ 3528	△ 72	△ 48	△ 10					14998	2,27			
		Ativar decantadores							◎ 2160				2160	0,33			
		Ativar filtros								◎ 9072			9072	1,37			
		Preparar garrafa de cloro									△ 2304		2304	0,35			
		Ligar dosador de Cloro									△ 2304		2304	0,35			
		Regular dosador de cloro									◎ 20736		20736	3,14	*		SIM
		Trocar garrafas de cloro									◎ 20736		20736	3,14	*		SIM
		Preparar garrafa de fluor										△ 2304	2304	0,35			
		Ligar dosador de fluor										△ 2304	2304	0,35			
		Regular dosador de fluor										◎ 20736	20736	3,14	*		SIM
		Trocar garrafa de fluor										◎ 20736	20736	3,14	*		SIM
		Calibrar phgômetro			◎ 31752								31752	4,81	*		SIM
		Regular pH	△ 756		◎ 31752							○ 6912	39420	5,97	*		SIM
		Lavar decantadores							◎ 2160				2160	0,33			
		Lavar filtros								◎ 9072			9072	1,37			
Máquina		Pressão das bombas de captação	○ 2268	○ 13608	○ 10584								26460	4,01	*		SIM
		Vazão das bombas de captação	◎ 6804										6804	1,03			
		Pressão das bombas dosadoras		○ 13608	○ 10584								24192	3,66	*		SIM
		Vazão das bombas dosadoras		○ 13608	○ 10584								24192	3,66	*		SIM
Matéria-Prima	Características do Sulfato	Granulometria do Sulfato		○ 13608									13608	2,06			
		Reatividade do Sulfato		○ 13608									13608	2,06			
		Concentração do Sulfato		○ 13608									13608	2,06			
		Solubilidade do Sulfato		○ 13608									13608	2,06			
	Características da Cal	Granulometria da Cal			○ 10584								10584	1,60			
		Reatividade da Cal			○ 10584								10584	1,60			
		Concentração da Cal			○ 10584								10584	1,60			
		Solubilidade da Cal			○ 10584								10584	1,60			
Mão-de-Obra		Treinar operacionais	◎ 6804	◎ 40824	◎ 31752				◎ 2160	◎ 9072		◎ 20736	111348	16,86	*		SIM
													660536	100			

	Vol. Água Bruto	Dosagem Sulfato	Dosagem Cal	Homog. Mistura	Nível Agitação	Tempo Residência	Freq. Limpeza Deca.	Freq. Limpeza Filtro	Dosagem Cloro	Dosagem Fluor	
Especificação (para água bruta de turbidez=80FTU)	100	30ppm	15ppm	-	-	-	-	-	10 ppm	10 ppm	
Tolerância	+5	+5	+3	-	-	-	-	-	+2	+2	
CPK	-	-	-	-	-	-	-	-	-	-	
Importância	7	9	9	6	6	5	4	6	8	8	
Ocorrência	2	7	7	1	1	1	3	3	4	4	
Gravidade	9	9	7	4	4	1	4	7	9	9	
Facilidade detecção	6	8	8	3	2	2	5	8	8	8	
Criticidade	756	4536	3528	72	48	10	240	1008	2304	2304	14806
Peso relativo	5,11	30,64	23,83	0,49	0,32	0,07	1,62	6,81	15,56	15,56	100

TABELA DE CORRELAÇÃO

- ◎ - Forte Relação
- ○ - Média Relação
- △ - Fraca Relação
- - - Relação Inexistente

Figura 6.4: Matriz de Processo para Tratamento de Água Potável (Cortesia Cia. Siderúrgica Belgo MIneira).

Durante o trabalho da equipe na identificação das correlações da matriz, podem-se usar, como suporte às discussões, as técnicas estatísticas como regressão e planejamento de experimentos, FTA ou ainda buscar referências bibliográficas e consultar especialistas. Por exemplo, para a unidade de processo "forno de reaquecimento", devem-se obter informações e conhecimentos de transmissão de calor.

Preenchida a matriz, é possível iniciar os trabalhos de planejamento do controle do processo para os itens de verificação prioritários. Este será o tema tratado a seguir.

6.6. O Planejamento do Controle do Processo

Até este ponto, um bom entendimento do processo foi conseguido. No entanto, isto não foi ainda transformado em benefícios para a empresa, pois não gerou ações e nem foram transferidas instruções para os operadores que, na prática, formam a qualidade do produto.

Uma vez concluída a matriz que correlaciona os itens de controle (efeito) da unidade de processo x tabela de desdobramento dos 4Ms (causas), é possível compreender melhor as relações de causa & efeito. Esta visualização traz grande contribuição para o trabalho de planejamento do controle do processo, pois seu objetivo é obter um alto grau de certeza no atingimento do efeito desejado em cada processo. Para que isto ocorra, é necessário estudar as ações de controle sobre as causas dos desvios e criar o método de controle. Orientado pela matriz de processo (Itens de Controle dos Processos x Tabela de desdobramento dos 4Ms), devem-se selecionar as poucas causas mais importantes (com alto peso). As causas selecionadas devem ser o objetivo do estudo detalhado de planejamento do controle do processo. A Figura 6.5 mostra os próximos passos a serem realizados para cada unidade de processo, após a confecção da matriz de processo.

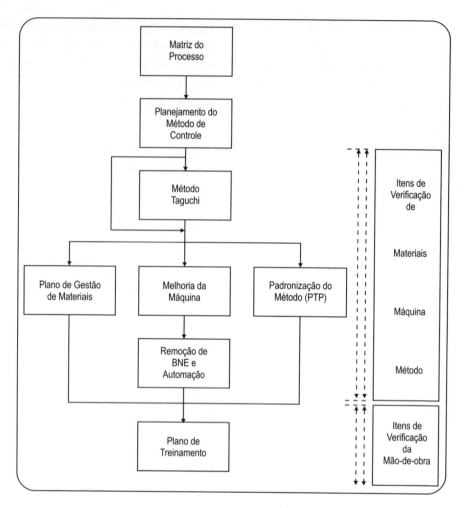

Figura 6.5: Fluxograma para Estabelecimento do Método de Controle.

6.6.1. Uso de projeto de experimentos

"O completo domínio do processo é tecnologia que inexiste na teoria pronta. Depende de informações que só são obtidas por quem experimenta" - Genichi Taguchi.

Um grande desperdício econômico ocorre nos países em desenvolvimento, que compram tecnologia dos países desenvolvidos: é o fato de estes seguirem fielmente as prescrições do fornecedor da tecnologia. Quase sempre é possível otimizar um processo por meio de Projeto (ou Planejamento) de Experimentos ou por meio de Método Taguchi, Análise Fatorial, Simulações de Processo, etc.

É muito importante que as empresas desenvolvam projetos de experimentos nas suas unidades críticas de processo para o crescimento da qualidade e redução da variabilidade. Recomenda-se uma abordagem sistêmica das falhas potenciais de um produto ou processo e, para isto, a exemplo de empresas como Boeing, Embraer e outras grandes empresas, recomenda-se o uso do FTA. Para tanto, existe necessidade de aprofundamento no conhecimento desta metodologia, senão irá acontecer que aquilo que muitas empresas chamam de FTA consiste na realidade em uma árvore de desdobramento de eventos. Portanto, um bom especialista em FTA é na realidade um grande conhecedor de Engenharia de Sistemas.

Como dizia Henry Ford, só sabe consertar quem sabe como funciona.

Empresas que têm praticado projeto de experimentos de forma metódica, como a Cia. Siderúrgica Belgo Mineira, obtiveram grandes progressos em qualidade e desenvolveram um grande domínio sobre os processos. Veja Caso Real 1 e Apêndice 1.

Este assunto tem importância, já que nem sempre os efeitos dos itens de verificação provenientes do desdobramento dos 4Ms sobre os itens de controle são quantitativamente conhecidos. Geralmente há a necessidade de pesquisar os níveis em que devem ser estabelecidos os itens de verificação para assegurar um valor ótimo para os itens de controle ou características da qualidade do produto. Esta pesquisa é objeto de Projeto de Experimento. Projeto de Experimento é um assunto especializado que visa a medir os efeitos dos itens de verificação (ou fatores) de um processo por meio da realização de experimentos. Um experimento é um procedimento no qual são feitas alterações propositais nos itens de verificação, de modo que se possam avaliar as possíveis alterações nos itens de controle (ou respostas)[4]. Projeto de experimentos é uma sequência de experimentos em que são feitas alterações simultâneas em diversos itens de verificação, segundo um arranjo particular (arranjo ortogonal). Conseguimos, assim, com relativamente poucos experimentos, medir com um bom nível de precisão os efeitos dos vários itens de verificação. A matriz de Processo deve ser utilizada para orientar o projeto de experimento. Os pesos dos itens de verificação indicam aqueles que devem ser selecionados como fatores para o projeto de experimento.

É desaconselhável realizar experimentos tomando uma variável de cada vez e fixando as demais, pelos seguintes motivos:

- Quando existem várias variáveis, o número total de experimentos tende a ser maior comparado com os projetos de experimentos desenvolvidos com arranjo ortogonal.

- Os efeitos de variáveis experimentadas de forma isolada podem não se confirmar quando outras variáveis assumem valores diferentes (podem existir interações entre as variáveis).

- A maior deficiência entretanto, está em fazer recomendações sobre o processo baseado no efeito de cada variável isoladamente o que, muito provavelmente não levará à otimização do processo. Razão pela qual sem análise das interações temos, na realidade, bons palpites sem nenhuma fundamentação técnica consistente.

Os projetos de experimentos possibilitam a otimização dos processos, a obtenção de melhores valores para os itens de controle e simultaneamente a redução do nível de variabilidade. Consegue-se a otimização global considerando todas as variáveis e suas interações.

Os itens de verificação, que em geral fazem parte de um projeto de experimento, são: condições de transformação, características de materiais, características de ferramentas ou do produto, etc. As respostas são, em geral: rendimento do processo, grau de atendimento às necessidades dos clientes, características do produto, taxa de produtividade, etc.

Antes de projetar um experimento, é necessário fazer algumas análises estatísticas para a confirmação das variáveis a pesquisar. Uma destas análises é a decomposição da variância da característica do produto. A decomposição pode ser feita utilizando dados históricos do processo. Visa a selecionar que tipos de fatores (cíclicos, posicionais, temporais, etc.) são mais influentes na variância da característica. Assim, a busca de variáveis para serem testadas no projeto de experimento fica mais científica e direta. Esta sugestão, consiste em uma das formas mais práticas de se fazer estes estudos.

Um projeto de experimentos pode ser utilizado para três diferentes propósitos[3]:

Projetar os itens de verificação (ou parâmetros) dos processos (*Parameter Design*)

Corresponde a encontrar a combinação de níveis dos itens de verificação que otimize os itens de controle (ou as respostas), tornando o processo menos sensível às variáveis não controláveis (ruídos). Após a realização do projeto de experimentos, os fatores de maiores efeitos deverão ser sistematicamente monitorados e necessariamente farão parte do PTP.

Projetar as tolerâncias dos itens de verificação (*Tolerance Design*)

O projeto de tolerância dos itens de verificação parte das especificações das características do produto ou semi-produto (Eng. de Sistemas). A seguir otimiza por meio de projeto de experimentos, as tolerâncias dos itens de verificação, que em geral são características de matérias-primas. São considerados simultaneamente os custos envolvidos em estreitar tolerâncias e a contribuição relativa (efeito) de cada item de verificação. Caso o custo de estreitar uma tolerância seja inferior ao ganho na melhoria do produto, torna-se recomendável estreitar a tolerância (Veja Apêndice 1).

Projetar as características dos produtos (*Product Design*)

Neste caso, são realizados projetos de experimentos em que os fatores são características do produto. Para utilizar esta abordagem, devem-se elaborar vários produtos com diferentes combinações dos valores das características da qualidade. Estes produtos, em seguida, são submetidos a teste de campo/durabilidade/*burn-in*. As respostas são obtidas testando-se estes produtos no cliente ou em laboratórios. O objetivo é especificar as Características da Qualidade do Produto de forma que sejam pouco sensíveis às variáveis do processo, de materiais ou de uso.

Exemplo de uso de Projeto de Experimentos

No Apêndice 1 são mostrados alguns exemplos de uso de projeto de experimentos.

Um projeto de experimentos fornece o efeito e as interações de cada item de verificação sobre a resposta do processo. Assim, é possível encontrar a combinação de níveis dos itens de verificação que otimizam o processo. Normalmente, quando se realiza um projeto de experimentos, várias respostas do processo são acompanhadas. Para o estabelecimento da combinação ideal, os efeitos sobre as várias respostas são conjuntamente considerados por meio de equações ou superfície de resposta.

Comentaremos aqui um caso especial, em que ocorrem variações inevitáveis na entrada do processo, agravadas pela presença simultânea de variáveis não controláveis ou de ruído. Nestas circunstâncias, discutiremos qual a melhor conduta para estabelecer as ações de controle mais eficazes.

Muitos processos necessitam ser operados de forma adaptativa, se ajustando às condições de entrada e garantindo uma saída desejada (resultado). Isto ocorre quando não se tem o domínio de algumas variáveis de entrada, como, por exemplo, em uma situação em que é econômico trabalhar com vários fornecedores de materiais com diferentes especificações. Como exemplo, uma aciaria na indústria siderúrgica tolera variações na carga metálica (entrada) e, no entanto, fabrica um aço dentro das especificações desejadas por meio de ajustes nas condições de sopro e adições de matérias-primas auxiliares. Estas variáveis constituem variáveis de ajuste e não é possível fixá-las, mas, sim, entender o tipo de efeito de cada uma e assim fazer o ajuste mais adequado. Outro exemplo: a velocidade de um carro deve ser ajustada de acordo com o estado da pista (entrada): seca, molhada, terra, tráfego, etc. Na operação de torneamento (torno mecânico), reduz-se a profundidade de corte e/ou a velocidade de avanço quando a dureza da peça está mais alta. Assim, estas variáveis, profundidade de corte ou velocidade de avanço, constituem variáveis de ajuste mas têm efeitos diferentes nas características desejáveis da peça. Isto precisa ser bem conhecido para definir qual é a variável mais conveniente para fazer este ajuste todas as vezes que a dureza subir.

As causas (itens de verificação ou variáveis) provenientes da tabela de desdobramento dos 4Ms podem ter efeitos de naturezas bastante diferentes sobre os itens de controle: algumas afetam a variância do item de controle mas não afetam a média significativamente. Podem também afetar ambas (a média e a variância), apenas a média ou até não afetar nenhuma das duas, ou seja, nenhum efeito significativo nas características do produto é percebido em função de alterações nos níveis destas variáveis.

Conhecer a natureza do efeito que cada item de verificação tem sobre o item de controle é bastante importante para escolher a ação de controle sobre o processo, levando-o a baixas variâncias e com os itens de controle ajustados às metas.

Estes efeitos podem ser medidos por meio de projeto de experimentos ou de técnicas estatísticas. Taguchi trata este assunto quando fala de experimentos com ruídos para características do tipo nominal-melhor[3,4]. Este tipo de experimento é projetado para medir o efeito de variáveis tanto sobre a média do item de controle quanto sobre sua variância. Cada um dos experimentos, neste caso, é repetido. A variação entre os experimentos comparada com as variações das repetições permite separar estes tipos de efeitos.

Deste conhecimento, as seguintes condutas são recomendadas:

- Causas (ou itens de verificação), que influenciam predominantemente a variância do item de controle, devem incondicionalmente ser sempre padronizadas no nível em que geram a mínima variância.

- Causas (ou itens de verificação), cujo efeito sobre a média e a variância do item de controle é nulo ou baixo, devem ser padronizadas no nível em que a operação seja mais barata ou mais fácil.

- Causas (ou itens de verificação), cujo efeito influi predominantemente na média do item de controle, devem ser usadas como variáveis de ajuste. Ou seja, não serão padronizadas mas ajustadas dinamicamente em níveis adequados para restaurar o valor do item de controle à sua meta. Em automação de processos, os controladores dos sistemas de controle em malha fechada devem atuar no sistema utilizando estas variáveis, resultando em menor variabilidade (bom nível de estabilidade e menor tempo de acomodação).

- Causas (ou itens de verificação) que influenciam a média e a variância devem preferencialmente ser padronizadas no nível em que a variância seja baixa e apenas ocasionalmente ser usadas como variáveis de ajuste. Um exemplo real desta situação é a Temperatura Adiabática de Chama em um Alto-Forno (na indústria siderúrgica). Esta variável tem efeito de redução no consumo de carvão, mas provoca aumento da variância deste consumo e perda da estabilidade de marcha.

A tabela a seguir mostra um resumo da conduta a ser tomada para cada tipo de variável.

Tipo de efeito da variável	Conduta	Exemplos prováveis
Efeito predominante sobre a variabilidade	Padronizadas no nível que geram mínima variabilidade	Nível de vibração, excentricidades, calibração, assimetria, folgas excessivas, desgastes, etc.
Efeito pequeno tanto sobre a média quanto sobre a variabilidade	Padronizadas no nível em que a operação seja mais barata ou mais fácil	Sequência de alguns elementos de operação, características de alguns materiais
Efeito predominante sobre a média	Devem ser utilizados como variáveis para ajustar o item de controle à meta, quando se apresentar tendência de sair	Marcha de um carro, aceleração, tempo de cozimento de alimentos, indicador de temperatura de ar condicionado
Efeito sobre a média e sobre a variabilidade	Padronizadas preferencialmente no nível em que a variabilidade é baixa e só eventualmente utilizadas como variável de ajuste	Temperatura Adiabática de Chama sobre consumo de carvão em um Alto forno. Tempo em alguns processos termodinâmicos

Não é nossa intenção nos aprofundarmos neste tema, mas sim mostrar a utilidade do projeto de experimentos. Os livros relacionados na bibliografia[3,4,8] descrevem de forma detalhada este método.

No Apêndice 1 são mostrados vários exemplos de uso de projeto de experimentos e de métodos estatísticos.

6.6.2. Plano de gestão de materiais

A matriz processo mostra o peso de cada característica de cada material. A soma dos pesos de cada uma das características de um material específico mostra o peso do material. Para os materiais com altos pesos, é conveniente criar um plano de gestão para garantir um nível de qualidade aceitável[7].

Por meio da matriz pode-se obter um perfil de pesos das características de cada material. Estabeleça o valor-meta para cada característica e avalie o afastamento médio dos fornecimentos para cada fornecedor deste material. Faça contato com os fornecedores passando-lhes as informações dos pesos das características e os valores-metas. Crie para os materiais de altos pesos uma expressão que avalie o desempenho do fornecedor (*Vendor Rating*) em função do peso das características e das estatísticas de fornecimentos e de serviços. Crie para estes materiais uma política de relações com os fornecedores, especificando os controles de recepção, critérios de premiação de fornecedores com base em resultados, troca de informações e transferência de conhecimentos.

A padronização de materiais não significa apenas especificar suas características e sim garantir que as características de altos pesos estejam sempre dentro de tolerâncias economicamente calculadas (Apêndice 1). Planos de amostragem de recepção, como as normas tipo *Military Standard, Dodge Romig*, etc., podem ser utilizados. Tais normas possuem tabelas que indicam o tamanho da amostra, as condições de tomada e outras informações para garantir um nível de qualidade aceitável (NQA). Trabalhos com fornecedores, no sentido de que estes garantam as características de materiais que se mostraram com altos pesos na Matriz de processo, geralmente trazem bons resultados para a qualidade do produto final.

Tolerâncias apertadas devem somente ser usadas para características importantes.

6.6.3. Melhoria da máquina

Com a ajuda da matriz de processo, analise o peso relativo das características dos elementos de máquina, de forma semelhante à utilizada com os materiais. Um conjunto de elementos de máquina (Eng. de Sistemas) constitui um mecanismo de máquina. Desta forma, integrando os pesos dos elementos, pode-se conhecer o peso do mecanismo que os elementos formam.

Avalie o grau de atigimento da função que estes mecanismos desempenham. Considerando o peso do elemento ou mecanismo e o grau de atingimento da função por ele desempenhada, trace um "Vendor Rating". Estabeleça, com o pessoal da manutenção, planos de melhoria de desempenho dos elementos de máquina de altos pesos. Oriente o plano de manutenção fornecendo estas informações. Portanto, para efetuar um bom planejamento de manutenção que garanta um OEE satisfatório para uma empresa, faz-se necessário que a priorização dos equipamentos seja desdobrada até o nível de seus sistemas e funções. Outro conhecimento que também se faz necessário é relativo aos modos de falha correlacionados ao ciclo de vida do equipamento.

Remoção de gargalos de engenharia (BNE) e Revamp

Quando é desdobrada a tabela de desdobramento dos 4Ms e construída a matriz de processo, as capabilidades mais importantes dos equipamentos são evidenciadas por meio dos seus pesos. Caso o valor especificado do item de controle ou a própria tolerância não possam ser atingidos pela tecnologia ou conhecimentos de que a empresa dispõe, problemas de natureza técnica devem ser resolvidos. Neste caso, de nada adianta pressionar os operadores e supervisores para atingir resultados porque o gargalo pode estar fora do seu alcance, como na capabilidade da máquina (capacidade de atingir a qualidade de modo uniforme), nos instrumentos de medida inadequados ou imprecisos, ou na própria concepção de seus mecanismos.

Assim, por meio da matriz processo ficam evidenciadas as capabilidades que precisam ser melhoradas no equipamento. Tais melhorias raramente irão requerer a troca completa do equipamento, mas, em geral, apenas a incorporação local de novas tecnologias, prolongando assim a vida econômica do equipamento.

Como exemplo, a capabilidade "precisão de posicionamento da ferramenta cortante" de um torno automático pode ser aumentada, introduzindo um sistema hidráulico comandado por um PLC (Processador Lógico Programável) em substituição ao sistema mecânico comandado por um camo.

Existem várias técnicas que podem ser utilizadas nos estudos para a remoção de gargalos, dentre as quais destacam-se: Projeto de Experimentos, simulações de processo, automação e, muitas vezes, devem-se buscar estes conhecimentos fora da empresa[6].

Plano de manutenção

A matriz item de controle x tabela 4M orienta quais condições, ferramentas, precisões, características, etc. têm relação com o item de controle e, portanto, com a qualidade. Desta forma, o plano de manutenção deve contemplar ações que incrementem ou mantenham a capabilidade da máquina. Este plano pode ser escrito na forma de 5W1H[4]. O plano de manutenção preventiva deve usar estes conhecimentos. O objetivo do Plano de manutenção, no que tange à qualidade, é garantir a capabilidade do equipamento e dos instrumentos de medida para a obtenção das metas relativas de todos os itens de controle.

Automação

Processos em que alterações nas variáveis de entrada causam forte e instantânea influencia nas variáveis de saída (características da qualidade do produto ou características substitutivas), e uma precisão destas características é importante, podem requerer um projeto de automação.

A automação de processos está cada dia mais acessível em função do avanço e barateamento de computadores digitais de alta capacidade e velocidade[6]. A automação de processo ou de uma função dele deverá ser cogitada sempre que for requerida alta precisão na saída (estreitas tolerâncias das características) e sempre que o dinamismo do processo for alto, exigindo rápidas e precisas atuações de controle. Uma outra situação em que a automação é vantajosa é na redução de custos operacionais.

A automação se baseia no controle de *feedback* com o seguinte fluxo de informações:

1. Um sensor é colocado na saída do processo e avalia o desempenho real, medindo uma característica de interesse.

2. O sensor transmite esta informação a um controlador (computador).

3. O controlador também recebe informações sobre qual é o valor-meta da característica ou um padrão que pode ser ajustado pelo operador (*set point*).

4. O controlador compara o desempenho real com o valor-meta. Se a diferença torna justificável uma ação de controle, o controlador atua em um acionador.

5. O acionador altera as condições do processo para que o desempenho se aproxime do valor-meta da característica.

A automação poderá ser feita em malha fechada[6] (por exemplo: transmissão automática de carro) em que o processo é ajustado dinamicamente (a marcha) pelo controlador, em função da sua saída (velocidade do carro).

A saída do processo pode ser um item de controle medido continuamente por meio de instrumentos que possibilite calcular, por meio de computadores lógicos programáveis, as atuações (saída do sistema de controle) de controle necessárias no nível de variáveis de entrada (por exemplo, a posição de uma válvula) do processo. Geralmente os sistemas de controle em malha fechada são mais simples, bastando apenas um bom conhecimento das relações de causa e efeito (modelo matemático) do processo e dispondo de um sinal confiável (medida do resultado do processo).

Para o caso da automação em malha aberta, em que não é possível medir a saída do processo continuamente (exemplo: máquina de lavar roupa, torradeira, convertedor LD), é necessário modelar o processo para calcular as variáveis de controle a partir do modelo e, neste caso, nem sempre o problema matemático é simples.

O Controle Estatístico de Processo - CEP é também um sistema de controle de *feedback*. Sua aplicação é recomendada para processos nos quais o desempenho não pode ser medido por instrumentos ou a concepção da máquina não permite a automação.

6.6.4. Padronização do método (PTP)

Racionalização do processo

A padronização dos métodos de operação pode ser realizada a partir da análise da matriz de processo, que ajuda a localizar os elementos de métodos e condições mais importantes, utilizando técnicas de Engenharia Industrial, como a Análise de Processo e estudos das condições de processo. Este trabalho pode ser ajudado por um especialista (Analista de Métodos) e é resumidamente apresentado abaixo.

O processo de obtenção de um produto deve ser estudado globalmente com a finalidade de localizar pontos específicos de melhoria, a fim de racionalizá-lo. Este estudo geral inclui uma análise das etapas do processo. Não se esquecer de estabelecer uma meta a ser atingida por este processo, desta forma ter como base os conceitos do *Lean Production*. A meta do processo deve ter sempre um *takt-time* inicial sem a implementação de melhorias e o final com a implementação. Segundo Lord Kelvin só se gerencia o que se mede, senão ficaremos na percepção do que fizemos é o suficiente, o que às vezes não consiste em uma verdade.

A melhor maneira para dar visibilidade e compreensão ao processo ou trabalho é desenhar um "fluxograma de processo". Neste fluxograma devem ser indicados os eventos que ocorrem durante a execução de uma tarefa específica ou durante uma série de ações. O fluxograma geralmente tem início com a entrada de matéria-prima e segue indicando atividades tais como operações, transporte, inspeções, esperas, e estocagem, que ocorrem no processo. Quando se faz este fluxograma criteriosamente, a análise do método é facilitada e melhorias normalmente surgirão. É comum concluirmos que certas operações ou partes delas podem ser eliminadas, que operações podem ser combinadas ou que o *layout* pode ser mudado para encurtar distâncias de transporte. Enfim, várias possibilidades podem ser descobertas para produzir um melhor produto ou de forma mais rápida. Este fluxograma pode indicar também pontos do processo que requeiram uma análise mais detalhada, aprofundando os estudos para o nível de elementos de trabalho (utilizando técnicas como medida dos micromovimentos, gráficos homem-máquina, filmagens, etc.). Geralmente, quando se faz esta análise, se esquece do processo de set-up que em alguns processos constitui verdadeiros gargalos. Um bom exemplo de solução são as opções, muito bem exploradas pelo Sistema Toyata de produção. No fluxograma, devem-se indicar os eventos aos quais o material é submetido ou mostrar a sequência de atividades de uma pessoa, ou ambas as coisas, dependendo do problema em consideração. Os eventos do processo devem ser distinguidos de acordo com a sua natureza. São sete as possíveis naturezas dos eventos que devem ser diferenciadas para a elaboração do fluxograma do processo (Figura 6.6).

Símbolo	Significado	Instruções
Diâmetro = a ○	Operação	Processo que provoca mudanças na forma e propriedades de materiais, componentes ou produtos.
Diâmetro = 1/2 a 1/3 de a ○	Transporte	Processo que provoca mudanças na posição de matérias-primas, componentes ou produtos.
▽	Estocagem Planejada	Processo de estocar matérias-primas, materiais, componentes ou produtos, de acordo com um plano.
□	Inspeção de Quantidade	Processo para obter a diferença dos resultados, comparando a referência com a quantidade de matéria-prima, materiais, componentes e produtos.
◇	Inspeção de Qualidade	Processo de julgar a conformidade do lote ou boa qualidade da peça, testando as características da qualidade da matéria-prima, materiais, componentes ou produto e comparando os resultados com a referência.
◇□	Inspeção	Enquanto se conduz principalmente a inspeção da qualidade, a inspeção da quantidade também é conduzida.
□◇	Inspeção	Enquanto se conduz principalmente a inspeção da quantidade, a inspeção da qualidade também é conduzida.

Figura 6.6: Símbolos usados em Fluxograma de Processo.

Passos sugeridos para realizar uma análise de operação

Resumidamente, os passos que deverão ser seguidos para a padronização do método de operação são os seguintes:

Passo 1: Faça um levantamento preliminar, perguntando aos operadores quais os elementos da operação, os fatos relacionados às condições de operação e a eficiência atual da operação.

Passo 2: Faça o fluxo de processo utilizando os símbolos da Figura 6.6. Defina quando começa e quando termina cada elemento da operação. Faça um gráfico de Gantt, indicando na mesma escala os elementos do homem e da máquina, quando necessário.

Passo 3: Faça a medida das etapas do processo, qualificando-as, indicando a sequência, a distância, as dependências, o tempo e a descrição, dispondo estes dados em uma tabela.

Passo 4: Analise os dados indicando o tempo e a frequência de cada elemento.

Passo 5: Faça um plano de melhoria com o auxílio das seguintes perguntas: Podem-se combinar operações para eliminar transporte entre elas? Pode-se transportar maior quantidade de cada vez? O número de inspeções pode ser reduzido? Pode-se combinar inspeção com operação? Podem-se eliminar estocagens intermediárias? Durante as esperas do homem ou da máquina podem-se executar outras operações?

Passo 6: Elimine as chances de erros humanos. Para isto procure eliminar as operações que são propensas ao erro, substituindo-as por automação. Podem-se também criar meios para reduzir a propensão ao erro ou mesmo introduzir instrumentos para reduzir o efeito dos erros. Como exemplo na operação de estampagem, dois botões de acionamento são utilizados para que a prensa só seja acionada quando o operador coloca as duas mãos nos botões evitando assim, o risco de acidente nas mãos.

Passo 7: Implemente e avalie o plano de melhoria. Para isto, os operadores devem ser treinados no novo método. Reavalie o método quanto à eficiência de tempo ou qualidade. Peça sugestões aos operadores.

Passo 8: Padronize o plano de melhoria, se ocorreram vantagens. Documente o plano e treine todos os operadores.

Veja exemplo Figura 6.7

Exemplo de uma análise de operação

Consideremos um exemplo didático de preparação caseira de um cafezinho.

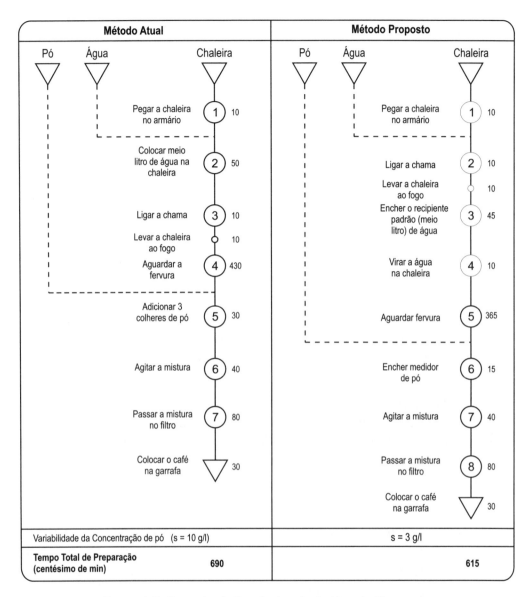

Figura 6.7: Exemplo de Resultados de Análise de Operação.

O método utilizado no processo deve ser padronizado após um estudo prévio de racionalização, empregando conhecimentos de Engenharia Industrial. Tanto os elementos da operação, quanto as condições necessárias para a execução adequada e segura da operação devem ser racionalizados e padronizados. Isto deverá garantir menor variabilidade nas características do produto. Métodos que exigem atenção concentrada podem ser aprimorados, introduzindo dispositivos que evitem falhas humanas por distração[1,2].

6.7. Teste Piloto e Avaliação da Satisfação dos Clientes

O Teste Piloto consiste em produzir um lote experimental ou protótipo do produto de acordo com os padrões iniciais e submetê-lo ao uso e à apreciação de um grupo de clientes ou experimentadores. É feito o acompanhamento do desempenho do produto no cliente, verificando se a qualidade planejada foi atingida. O atingimento das necessidades levantadas no terceiro passo da Figura 1.7 são avaliadas pelos clientes. Se a avaliação for positiva, os clientes aprovaram o produto, e a padronização definitiva é realizada. Se os clientes não ficaram satisfeitos em relação a uma ou outra necessidade, modificações localizadas das especificações do produto devem ser realizadas. Estas mudanças implicarão também mudança no processo. Um ponto importante, muito esquecido pelas empresas, é a fabricação deste lote com os meios normais de produção que, em algumas empresas, é erroneamente chamada de corrida da engenharia, pois os produtos não são fabricados com ferramentas definitivas mas sim experimentais. Nova padronização torna-se então necessária. Os operadores deverão ser então treinados no novo método de operação.

Simultaneamente é feito o plano de *marketing*, compreendendo o estabelecimento do preço, dos canais de distribuição e do plano de propaganda. O plano de propaganda (Capítulo 7) pode ser testado nesta ocasião, averiguando se provoca atração, se desperta interesse, se provoca desejo e se induz à compra. Após os ajustes necessários é realizado o lançamento do produto no mercado global.

Padronização final

O método de trabalho utilizado no processo só deve ser padronizado após a sua racionalização por meio de estudos de Engenharia Industrial (Análise de Operação[2]). Isto deverá garantir menor variabilidade das características do produto. É comum cometer o erro de padronizar efeitos e não causas. Neste caso, torna-se difícil, senão impossível, obter a estabilização do processo, pelo fato de o operador desconhecer os cuidados e ações de prevenção necessários. Embora o operador entenda que deve atingir a especificação do item de controle, ele não sabe, antecipadamente, como as falhas poderiam ser evitadas. Os interessados por este tema podem buscar mais detalhes em Campos[1] e Ishiwata[2].

6.8. Elaboração do PTP

O PTP é o documento básico para o planejamento do controle do processo, correspondendo à etapa final do trabalho de planejamento do controle de processo. O PTP poderá sofrer várias revisões à medida que se alteram as exigências dos clientes ou se introduzem modificações em máquinas ou nos materiais utilizados. Este documento deve ser desenvolvido depois que se chegou ao domínio do processo com a introdução das melhorias por meio de estudos de várias engenharias, conferindo-lhe capacidade por meio do entendimento de relações de causa e efeito.

A capacidade dos processos é aumentada por meio de, por exemplo, projetos de experimentos, automação, *revamp* do equipamento, padronização, etc., e não apenas com a simples introdução de Controle Estatístico do Processo (CEP).

O Padrão Técnico de Processo é obtido ao adicionar ao fluxograma do processo o método de controle da qualidade.

Este documento resume todo o trabalho de planejamento de controle e deve dar uma boa visão das relações de causa e efeito de variáveis do processo, contendo, no mínimo, as informações abaixo:

A. Um fluxograma de processo com as operações principais, além dos pontos de inspeção, com a indicação da sequência e dependência.

B. As características da qualidade ou itens de controle, suas criticidades, o valor especificado e o método de controle (quem controla, como controla e quando controla).

C. Os principais itens de verificação associados aos itens de controle e o método de controle (quem controla, como controla e quando controla).

D. O plano de reação, indicando a ação corretiva, no caso de o item de controle sair fora do valor especificado e quem tomará esta decisão.

E. Observações ou comentários.

A seguir é apresentado um exemplo de Padrão Técnico de Processo e os comentários e explicações sobre o conteúdo de cada campo.

Companhia				Padrão Técnico de Processo (QC Process Chart)								UP Dpto Resp Data Prodts ----------	
Etapa do Processo	Detalhamento do Processo		Caract. Qual. Prod. Final	Pontos de Controle								Plano de Reação	Obs.
	Fluxo	UP		Resultado				Causa					
				Item	Método			Item	Método				
					Quem	Quando	Como	Medida		Quem	Quando	Como		
(1)	(2)	(3)	(4)	(5)	(6)	(7)	(8)	(9)	(10)	(11)	(12)	(13)	(14)	(15)

Tabela 6.3: Exemplo de Padrão Técnico de Processo.

(1) Localize a etapa do processo de acordo com a tabela de desdobramento do processo: tome o primeiro e o segundo nível desta tabela (Exemplo Figura 5.1).

(2) Indique a sequência de operações por meio de um fluxograma, destacando os pontos de operação e Inspeção.

(3) Indique os limites da unidade de processo (UP), início e fim correspondente a uma parte do fluxograma.

(4) Indique a característica do produto final que será objeto de controle, sua meta e tolerância. Entretanto, algumas características do produto final nem sempre podem ser medidas na unidade de processo. Assim, na coluna[5], poderá haver uma característica substitutiva, mas que pode ser controlada na unidade de processo durante a produção. Controla-se, desta forma, a característica final de modo indireto.

(5) Indique os itens de controle, os valores especificados e as tolerâncias. Estes itens podem ser características finais do produto ou características substitutivas que, ao serem controladas, também se controla indiretamente a característica final. Por exemplo: na indústria siderúrgica, uma característica final do produto é o nível de descarbonetação do material. Esta característica só pode ser observada quando o material ficar pronto. No entanto, durante a produção, no forno de reaquecimento, uma característica substitutiva seria a temperatura de desenfornamento. Controlando a temperatura de desenfornamento, a descarbonetação será indiretamente controlada. Assim, a descarbonetação iria para a coluna[4] e a temperatura de desenfornamento iria para a coluna[5].

(6) Indique quem controla o item de controle.

(7) Indique a frequência e o momento certo em que o item de controle deve ser observado.

(8) Indique como será averiguado se o item está sob controle (próximo à meta). Conhecimentos de amostragem e estatística são requeridos para avaliar o erro de amostragem. Em processos automáticos, este item pode ser o sinal do sistema de controle, que pode sofrer variações em função das causas não controláveis. Deve-se, portanto, indicar como evitar o ruído (isto é, aumentar a precisão do sinal). CEP e Normas *Military Standard* são bastante utilizados.

(9) Indique a unidade de medida ou faça padrões de comparação. Lance dados em ficha de acompanhamento da qualidade ou no computador.

(10) Indique os itens de verificação mais importantes, retirados da matriz de processo, para obter o controle do item de controle estabelecido na coluna[5].

(11) Indique a pessoa responsável por acompanhar e atuar no item de verificação.

(12) Indicar a frequência ou o instante em que se deve averiguar a causa e se é necessário atuar no item de verificação (ação de controle).

(13) Deve ser explicitado de forma clara e concreta como deve ser feito o controle, indicando, por exemplo, ajustes das condições por meio de alterações em *set points* do processo, troca de ferramentas, *check list* para restaurar a qualidade, calibração de instrumentos, ou uma Prática Padrão de Operação (POP) que explique como se dá a ação de controle ou, se necessário, a interrupção da produção.

(14) Indique as providências a serem tomadas caso alguma característica ou item de controle saia fora do valor especificado, tais como: retrabalhar, desviar para outra aplicação pré-estudada ou mesmo parar a produção.

(15) Indique destaques ou outros documentos e especialistas que podem ser chamados para resolver uma situação de descontrole naquele item de controle.

6.9. Plano de Treinamento

As decisões alcançadas no estágio de planejamento e registradas nas padronizações e no PTP devem agora ser usadas para construir documentos específicos, que comuniquem instruções ao pessoal operacional. O PTP indica o método de controle, mas os operadores é que controlam o processo e, assim, os conhecimentos devem ser repassados. O "como" do campo de método de controle dos itens de verificação do PTP (coluna 13 da Tabela 6.7) pode ser um Procedimento Operacional Padrão ou, em casos mais simples, são as instruções ao operador ou *Check List*.

O melhor método imaginável para execução de uma atividade tem pequeno valor a menos que o operador execute o trabalho da forma prescrita.

Clareza e objetividade são os aspectos a serem enfatizados no treinamento do operador. A comunicação visual, com esquemas e desenhos, deve ser largamente utilizada para agilizar a comunicação e melhorar o entendimento. O uso de fotografias em conexão com as instruções escritas indicando o que e como tem se mostrado muito eficiente na suplementação dos esforços do instrutor no treinamento do operador. Desenhos pictóricos mostrando o certo e o errado para operações críticas também são de muita utilidade para comunicar o método. Instruções audiovisuais e multimídia são soluções para o problema de treinamento do operadores, principalmente no caso de operações complexas e de ciclo longo.

O princípio da não interferência, acreditando que o operador já sabe, não é adequado. O importante é orientar cada etapa do trabalho, indicando detalhadamente o como fazer. O método deve ser discutido exaustivamente entre operadores, supervisores e engenheiros, até se chegar ao consenso lógico. Nesta discussão, não se deve fazer uso da autoridade. O programa de treinamento deve ser consolidado no local de trabalho, tomando as coisas reais e sem nenhuma abstração da realidade. O estado psicológico do operador deve ser sempre positivo.

Deve-se sempre certificar que o operador compreendeu o trabalho e está capacitado para executá-lo. Operadores experientes podem acompanhar os novatos nas primeiras operações. Os erros e problemas são oportunidades de aprendizado, devendo, pois, ser bem aproveitados na orientação dos operadores. Entretanto, devem ser prevenidos quanto à reincidência.

O trabalho de treinamento do operador é vital, mas muitas indústrias ignoram ou o fazem de forma incompleta ou imperfeita, por entenderem que este já existe informalmente. Se o treinamento não for realizado com eficiência, todo o trabalho anterior é prejudicado, pois não se transmitiu ao operador, que faz o produto continuamente, o entendimento necessário para obter o produto conforme planejado.

Os Procedimentos Operacionais Padrão[4] são documentos que facilitam a introdução do método. Três tipos são indicados:

- Um para os trabalhos de Preparação da Máquina.
- Um para a operação propriamente dita.
- Um para as paradas de máquina.

Estes documentos deverão conter, pelo menos, as etapas críticas do trabalho (o que), as instruções de execução (como) e quando ela será executada (quando). Pode-se utilizar o formato 5W1H nestes documentos.

Estas instruções devem comunicar claramente ao operador quais ações devem ser feitas na preparação da máquina, durante a operação e na situação de máquina parada, por exemplo: inspecionar condições da máquina, uso de equipamentos de segurança, operações críticas, precedência das operações, tratamento de não conformidade, etc.

Nas operações de inspeção, a frequência e o método devem fazer parte deste documento. Entretanto, não deve haver muito texto descritivo e sim desenhos tipo certo/errado das operações críticas.

Devem constar, neste documento, as habilidades e conhecimentos do operador requeridos para a operação.

6.10. Conclusão

De acordo com a abordagem feita neste estudo, algumas características da qualidade críticas do produto foram selecionadas e então foram localizadas as unidades de processo que formam tais características. As unidades de processo de maior peso foram, então, estudadas a fundo. Por meio do estudo de suas funções foi possível extrair itens de controle que levem para montante os pontos de controle, de forma a prevenir problemas durante a produção. Para as unidades críticas de processos, foram estudados os itens de verificação e o método de controle. Desta forma, estamos aplicando o princípio de Pareto e conferindo a máxima alavancagem aos trabalhos para a melhoria da qualidade, ou seja, estamos ajustando as características à meta e tornando sua variabilidade cada vez menor.

O enfoque deste planejamento do controle do processo pelo desdobramento da qualidade é a predição, agindo antecipadamente nos elementos de método, máquina, materiais e mão de obra das unidades críticas de processo e obtendo o controle a montante. Na medida em que se aprofundam os conhecimentos, serão requeridas cada vez menos as inspeções finais no produto. Embora não seja um trabalho elementar, os resultados costumam ser surpreendentes. Este constitui na realidade um dos pilares do sucesso das empresas japonesas frente às demais, sejam americanas, alemãs, etc.

Outro aspecto a analisar é a situação de mercado: O cliente procura comprar produtos que, cumprindo a função desejada (ou utilidade), lhe proporcionem as mínimas perdas (poucas falhas, baixo custo, baixo rejeito, vida longa, etc.). Isto está estreitamente relacionado com a variabilidade das características da qualidade dos produtos e com o nível de domínio dos processos. O presente método trará significativa redução da variabilidade, aumentando, assim, a previsibilidade da qualidade do produto.

Bibliografia Citada

1. CAMPOS, Vicente Falconi. *TQC - Controle da Qualidade Total (No Estilo Japonês)*. INDG Tecnologia e Serviços Ltda., Nova Lima - MG. 2004

2. ISHIWATA, J. *Productivity Through Process Analysis*, Productivity Press, Inc, 1991.

3. TAGUCHI, G. *Introduction to Quality Engineering*, APO, 1988.

4. WERKEMA, M. C. & AGUIAR, Silvio. *Otimização Estatística de Processos*, Vol. 9. Ed. eletrônica, FCO, 1996.

5. CAMPOS, Vicente Falconi. *Gerenciamento da Rotina do Trabalho do dia-a-dia*. INDG Tecnologia e Serviços Ltda., Nova Lima - MG. 2004.

6. OGATA, K. *Engenharia de Controle*, PHB, 1985.

7. MERLI, G. *Comakership - A Nova Estratégia para os Suprimentos*, Qualitymark, 1994.

8. OLIVEIRA, Carlos A. *Product Design of a Heavy Hot - Galvanized Steel Wire, (Taguchi Method) Wire Association*, Interwire, Atlanta, USA, 1993.

9. SCAPIN, Carlos A. *Service Fault-Tree - Analysis; Its use in improving the efficiency of service process*, The International Symposium on Product Quality & Integrity, Seatle, Washington, USA, 2002.

CAPÍTULO 7

ESTABELECIMENTO DO PREÇO, DA COMUNICAÇÃO E DA DISTRIBUIÇÃO

7.1. Introdução

Nos capítulos anteriores foi estudado o método de desenvolvimento do produto e do processo. Até então, estávamos buscando desenvolver a qualidade do produto a baixo custo. Entretanto, o sucesso comercial de um novo produto depende de decisões em relação ao seu preço, à forma em que é comunicado ao mercado e à maneira como será distribuído para se tornar acessível ao consumidor. O presente capítulo mostra resumidamente como estes assuntos devem ser abordados. Este tema é bastante amplo e objeto da área de Planejamento de *Marketing*[5].

Na Tabela 7.1 são mostrados os passos a serem estudados neste capítulo.

Tabela 7.1: Resumo dos Passos para o estabelecimento do Preço, da Comunicação e do Canal de Distribuição.

	O QUE	PORQUE	COMO
	⋮	⋮	⋮
A	Estabelecer o Preço do produto	Para maximizar a rentabilidade do produto	Avaliar o valor percebido pelo cliente e a elasticidade da demanda
	Estabelecer a Comunicação com o cliente	Para promover a venda, divulgar a vantagem do produto e colher *feedback* do cliente	Selecionar veículos de comunicação, tendo em vista a eficiência e o custo
	Estabelecer o Canal de Distribuição	Estabelecer o Canal de Distribuição para disponibilizar o produto ao cliente	Selecionar opções de distribuição que cumpram as funções necessárias a baixo custo

7.2. Plano de Marketing

As etapas de estabelecimento das políticas de preço, de comunicação e de distribuição fazem parte do Planejamento de *Marketing* e são tão importantes quanto as do desenvolvimento do produto. Para a sua elaboração, devemos compreender muito bem o composto de *marketing* que é formado por políticas de preço, comunicação e distribuição. A seguir explicaremos cada uma dessas políticas.

7.3. Política de Preço

Para Enis[7], o preço é o volume de dinheiro cobrado por um produto ou serviço. Conceituando de maneira mais ampla, o preço é a soma dos valores que os consumidores trocam pelo benefício de possuir ou fazer uso de um produto ou serviço. Os preços estabelecem as condições de troca entre o produtor e o consumidor.

A política de preço é um aspecto de *marketing* que tem recebido grande atenção por parte dos estudiosos no assunto. O consumidor não compra produtos, ele compra expectativas de benefícios. Isto é, o objetivo da compra é a satisfação destas expectativas, que são atendidas pela utilidade ou valor que o produto contém. Do ponto de vista do consumidor, o preço representa o sacrifício do poder aquisitivo para obter determinado produto.

De acordo com Gurgel[4], as decisões de preço de uma empresa são afetadas por muitos fatores internos e externos. Os fatores internos incluem os objetivos de *marketing* da empresa. Os fatores externos incluem a natureza do mercado e da demanda, a concorrência e outros fatores ambientais.

7.3.1. Fatores internos

- **Objetivos de *marketing*:** antes de definir seus preços, a empresa deve decidir qual será sua estratégia para o produto. Se a empresa tiver selecionado seu mercado-alvo e seu posicionamento com cuidado, sua estratégia de preços será razoavelmente direta. A estratégia de preços é, em grande parte, determinada pelas decisões anteriores de posicionamento no mercado. Porém, a empresa pode procurar objetivos adicionais. Quanto maior for a clareza de seus objetivos, mais fácil é a definição dos preços. Exemplos de objetivos comuns são: sobrevivência, maximização do lucro atual, maximização da participação no mercado, geração de caixa e liderança em qualidade de produto.

- **Estratégia de composto de *marketing*:** o profissional de *marketing* deve considerar o composto de *marketing* (qualidade do produto, características do canal de distribuição e de propaganda) ao definir os preços dos produtos. O valor que os consumidores estão dispostos a pagar (o preço) pode ser muito ou pouco influenciado pela qualidade do produto. Por exemplo, para produtos como *commodities* os preços são pouco influenciados pela qualidade. Ao contrário, produtos como os de vestuário são muito influenciados pela qualidade. Assim, as decisões sobre preço estão relacionadas com as decisões sobre a qualidade planejada, estudada no Capítulo 2.

- **Custos:** a empresa deve praticar um preço que cubra no mínimo os seus custos variáveis de produção, distribuição e vendas do produto e que, além disto, proporcione um retorno razoável por seu esforço e risco. A apuração do custo unitário total do produto correspondente à soma dos custos variáveis com o rateio dos custos fixos não deve ser utilizada para limitar o preço. Assim, a empresa deve se orientar pela margem de contribuição dos produtos. Esta é obtida tomando a diferença entre o preço líquido de venda e os custos variáveis de produção, distribuição e vendas. Quando a margem é positiva, isto significa que o preço praticado cobre os custos variáveis e contribui para o pagamento dos custos fixos. Os custos variáveis do produto definem um piso para o preço. A empresa deve levar em consideração os preços dos concorrentes e outros fatores externos e internos para descobrir o melhor preço. Se a empresa está sozinha no segmento de mercado, ela não deverá exorbitar o preço do produto, pois, assim estaria estimulando novos entrantes para o mercado.

O método mais simples de definição de preços é o *markup*, ou seja, adicionar um valor padrão ao custo do produto. Os *markups* variam consideravelmente de um bem para o outro.

- **Considerações organizacionais:** a empresa deve decidir quem será a pessoa que, dentro da organização, irá definir os preços. Nas pequenas empresas, os preços são definidos pela alta administração, já nas grandes empresas os preços são controlados pelos gerentes de divisão ou de linha de produto.

7.3.2. Fatores externos

- **O mercado e a demanda:** os custos variáveis definem o limite inferior dos preços, ao passo que o mercado e a demanda definem o limite superior. Os consumidores consideram o preço de um produto ou serviço em relação aos benefícios proporcionados por sua aquisição. Quando os consumidores compram um produto, eles trocam dinheiro (o preço) pelos benefícios de possuir ou utilizar o produto. Quando o consumidor se encontra perante uma escolha de compra entre várias opções, é feita uma comparação de como cada opção atende às suas necessidades.

Um preço efetivo, orientado para o consumidor, envolve a compreensão de quanto valor os consumidores conferem aos benefícios que recebem do produto e, com base nisso, é estabelecido um preço que se ajuste a esse valor. Um crescente número de empresas vem baseando seus preços no valor percebido do produto. Preços baseados no valor percebido utilizam a percepção que os consumidores têm do valor do produto. No Capítulo 2, item 2.3.6, foi feito o estudo por meio de entrevista com os clientes para estabelecer o posicionamento do produto. Esta pesquisa deve ser utilizada como uma informação valiosa no estabelecimento do preço. A Tabela 7.1 mostra, tomando como exemplo um apartamento, como o valor do produto da empresa e dos produtos dos concorrentes são percebidos pelo cliente, tendo em vista a importância de suas necessidades. A soma dos produtos da importância de cada necessidade pela avaliação de quão bem ela é atendida nos possibilita calcular um índice que tem alta correlação com o valor que o cliente atribui aos produtos. Assim, na coluna Nós da Tabela 5.1, a avaliação é feita somando 3x3 + 3x4 + 4x5 + ... 3x2 = 244. Então, 244 corresponde à avaliação do valor do produto da empresa, o segundo colocado teve uma avaliação de 195. Em termos percentuais, esta diferença significa que o produto do concorrente A tem 20% a menos de valor do que o nosso produto. O preço do produto da empresa deve então ser estabelecido levando em consideração estas avaliações. Veja Tabela 7.2.

Tabela 7.2: Avaliação do Valor Percebido pelo Cliente.

Necessidades dos Clientes		Importância	Avaliação Competitiva			
1º Nível	2º Nível		Nós	Conc. A	Conc. B	Conc. C
Conforto	Possibilita uso simultâneo das instalações	3	3	3	2	2
	Ambiente com bom isolamento acústico	3	4	3	3	3
	Ambiente bem ventilado	4	5	5	4	4
	Boa luminosidade	3	4	3	3	4
	Conforto ao banhar-se	4	3	2	2	3
Comodidade	Opção uso elétro-eletrônico qq. Ambiente	4	4	3	2	2
	Comodidade das instalações	4	4	4	3	3
	Facilidade de comunicação entre ambientes	4	4	4	4	2
Viabilidade	Possibilidade de mudar a especificação	5	5	3	3	2
	Possibilidade de mudar o *layout*	5	5	3	3	2
	Possibilidade de acomodar diversos veículos	5	3	2	2	2
	Espaço para utensílios e ferramentas	2	4	3	2	3
	Possibilidade de acomodar + de 1 funcionário	3	2	2	3	2
Privacidade	Privacidade externa	4	3	3	2	2
	Privacidade interna	4	3	3	2	1
Segurança	Segurança externa	5	4	2	1	1
	Segurança interna	4	3	1	1	2
	Risco de acidente	3	2	2	4	3
Soma da Importância x Avaliação Competitiva			244	195	175	159
Variação Percentual			100	80	72	65

- **Ofertas e preços do concorrente:** os preços dos concorrentes e suas possíveis reações afetam as decisões sobre o preço do produto ou serviço. A empresa deve monitorar o preço e a qualidade da oferta de cada concorrente.

- **Elasticidade da demanda:** a empresa deve conhecer como a demanda reage em relação à variação de preço. A elasticidade é medida dividindo a variação percentual da quantidade demandada pela percentagem de variação de preço. Como normalmente os custos também são afetados pela quantidade produzida, o preço deve levar em consideração a elasticidade da demanda e a variação do custo. A empresa deve procurar estabelecer o preço que possibilite maximizar a lucratividade do produto e não o seu faturamento. Para isto é recomendável criar um modelo matemático. Se a empresa, por meio de regressão estatística, pode estimar a função da demanda, e por meio do sistema de custos pode determinar a função do custo total da produção de um produto, o modelo matemático para a determinação do preço não apresenta dificuldades.

Suponhamos que a função demanda, a obter por meio de um estudo de regressão, seja:

$Q_v = Q_m - b \cdot P$, em que

Q_v é a quantidade vendida por período.

Q_m é o volume total que a empresa pode produzir ou a participação máxima de mercado (*Market Share*).

b é o coeficiente de regressão determinado estatisticamente.

P é o preço unitário a ser determinado para maximizar o lucro.

Esta equação exprime a lei de procura e oferta, ou seja, preços mais altos implicam menores demandas.

A função custo descreve o custo total C de produzir a quantidade vendida Q_v por período. No caso mais simples, esta função é descrita pela equação linear:

$C = F + C_v \cdot Q_v$,

em que F é o custo fixo total e C_v o custo variável unitário do produto.

A receita total será igual ao preço unitário multiplicado pela quantidade vendida.

$R = P \cdot Q_v$

A margem de lucro L é a diferença entre a receita total R e o custo total C.

L = R - C

Substituindo R e C pelas suas fórmulas temos:

L = P . Qv - (F + Cv . Qv) e substituindo Qv pela sua fórmula e racionalizando, teremos:

L = (Qm + b . Cv) . P - b P² - (F + Qm . Cv) [1]

Derivando esta equação em relação a P e igualando a 0, temos o valor P que leva ao lucro máximo:

Pmax = (Qm + b. Cv) / 2b

O valor do lucro máximo pode ser obtido substituindo Pmax na equação[1].

Outros fatores externos: a empresa deve considerar qual impacto o ambiente terá sobre os seus preços. Por exemplo, condições econômicas podem ter um forte impacto nos resultados da estratégia de preços da empresa. Fatores como inflação, período de crescimento, recessão e taxas de juros afetam decisões sobre o preço porque afetam tanto os custos de produção de um produto quanto a percepção do cliente.

Desta forma, o estabelecimento do preço do produto é uma decisão muito importante. As experiências passadas e os fatores tratados acima devem ser considerados. É recomendável que esta decisão seja tomada em equipe. A Figura 7.1 mostra como os estudos devem ser concatenados para o estabelecimento do preço. Uma vez estabelecido o preço de um produto, os preços da concorrência devem ser monitorados a fim de possibilitar ajustes que normalmente são necessários devido às características dinâmicas do mercado.

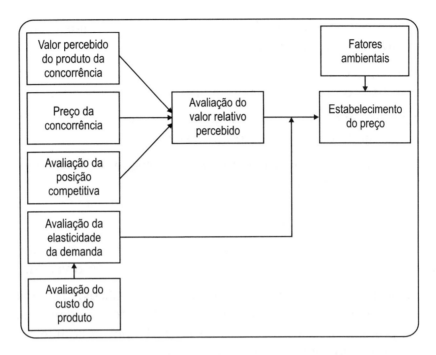

Figura 7.1: Esquema Básico para o Estabelecimento do Preço.

7.4. Política de Comunicação

Segundo Oliveira[5], o conceito de comunicação em *marketing* é:

"*Comunicação é o processo interativo e de entendimento, assimilação e operacionalização de uma mensagem entre o emissor e o receptor por um canal em determinado momento e visando a um objetivo específico*".

O *marketing* moderno exige o desenvolvimento de bons produtos, o estabelecimento correto do preço, a colocação eficaz à disposição do mercado-alvo e também a comunicação eficiente com os clientes.

Os aspectos do produto que devem ser enfatizados na política de comunicação podem ser identificados a partir da avaliação da posição competitiva, analisada no Capítulo 3. As necessidades dos clientes importantes que a empresa pode atender melhor do que a concorrência devem ser reforçadas na política de comunicação da empresa.

De acordo com Kotler[1], o programa total de comunicações de *marketing* de uma empresa é chamado de seu composto de promoção, que consiste na combinação específica de propaganda, promoção de vendas, relações públicas e venda pessoal que a empresa utiliza para perseguir seus objetivos de propaganda e *marketing*. As quatro ferramentas promocionais mais importantes estão definidas abaixo:

- Propaganda: qualquer forma de apresentação impessoal para promoção de ideias, bens ou serviços por um patrocinador identificado.

- Promoção de venda: incentivos de curto prazo com o fim de encorajar a compra ou venda de um produto ou serviço.

- Relações públicas: desenvolvimento de boas relações com os vários públicos da empresa pela obtenção de publicidade favorável, construção de uma "imagem corporativa" e o manuseio ou afastamento de rumores, histórias ou eventos desfavoráveis.

- Venda pessoal: apresentação oral em uma conversação com um ou mais compradores em potencial, com o propósito de realizar a venda.

Dentro destas categorias existem ferramentas específicas, tais como apresentação de vendas, propaganda especializada, feiras, demonstrações, catálogos, prêmios, cupons e cartões de troca. Porém, a comunicação vai além das ferramentas específicas de promoção.

O estilo do produto, a forma, a cor da embalagem e as lojas que o vendem, tudo isso comunica algo aos compradores. Porém, embora o composto de promoção seja a atividade primária de comunicação da empresa, todo o composto de *marketing* (promoção, produto, preço e canal de distribuição) deve ser coordenado com o objetivo de obter o maior impacto de comunicações.

É importante que o gerente de produto entenda como a comunicação funciona. Ela envolve nove elementos, de acordo com Kotler[1]:

- Emissor: a parte que emite a mensagem para a outra parte.

- Codificação: o processo de transformar o pensamento em forma simbólica.

- Mensagem: o conjunto de símbolos que o emissor transmite.

- Meio: os veículos de comunicação por meio dos quais a mensagem passa do emissor até o receptor.

- Decodificação: o processo pelo qual o receptor confere significado aos símbolos transmitidos pelo emissor.

- Receptor: a parte que recebe a mensagem emitida pela outra parte.

- Resposta: o conjunto de reações do receptor após ter sido exposto à mensagem.

- *Feedback*: parte da resposta do receptor que retorna ao emissor.
- Ruído: distorção não planejada, durante o processo de comunicação, que resulta na obtenção de uma mensagem que chega ao receptor de forma diferente da que foi emitida pelo emissor.

Para a comunicação de um produto deve-se identificar o seu público-alvo. O público-alvo é constituído de compradores potenciais dos produtos da empresa, usuários atuais e influenciadores. Pode ser composto de indivíduos, grupos, particulares, ou o público em geral.

Este modelo aponta os fatores mais importantes para conseguir alcançar a comunicação eficaz. Os emissores devem saber qual audiência desejam alcançar e quais respostas desejam. Eles devem ser capazes de codificar mensagens que provoquem uma resposta de compra do público-alvo. A mensagem deve ser enviada por meio de veículos que alcancem o público-alvo, devendo também ser desenvolvidos os veículos de *feedback* para que possam ter acesso à resposta do receptor da mensagem.

Após a definição da resposta desejada por parte do público, o comunicador passa então a desenvolver uma mensagem eficaz. Esta deverá ser capaz de Atrair a atenção dos consumidores, manter Interesse, suscitar Desejo e induzir à Ação (modelo AIDA).

Para a criação da mensagem, o comunicador deve elaborá-la imaginando um apelo ou um tema que produza a resposta desejada. Esses apelos podem ser racionais, emocionais ou morais:

- Apelos racionais: apelam para o autointeresse do público.
- Apelos emocionais: tentam gerar emoções positivas ou negativas que possam motivar a compra.
- Apelos morais: são direcionados para o senso que o público-alvo tem do que é correto e apropriado.

Depois de identificado o público-alvo, determinado o objetivo da comunicação e planejada a mensagem que será transmitida, devem-se escolher os veículos de comunicação, os quais podem ser pessoais ou impessoais.

Nos veículos de comunicação pessoal, duas ou mais pessoas se comunicam diretamente entre si. Eles podem se comunicar face-a-face, pessoa para o público, por telefone, por internet ou mesmo pelo correio. As empresas podem adotar várias medidas para colocar os veículos de comunicação pessoais em funcionamento. Elas podem devotar esforços extras à venda de seus produtos para pessoas ou empresas bem conhecidas, podem criar líderes de opinião, fornecendo o produto a certas pessoas em condições atrativas, e podem desenvolver propagandas utilizando pessoas influentes. A empresa deve controlar as comunicações verbais e descobrir o que os consumidores estão dizendo a outras pessoas, tomando ações apropriadas para atingir as metas estabelecidas.

Nos veículos de comunicação impessoais, as mensagens são transmitidas sem contato ou interação pessoal. Eles incluem a mídia, atmosferas e eventos. A mídia é composta pela imprensa (jornais, revistas, mala direta), a mídia eletrônica (rádio, televisão, internet) e a mídia visual (cartazes, *outdoors, posters*). As atmosferas são ambientes projetados que criam ou reforçam as inclinações do comprador em favor de um produto. Os eventos são ocorrências como entrevistas coletivas e grandes inaugurações, projetadas para comunicar mensagens para o público-alvo.

As mensagens devem ser transmitidas por meio de fontes confiáveis, com alto grau de credibilidade, para que elas se tornem mais persuasivas. Após enviar as mensagens, a empresa deve descobrir seu efeito no público-alvo. Isto envolve descobrir se o público recebeu a mensagem, quantas vezes ele a viu, de quais pontos ele se lembra, como ele se sentiu a respeito da mensagem e quais as atitudes acerca do produto.

Cada veículo de comunicação tem características e custos distintos. Os profissionais de *marketing* devem compreender os custos e benefícios para estabelecer o orçamento de comunicação.

Uma decisão importante dos profissionais de marketing é a seleção dos veículos de mídia a serem utilizados num plano de propaganda. A *Advertising Research Foundation* sugere seis critérios para orientar a seleção:

a) A distribuição da mídia: a circulação, ou seja, o número de jornais, revistas, de aparelhos de televisão ou rádio disponíveis para realizar a propaganda.

b) A audiência da mídia: o número de pessoas do Público-Alvo expostas à mídia, por exemplo: o número de telespectadores deste público de um determinado programa de televisão.

c) A audiência da propaganda: as pessoas expostas à propaganda específica no veículo de mídia. Isto depende de aspectos criativos da propaganda e em geral ela é menor do que a audiência da mídia.

d) Percepção da propaganda: o número de pessoas que percebem a propaganda em questão. Isto depende da qualidade da propaganda e do tipo de produto anunciado.

e) Absorção da propaganda: o número de pessoas que se lembram de aspectos específicos da propaganda.

f) Resposta de vendas: o número de pessoas que tomam a decisão de compra em função da propaganda.

Todos estes fatores devem ser prospectados para orientar a decisão quanto à escolha do veículo de comunicação e para monitorar o plano de propaganda. O lucro adicionado pela propaganda deve ser maior do que seu custo, a longo prazo.

Feito o planejamento de comunicação, a empresa deve alocar os recursos e acompanhar os resultados planejados.

7.5. Política de Distribuição

Um canal de distribuição é um grupo de organizações interdependentes envolvido no processo de tornar um produto ou serviço disponível para o uso ou consumo. A maior parte dos fabricantes utiliza intermediários para levar seus bens até o mercado. A administração da distribuição envolve a coordenação de relacionamentos verticais entre as organizações que fazem parte do canal.

Para Kotler[1], as decisões de canal, como todas as que se referem a *marketing*, são regidas por objetivos e recursos da organização. Na administração das atividades de canal, usualmente são consideradas duas categorias gerais de objetivo: compensações econômicas e poder.

Um dos objetivos econômicos mais importantes é a minimização dos custos. Se outros fatores forem iguais, o administrador de marketing se esforçará para entregar os fluxos de produto físico ao comprador pelo menor custo possível. Muitas vezes, esse critério é a orientação básica para decisão do canal, particularmente para as organizações que não têm fins lucrativos, como hospitais e escolas.

Porém, as decisões do canal não são tomadas inteiramente com base na análise econômica racional. A maioria dessas decisões é influenciada, até certo ponto, por fatores que não se traduzem facilmente em termos econômicos. Geralmente estas considerações relacionam-se à capacidade do membro individual do canal de influenciar suas próprias ações e as de outros membros, isto é, relacionam-se a considerações de poder.

O uso de intermediários se justifica por sua maior eficiência em colocar os bens à disposição dos segmentos-alvos. Por meio de seus contatos, experiência, especialização e escala de operação, os intermediários normalmente oferecem à empresa mais do que ela poderia conseguir por si própria. Particularmente o volume de venda é muito influenciado pelo canal de distribuição. Nos canais de distribuição, os intermediários compram grandes quantidades de produtos dos fabricantes e as dividem em pequenas quantidades adequadas aos clientes. Assim, os intermediários têm papel importante na adaptação entre o fornecimento e a demanda.

Segundo Kotler[1], um canal de distribuição faz a ligação do produtor com o consumidor. Seus membros executam muitas funções:

- Informação: coletar e distribuir informações proporcionadas pela pesquisa de *marketing* sobre os consumidores atuais e potenciais que atuam no mercado.

- Promoção: desenvolver e distribuir comunicações persuasivas sobre uma oferta.

- Contato: descobrir e comunicar-se com os compradores em potencial.

- Adaptação: modelar e adaptar a oferta às necessidades do comprador, inclusive atividades tais como entrega, montagem, embalagem e orientações de uso.

- Negociação: elaborar acordos sobre preços e outras condições da oferta, de modo que a propriedade ou posse possa ser transferida.

- Posse física: transportar e armazenar os bens.

- Financiamento: adquirir e alocar recursos requeridos para financiar os níveis de estoque do canal.

- Risco: assumir os riscos de executar o trabalho do canal.

7.5.1. Análise dos canais de distribuição

Os canais de distribuição podem ser classificados por meio do número de níveis. Cada camada de intermediários que executa alguma tarefa para aproximar os produtos do comprador final é um nível do canal.

O canal de nível um não tem níveis intermediários. Ele consiste num fabricante que vende diretamente para os clientes. O canal de nível dois contém um intermediário, o de nível três contém dois intermediários e assim sucessivamente. Do ponto de vista do produtor, um número maior de níveis significa menor controle.

Um canal de *marketing* consiste em empresas diferentes que se reúnem para um objetivo comum. Cada membro do canal tem um papel e se especializa em desempenhar uma ou mais funções.

Algumas vezes, a cooperação para atingir objetivos gerais do canal significa abandonar certos objetivos individuais da empresa. Embora os membros do canal dependam uns dos outros, frequentemente eles agem sozinhos, perseguindo seus principais interesses de curto prazo.

O objetivo do canal é influenciado pela natureza de seus produtos, políticas da empresa, intermediários, concorrentes e pelo ambiente. Depois que a empresa definiu seus objetivos de canal, ela deve identificar suas principais opções em termos de tipo, número de intermediários e responsabilidades.

Projetar um sistema de canais exige analisar as funções de que o consumidor necessita, definir os objetivos e restrições do canal, identificar e avaliar as principais opções para o canal.

Esta análise de opção de canal pode ser feita por meio de uma matriz, cruzando as funções necessárias e as opções de canal. A Figura 7.2 mostra como este cruzamento poderia ser feito. Nas linhas da matriz estão as funções requeridas para a operação do canal. Nas colunas são geradas as opções de canal a partir de ofertas. As funções recebem um peso de importância tendo em vista as estratégias de *marketing* da empresa. Para cada canal são estimados os custos totais de distribuição, indicados no rodapé da matriz. O volume de venda normalmente é afetado pelo canal. A matriz é calculada como explicado no Capítulo 2. A coluna referente à opção de canal de nível 1, por exemplo, corresponde à distribuição sem intermediários. É calculada somando o produto da importância pelo nível de atendimento da alternativa ($3 \times 9 + 3 \times 1 + 4 \times 9 + \ldots + 3 \times 3 = 180$). No rodapé da matriz foi calculada a Margem Bruta de cada opção. A Margem Bruta é calculada multiplicando o volume de venda pela Margem de Contribuição Unitária. A Margem de Contribuição Unitária é a diferença entre o preço líquido de venda (digamos R$500,00) e os custos diretos unitários totais. Os custos diretos unitários totais são a soma dos custos unitário de produção (digamos R$200,00) e do custo unitário de distribuição (variável de acordo com a alternativa).

Para a primeira opção teremos:

Margem Bruta = Volume de Venda x (Preço - (custo de produção + custo de distribuição) = 105 x (500 - (200+110) = R$19.950,00.

Para a seleção da opção, pode-se orientar pelo produto do Grau de Atendimento da Função pela Margem Bruta. Assim, a melhor opção é a assinalada com um x.

Necessidades dos Clientes		Importância	Opções de Canal			
			Nível 1	Nível 2		
1º Nível	2º Nível		Nós	Alt. A	Alt. B	Alt. C
Transporte	Transferência	3	◉	△		△
	Transporte intermodal	3	△	◉	○	○
	Monitoramento/segurança da carga	4	◉	◉	○	○
	Tracking da carga	3	△	△	△	△
	Entrega no ponto de venda	4	○		○	○
Armazenagem	Controle de estoque (*tracking* e codificação)	4		◉	○	○
	Distribuição urbana	4	○	△		◉
	Conservação e integridade	4		△	○	◉
Contato	Representação	5	○	○		△
	Coletar informações da assistência técnica	5	◉	○	△	○
	Tangibilidade	5		△	◉	○
	Informar o uso correto	2	◉	○	◉	○
	Colher sugestões de melhoria	3	○		△	◉
Grau de atendimento à função			180	161	143	191
Custo unitário da operação de distribuição			110	85	77	80
Volume de venda			105	90	150	140
Margem bruta			19950	19350	33450	30800
Seleção de opções						X

◉	9	Atende bem
○	3	Atende
△	1	Atende mal
	0	Não atende

Figura 7.2: Seleção de canal por meio da função e custo.

Uma vez que a empresa tenha estudado suas opções e decidido pelo melhor projeto de canal, ela deve implementar e gerenciar o canal escolhido. O gerenciamento de um canal exige o planejamento de suas operações, a execução deste plano, a avaliação de seu desempenho e a realização de ações corretivas necessárias ao longo do tempo, rodando sempre o PDCA.

Após concluída esta fase, estamos prontos para estudar a distribuição física, que define como as empresas armazenam, manuseiam e transportam produtos para que estes estejam disponíveis para os clientes no momento certo, na quantidade e no lugar certo.

A distribuição física envolve o planejamento, a implementação e o controle do fluxo físico de materiais e produtos finais de seus pontos de origem para os pontos de utilização, de modo a satisfazer as necessidades dos clientes e gerar lucro.

O principal custo da distribuição física é o transporte, seguido pelo armazenamento, controle de estoque e processo de recebimento de pedidos. As empresas podem atrair um maior número de clientes oferecendo os melhores serviços ou preços mais baixos, o que pode ser obtido por meio de uma melhor distribuição física.

Para projetar um sistema de distribuição física, deve-se estudar o que os clientes desejam e o que os concorrentes estão oferecendo, minimizando os custos para atingir esses objetivos.

A empresa deve estipular os seus níveis de estoque, pois o custo de manter estoque é muito elevado. Logo após, deve decidir sobre a escolha ideal do meio de transporte, que é a última etapa do processo de distribuição. Essa escolha afeta o estabelecimento do preço dos produtos, o desempenho da entrega e a condição dos produtos ao chegarem ao destino.

7.5.2. Logística de transporte

As empresas podem escolher entre cinco formas de transporte ou suas combinações.

1) Ferrovia: este é um dos meios de mais baixos custos, ideal para o deslocamento de grandes quantidades de produtos a granel, a grandes distâncias.

2) Rodoviário: são eficientes para lidar com cargas pequenas e de alto valor. Em muitos casos suas tarifas concorrem com as tarifas das ferrovias, e usualmente os caminhões oferecem serviços mais rápidos.

3) Marítimo/fluvial: o custo é muito baixo para produtos a granel, de baixo valor e não perecíveis.

4) Dutos: são uma forma especializada de transportar petróleo, minérios, gás, carvão e produtos químicos. Têm custos inferiores ao transporte por ferrovia, mas maiores que os do transporte fluvial/marítimo.

5) Aéreo: possui custos mais elevados e é o tipo de transporte ideal quando a velocidade é um fator essencial ou os destinatários são mercados distantes.

A especialidade que cuida deste assunto é a logística. Métodos de Pesquisa Operacional e de Engenharia Industrial são muito utilizados para o planejamento do canal de distribuição.

As decisões de canal estão entre as mais complexas e desafiadoras que as empresas enfrentam. Cada opção de canal gera um nível diferente de vendas e de custos. Assim que um canal específico é escolhido, a empresa geralmente deve adotá-lo por um período de tempo considerável. Cada opção de canal deve ser avaliada conforme critérios econômicos, de nível de controle e de adaptação. O canal escolhido afeta profundamente e é afetado por outros elementos do composto de *marketing*.

Os intermediários são usados quando são capazes de desempenhar, mais eficientemente, as funções de canal do que os fabricantes. As funções e fluxos de canal mais importantes são: informações, promoção, negociação, pedido, financiamento, risco, posse física, pagamento e propriedade. Devem ser desenvolvidos no canal um sentimento de parceria e um programa de distribuição dos resultados. A Figura 7.3 mostra esquematicamente o processo de estabelecimento do canal de distribuição e a interdependência com o preço e a comunicação.

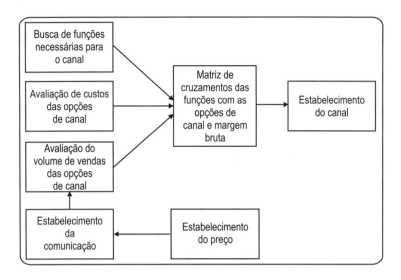

Figura 7.3: Esquema para o estabelecimento do Canal de Distribuição.

7.6. Conclusão

O mercado é dinâmico, novos concorrentes estão entrando, produtos substitutivos estão sendo lançados, os próprios produtos do mercado podem ser inovados ou são relançados com melhor qualidade ou com novas funções. Por causa de ocorrências deste tipo, a empresa deve monitorar o mercado acompanhando algumas variáveis-chaves. Tais variáveis devem ser identificadas e pesquisadas ou medidas. Podem ser provenientes do ambiente, da concorrência, do mercado ou da tecnologia, e seu conhecimento ajuda a empresa a gerenciar as mudanças nas políticas de preço, de comunicação, de canal de distribuição ou de inovação de produto. Geralmente o monitoramento destas varáveis é possível por meio de dados secundários, outras vezes é requerida a pesquisa com dados primários ou no canal de distribuição.

Como exemplo, o preço no ponto de venda e a participação relativa de mercado são variáveis que devem permanentemente ser acompanhadas para orientar a empresa quanto ao estabelecimento da política de preços e para todo o Planejamento de *Marketing*.

No desenvolvimento de um produto, a empresa deve cuidar de vários aspectos importantes para que o produto seja um sucesso de produção e de comercialização. Pequenas diferenças na qualidade ou na política de *Marketing* fazem enormes diferenças nos resultados financeiros.

Bibliografia Citada

1. KOTLER, Philip. *Administração de Marketing*. Atlas.

2. CLELAND, A. & BRUNO, A. *The Market Value Process*. Jossey-bass Publishers.

3. COBRA, Marcos. *Plano Estratégico de Marketing*. São Paulo. Atlas.

4. GURGEL, Floriano C. A. *Administração do Produto*. 2ª Edição. São Paulo. Atlas.

5. OLIVEIRA, Djalma de Pinho Rebouças. *Excelência na Administração Estratégica*. São Paulo. Atlas.

6. ACKOFF, Russel L. *Planejamento Empresarial*. São Paulo: Livros Técnicos e Científicos.

7. ENIS, Ben. *Princípios de Marketing*. São Paulo. Atlas.

APÊNDICE I

USO DO MÉTODO TAGUCHI PARA ESPECIFICAR ITEM DE CONTROLE E SUA TOLERÂNCIA

1. Introdução

Serão introduzidos nesta parte os conceitos da Função Perda de Qualidade proposta pelo Prof. Genichi Taguchi[3] e alguns exemplos de projeto de experimentos, que ajudarão muito na decisão de especificação dos valores-metas de características e no estabelecimento de suas tolerâncias, orientando, assim, o controle ou os planos de inspeção.

2. Conceito de Função Perda de Qualidade de Taguchi

Segundo Taguchi, para cada característica do produto existe um valor-meta a ser atingido, e os produtos que apresentam a referida característica de qualidade devem ser ajustados à meta, desta forma influem nas mínimas perdas para a sociedade (fabricante e consumidor). Na medida em que o valor da característica se afasta desta meta, começam a ocorrer perdas econômicas.

Taguchi estudou este assunto e propôs uma equação que calcula estas perdas econômicas, decompondo-as por meio de aproximação obtida por série de Taylor, em função do valor meta (m).

A função perda de Qualidade de Taguchi é:

$$L(y) = k(y-m)^2$$

$L(y)$ = Perda em R$ por unidade de produto, quando a característica de qualidade é igual a y.

y = O valor da característica de qualidade, por exemplo, pressão, largura, concentração, nível de desgaste, etc.

m = o valor meta de y.

k = uma constante de proporcionalidade. Como será visto abaixo, k depende da importância econômica da característica de qualidade. Se y for, por exemplo, a dimensão crítica de um componente de reator atômico, então k terá um valor bastante grande.

Taguchi reconhece que a qualidade é uma função contínua e não como sugerido nas especificações, em que só ocorrem perdas quando a característica se apresenta fora dos limites de especificação (os produtos dentro da especificação seriam igualmente bons!). Fato que também nem sempre ocorre quando as especificações não são definidas com base em ensaios de durabilidade e de desempenho. Definindo-se, na fase do projeto, o B-50 do produto (nível do ciclo de vida do produto em que 50% dos produtos continuam operando normalmente, dentro das condições de uso e de manutenabilidade previamente definidas pelo projeto).

Na medida em que o valor da característica se afasta da meta, a perda, segundo Taguchi, não é mais mínima.

Alguns comentários sobre a fórmula acima devem ser feitos:

- L(y) é mínimo quando y = m.
- L(y) aumenta quando o valor da característica se desvia de m. O valor de L(y) aumenta vagarosamente quando ainda está perto de m e começa a aumentar rapidamente quando y fica mais longe de m.
- L(y) é expresso em unidade monetária.

O valor-meta m pode requerer estudos estatísticos e projeto de experimento. Esta metodologia, embora citada em diversos pontos neste capítulo, não será demonstrada aqui quanto ao metodo próprio de utilização. Entretanto, serão apresentados resultados obtidos com seu emprego. Iremos demonstrar nesta fase casos mais simples em que m é conhecido ou pode ser estimado. Estudaremos as tolerâncias econômicas para as características finais do produto e dos itens de controle de um processo.

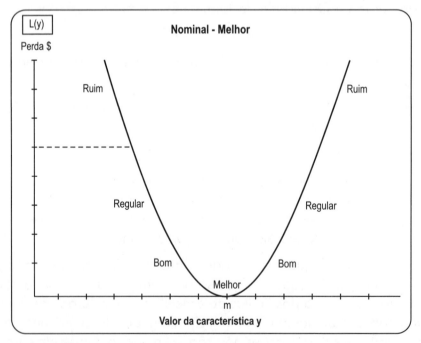

Figura A1.1: Exemplo de função perda Nominal-Melhor.

2.1 Tipos de Características de Qualidade

As características de Qualidade podem ser classificadas nos seguintes tipos:

- Mensuráveis (resistência, voltagem, dureza, etc.).
- De atributos (cor, estrutura de materiais, tipo de desoxidação de um aço, etc.).
- Dinâmicas (como as características de qualidade que definem a forma de atuação do câmbio de um carro automático. Neste caso, as mudanças são efetuadas dinamicamente, dependendo da velocidade e do torque).

A função perda de Qualidade L(y) se refere às características mensuráveis (embora muitas características de atributo possam ser transformadas em características mensuráveis em uma escala contínua).

Existem três tipos de características mensuráveis:

- Característica Nominal-Melhor: São características que possuem um valor-meta específico, tais como: dimensões, bitola, viscosidade, pressão de um pneu, etc.

Neste caso a função Perda de Qualidade é :

$L(y) = k(y - m)^2$ para um produto, ou

$L(y) = k\, 1/n \sum (Y_i - m)^2 = k\{\sigma^2 + (y - m)^2\}$ para um lote de n produtos.

yi é o valor da característica de cada produto e y é o valor médio da característica de n produtos. Note que tanto a variância (σ^2) quanto o afastamento da meta $(y - m)^2$ têm o mesmo peso na perda econômica. Esta igualdade é obtida pelo desenvolvimento da somatória $1/n \sum (Y_i - m)^2$.

- Característica Menor-Melhor: O valor-meta (m) destas características é zero, como por exemplo, contaminantes de matérias-primas, umidade do carvão, inclusões nos aços, etc.

Neste caso a função Perda de Qualidade é :

$L(y) = k.y^2$ para um produto, ou

$L(y) = k\, 1/n \sum y_i^2$ para um lote de n produtos.

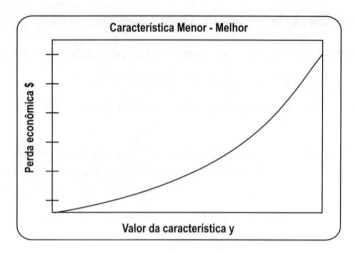

Figura A1.2: Função perda para característica Menor-Melhor.

- Características Maior-Melhor: O valor-meta é infinito, como por exemplo: vida, resistência, poder calorífico, etc.

    Neste caso a função Perda de Qualidade é:

    $L(y) = k\,(1/y^2)$ para um produto, ou

    $L(y) = k\,1/n \sum (1/y_i^2)$ para um lote de n produtos.

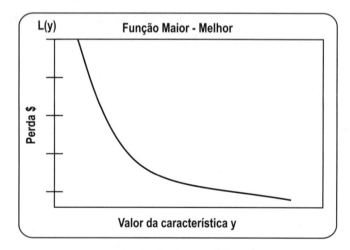

Figura A1.3: Função perda para característica Maior-Melhor.

3. Comentário sobre o valor-meta da Característica de Qualidade

Tratando-se de característica Nominal-Melhor, o valor-meta m pode ser desconhecido e sua determinação pode requerer experimentos (testes de desempenho, *burn-in*, etc.) ou estudos estatísticos (teste de vida acelerado, entre outros). Normalmente para produtos existentes este valor pode ser aproximado pelo ponto médio da especificação do cliente ou de normas do produto. Entretanto, é recomendável ter uma aproximação com os clientes, no sentido de identificação das características significativas, lineares e óbvias (QFD), de forma que se possa estabelecer o valor-meta. Muitas vezes podem-se obter, dos clientes, dados referentes a diversos cenários de utilização de produtos similares, seja em termos de funções, seja em termos de falhas apresentadas durante seu uso operacional. Por meio destas análises podemos obter os valores de desempenho do produto para várias características, que constituem um rico arquivo para estudos estatísticos.

⇨ Exemplo de uso da função Perda de qualidade

Para qualquer característica do produto podemos encontrar tolerâncias para as quais 50% dos clientes dirão que o produto não funciona bem quando a característica se encontra fora destes limites (LD 50). Isto se deve ao fato de que os clientes têm expectativas de desempenho do produto diferentes entre si e, portanto, tendo como base estratégica a definição dos clientes-alvos, temos que definir os valores das tolerâncias.

Como exemplo, vamos estudar o valor da voltagem para fonte de potência de um televisor colorido, em que a voltagem-meta seria 115 volts (m = 115 v). Quando esta voltagem está fora da tolerância especificada, digamos 115 ± 20, o televisor deixa de funcionar e o custo de reparar ou de substituir a fonte é, em média, de R$ 100,00. Isto ocorre quando y está fora da faixa citada e representa um custo médio por televisor vendido (custo de garantia).

A função Perda de qualidade seria calculada da seguinte forma:

$L(y) = R\$ 100,00$ quando y for 95 ou 135 volts.

Tolerância do consumidor $D_o = \pm 20$ V

Então temos:

$L(y) = k(y - m)^2$

$(y - m) = 95 - 115$ ou $135 - 115$

$(y - m)^2 = 20^2 = 400$

Aplicando a equação acima, teremos:

$100 = k \cdot (20)^2$, onde $k = \$0,25/\text{volt}^2$

A função Perda de Qualidade seria então:

$L(y) = 0,25 (y-115)^2$, para qualquer valor de y[1]

Suponhamos que, por uma variabilidade do processo produtivo, um televisor foi fabricado com uma fonte que atua somente com 110 volts. A perda esperada que este defeito irá provocar será:

$L(y) = 0,25 (110-115)^2 = R\$6,25$

Este valor representa a média que está sendo paga pela sociedade. Isto significa uma perda que a sociedade (abordagem de Taguchi) de uma maneira geral irá pagar devido à qualidade inadequada do produto quanto a esta característica.

Com o tempo, isto fica aparente para o fabricante por meio de:

• Insatisfação dos clientes.

• Acréscimo de custos de garantia.

• Alto custo e longo tempo para reparar.

• Reputação prejudicada.

• Perdas a longo prazo do *Market Share*, etc.

4. Determinação da Tolerância usando a Função Perda de Qualidade

Exemplo de cálculo da tolerância de fabricação a partir do conhecimento da função Perda de Qualidade.

Conhecendo a função perda e a tolerância do uso operacional, podemos calcular a tolerância de fabricação.

Suponhamos que a voltagem da referida fonte possa ser calibrada no final da linha de montagem a um custo de R$2,00 por televisor produzido. Qual é a tolerância de fabricação? Ou, em outras palavras, para quais voltagens medidas na linha de montagem o fabricante deve gastar estes R$2,00 para calibração?

Esta especificação pode ser obtida substituindo, na fórmula[1], a Função Perda L(y) por R$2,00.

$L(y) = 0{,}25(y-m)^2$

$2{,}00 = 0{,}25(y-115)^2$

$y = 115 \pm 2{,}83$ ou aprox.

$y = 115 \pm 3$.

Então a tolerância de fabricação $D = \pm 3$

Sempre que y está dentro da faixa 115 ±3 o fabricante não deve gastar R$2,00 em retrabalho porque o custo do consumidor seria menor que este valor. Esta tolerância de fabricação representa um ponto de equilíbrio entre produtor e consumidor. Se a fábrica expedir um produto com voltagem de 110V, por exemplo, o consumidor irá pagar R$6,25 (em média) e a fábrica economizaria apenas R$2,00 por não realizar o retrabalho de calibração.

Naturalmente, se a calibração fosse mais cara, a tolerância de fabricação seria mais larga. Portanto, temos sempre que levar em conta o aspecto econômico ao especificar tolerâncias.

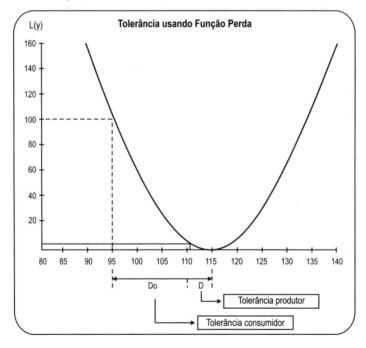

Figura A1.4: Tolerância do produtor e do consumidor.

Nota: Incluir, na figura acima, as unidades de medida de cada eixo. Exemplo: no eixo que mostra a tolerância incluir a unidade volt, no eixo l(y) incluir, como unidade, $.

Uso da função perda de qualidade para cálculo de tolerância dos itens de controle do processo.

Devemos distinguir dois casos:

1. Quando o item de controle é uma característica do produto (desempenho).
2. Quando o item de controle é uma característica substitutiva (técnica).

5. Determinação da Tolerância usando a Função Perda de Qualidade em Diferentes Situações

5.1. Quando o Item de Controle é uma Característica do Produto

Neste caso devemos levantar a função Perda de qualidade, observando no mercado o que acontece quando a característica se afasta do valor-meta m. Para isto, precisamos de apenas um ponto da equação[1], que geralmente é um ponto extremo. Devemos observar as consequências econômicas para o cliente quando a característica se encontra neste ponto.

O exemplo citado anteriormente, de potência de um televisor colorido, irá também exemplificar este caso, quando a voltagem estiver em 95 ou 135 volts.

Entretanto, daremos mais um exemplo para deixar o assunto mais claro.

Exemplo: Umidade de carvão vegetal para alto-forno.

Experimentalmente observou-se que um carvão vegetal com 10% de umidade provoca um aumento da taxa de consumo de 80 Kg/t de gusa, quando comparado com um carvão seco.

A função Perda de Qualidade será (característica Menor-Melhor).

$L(y) = k(y)^2$

onde

$L(y)$ = 80 Kg/t gusa x 0,1R$/Kg = R$ 8,00/t gusa, o que corresponde a R$10,00/t carvão.

Substituindo na fórmula:

$10 = k(10)^2$ então $k = 0,10$ e

$L(y) = 0,10\ (y)^2$

O produtor de carvão vegetal tem despesa de R$ 2.00/t de carvão para fazer uma boa proteção contra a umidade (cobertura com lonas). Qual a especificação desta característica?

$L(y) = k(y)^2$

$R\$2,00 = 0,10\ (y)^2$

$y = 4,5\%$ de umidade máxima

Caso o fornecedor não trabalhe para garantir este nível de umidade, o prejuízo à sociedade seria maior do que a eventual economia que seria obtida evitando-se os custos advindos da proteção do carvão quanto à umidade.

5.2. Quando o Item de Controle é uma Característica Substitutiva

Neste caso, deveremos especificar a tolerância de uma característica substitutiva, que geralmente é uma maneira indireta de controlar a característica final do produto. Isto às vezes é necessário, pois, no nível de processos intermediários, a característica final é difícil ou impossível de ser medida naquela fase do processo.

Se as características substitutivas se mantiverem dentro da tolerância, que será calculada abaixo, também a característica final muito provavelmente se manterá dentro da tolerância adequada às necessidades do cliente e com o mínimo custo para a sociedade.

Exemplos em que esta situação ocorre normalmente

Na fabricação de fio-máquina, uma das características críticas deste produto é o nível de descarbonetação. No entanto, no forno de reaquecimento, que é a unidade de processo que forma esta característica, seria praticamente impossível medir a descarbonetação, seja pelo grau de dificuldade seja pelo *takt-time* de produção. Portanto, devido a este fato foi desenvolvida uma característica substitutiva observável facilmente no processo, que é a temperatura de desenformamento do material (que tem forte correlação com a descarbonetação). O problema então se resume em especificar esta temperatura de forma a controlar a descarbonetação do fio-máquina. Neste caso, o nível de descarbonetação é chamado de característica de alto nível (crítica) e a temperatura de desenformamento, de característica de baixo nível (secundária).

Para os fabricantes de componentes e materiais, os limites de especificação normalmente são definidos pelo comprador. Para as montadoras que fazem o produto final, as tolerâncias das características do produto final (Sistemas) são estabelecidas pela engenharia de produto. Surge então o problema de definir as tolerâncias das características dos sub-sistemas, conjuntos e componentes e da matéria-prima que contribuem para formar a característica do produto final. Neste caso a característica do produto final é chamada de característica de alto nível, enquanto as características dos componentes são chamadas de características de baixo nível. Similarmente, características dos sistemas (mecanismos, na linguagem do QFD) são afetadas por características dos sub-sistemas,conjuntos e componentes (partes e materiais, na linguagem do QFD) e, portanto, as primeiras são características de alto nível em relação às características das segundas. Geralmente as montadoras usam denominações como na arquitetura do produto e para tanto utilizam a metodologia da Engenharia de Sistemas.

Também neste caso iremos usar a função Perda de Qualidade, entretanto não iremos fazer a dedução de fórmulas(oriundas do método de Taguchi) que constam da referência[3]. Iremos aqui dar dois exemplos práticos de seu uso. Para os casos mais complexos, recomenda-se o uso da metodologia (*Tolerance Design*), que não será abordada neste capítulo, porém constitui um dos temas de um curso específico de emprego da metodologia de Robust Design, idealizado pelo Prof. Taguchi.

Usando a mesma ideia aplicada acima para cálculo de tolerância de fabricação, a Função Perda de Qualidade pode ser usada para calcular as tolerâncias das características dos componentes de partes, características substitutivas ou itens de controle.

Isto é feito escrevendo a fórmula da função Perda para as características de alto nível e convertendo esta fórmula para as características de baixo nível ou itens de controle.

Seja:

A_o = Perda (R$) quando a característica de alto nível não atende à especificação.

D_o = Tolerância da característica de alto nível.

A = Perda ou custo (R$) quando a característica de baixo nível não atende à especificação.

D = Tolerância da característica de baixo nível.

ß = Efeito na característica de alto nível quando a característica de baixo nível varia de uma unidade.

y = Valor da característica de alto nível (variável).

mo = Valor-meta da característica de alto nível.

x = Valor da característica de baixo nível (variável).

m = Valor-meta da característica de baixo nível.

Então, a função Perda para a característica de alto nível é:

L = Ao /Do. (y - mo)². onde Ao/Do = k

Levando em consideração a característica de baixo nível, a função acima se transforma:

A = Ao/Do. ß² (x - m)²

Então podemos determinar a tolerância para a característica de baixo nível.

D = x-m

D = $\sqrt{A/A_o}$. Do/ß

⇨ Exemplo 1

Uma companhia produz peças estampadas de chapa de aço. Caso o produto estampado apresente uma dimensão errada, ele deve ser retrabalhado a um custo de R$8,00. A especificação para uma das dimensões é de 300μm e esta é afetada pela dureza da chapa de aço. Se a dureza variar de apenas uma unidade na escala de dureza Rockwell, a dimensão varia 180μm. A espessura da chapa também afeta esta dimensão. Se a espessura da chapa variar de 1μm, a dimensão irá variar de 6μm em média.

Supondo que a chapa que não atenda à especificação seja sucatada a um custo de R$2,00, solicita-se que seja feita a determinação da especificação para a dureza e para a espessura da chapa.

Ao = R$8,00

A = R$2,00

Do = 300μm

ß = 180μm

A tolerância da dureza será:

D = $\sqrt{2/8}$. 300 / 180 = ± 0,42 Hr

A especificação para o produtor de aço da dureza será, então, m ± 0,42 Hr

Para a especificação da espessura, os dados são os mesmos, exceto que ß = 6µm.

Aplicando a fórmula teremos:

$D = \sqrt{2/8} \cdot 300/6 = \pm 25{,}0 \; \mu m$

As tolerâncias da dureza e da espessura, assim calculadas, representam o ponto de equilíbrio entre a usina fabricante da chapa e o fabricante do componente, minimizando, desta forma, os custos para ambos (da sociedade).

⇨ **Exemplo 2**

No processo de reaquecimento de tarugos para laminação de fio-máquina, a temperatura de desenformamento é um item de controle constituído de uma característica substitutiva. Quando a descarbonetação no fio-máquina ultrapassa 6 centésimos de mm, é necessário acrescentar uma retífica no processo de fabricação, acarretando um aumento de custo de R$40,00/t para o comprador. Esta temperatura também afeta outra característica de qualidade, que é o nível de trincas no material que, em muitas oportunidades, originam o sucateamento do tarugo. É necessário levantar também a função perda desta segunda característica. A Figura A1.5 mostra o gráfico da função perda, considerando ambas as características de qualidade do material. O efeito da temperatura (característica de baixo nível) na descarbonetação foi obtido pela utilização da análise de regressão. O valor encontrado foi de 0,15 centésimos mm/°C. O custo de manter um controle apertado sobre a temperatura é estimado em R$3,00/t (que é um custo do fabricante do aço). Pergunta-se qual deverá ser a tolerância de fabricação para a temperatura de desenformamento?

Ao = R$40,00

A = R$3,00

Do = 0,06 mm

ß = 0,0015 mm

A tolerância da temperatura será:

$D = \dfrac{\sqrt{3/40} \cdot 6}{0{,}15} = 11°C$

Assim, a tolerância de fabricação do item de controle, temperatura de desenformamento, que é o item que exerce maior influência na descarbonetação do fio-máquina, será de D = ± 11°C (Figura A1.5).

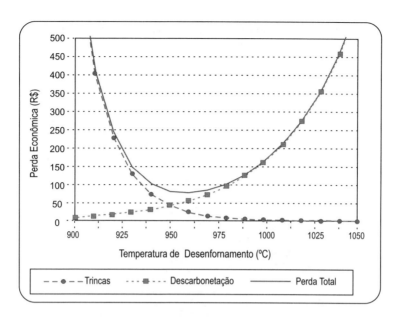

Figura A1.5: Função perda de qualidade em função da temperatura de desenfornamento.

5.3. Determinação da Meta e Tolerância Usando Outros Métodos

Em alguns casos o uso da função Perda é inadequado ou de difícil avaliação. Existem outros métodos (regressão, análise multivariável, etc.) que podem ser usados, tornando mais correta a determinação da meta e tolerância de uma característica de qualidade. Neste caso será definida de acordo com a necessidade do cliente e não simplesmente o atendimento a uma norma da engenharia do produtor sem considerar toda a cadeia, desde a fabricação da matéria-prima, do componente e de sua utilização pelo cliente final.

Quando se depara com características sensitivas, como, por exemplo, a concentração de pó de café em um cafezinho, qual a concentração meta? Qual a tolerância da concentração de pó de café de uma dada marca?

Neste caso, podem ser usados vários métodos. Vejamos, sem entrar em detalhes, como seria este estudo usando análise discriminante. Poderiam, no caso do café, ser feitos vários cafés com diferentes concentrações, testando então em um grupo de pessoas representativas do mercado, pedindo que provem o café, e o classifiquem em: fraco, bom ou forte.

Tomando-se assim as estatísticas, encontram-se o valor-meta e a tolerância de concentração do pó de café que satisfazem a maioria dos clientes.

Como exemplo hipotético, suponha que as estatísticas fossem as seguintes:

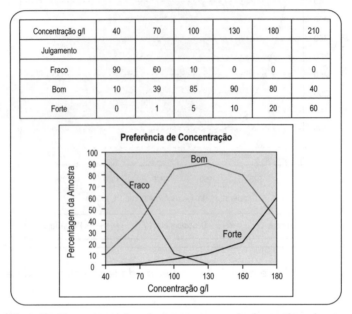

Figura A1.6: Determinação de tolerância por meio de análise discriminante.

Neste caso, a concentração-meta deve ficar em 120g/l e tolerância ± 10 g/l, condição em que 90% dos clientes não reclamariam quanto à concentração de pó (LD90).

Este método chama-se Análise Discriminante. Para estudos mais detalhados, veja a bibliografia[2].

5.4. Comentários sobre Estudo de Tolerância Avançado

A maneira como foi abordado o estudo de tolerância acima é adequada para a maioria dos casos, quando se consegue isolar variáveis (característica final e características substitutivas) conhecendo o efeito entre elas e os impactos econômicos. Entretanto, pode acontecer que várias variáveis do processo participem na formação da característica final (e consequentemente origem da variabilidade), e isolá-las pode trazer imprecisões causadas por possíveis interações (ou seja, o efeito de uma variável é influenciado pela variabilidade da outra) entre tais variáveis, devido aos diferentes valores das características que denominamos pelo método de Taguchi em que cada valor das características (máximo, médio, mínimo) é denominado como um nível. Neste caso, é utilizado uma técnica baseada em projetos de experimentos, que avalia a contribuição de cada variável e de cada interação na formação da variabilidade e assim é possível obter as condições de processo com a mínima variabilidade, atuando seletivamente nas principais variáveis (apertando suas tolerância). Entretanto, não abordaremos este assunto pois trata-se de uma especialidade da estatística[3].

6. Exemplos de Uso de Projeto de Experimento

Serão mostrados abaixo exemplos de projeto de experimentos realizados em uma empresa siderúrgica. Não será explicado como se chegou ao projeto de experimento, por se tratar de um método extenso. Os exemplos servirão para mostrar a utilidade do método[1].

6.1. Variáveis de Processo

Taguchi aborda os processos considerando diferentes tipos de variáveis, variáveis de controle, variáveis de ruído, variáveis dinâmicas, etc. Ele procura estudar o processo enfatizando as situações de uso em vez de estabelecer condições especiais para a experimentação (Conforme Figura A1.7):

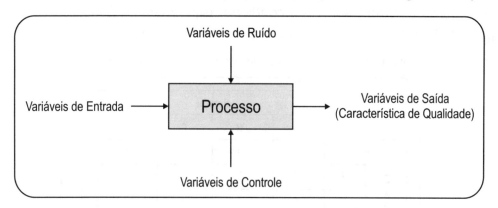

Figura A1.7: Tipos de Variáveis Influentes no Processo.

Taguchi procura achar combinações de níveis das variáveis controláveis de forma a permitir que as características estejam próximas da meta e com mínima variância, considerando inclusive as variáveis de ruído. Casos em que há variáveis que precisam ser dinamicamente ajustadas também são estudados.

O maior problema na abordagem "um fator de cada vez" é não ter controle de outros fatores além do fator que se está variando para medir o efeito. Em outras palavras, aceita-se que os demais fatores estão fixos. Taguchi recomenda o uso de séries ortogonais e gráficos lineares para construção dos projetos de experimentos.

Uma série ortogonal é uma montagem de combinações de níveis de fatores e resultados, arranjados ortogonalmente. A convenção para classificação das séries ortogonais é $L_a(b^c)$, em que:

a) Número de experimentos, por exemplo: 4, 8, 9, 12, 16, 18, 27.

b) Número de níveis, por exemplo: 2, 3.

c) Número de colunas da série ortogonal, número de fatores, por exemplo: 3, 7, 4, 11, 15, 8, 13.

⇨ Exemplo 1 - Precisão de análise de material

Por meio de *brainstorming* foram sugeridas quatro variáveis de maior impacto sobre a exatidão da análise de carbono em fio-máquina, a saber: aparelho de análise, peso de fundente, peso de amostra e granulometria da amostra. Os fatores foram projetados com três níveis. Assim, a matriz escolhida foi a L_9. A matriz ortogonal L_9 (3^4) fornece informações sobre quatro fatores em três níveis, sob nove condições experimentais. Uma L_9 tem oito graus de liberdade. O projeto da L_9 é dado na Tabela A1.1.

Tabela A1.1: Matriz L_9, fatores versus número de experimentos[6].

		Fatores			
		A	B	C	D
EXPERIMENTOS	1	1	1	1	1
	2	1	2	2	2
	3	1	3	3	3
	4	2	1	2	3
	5	2	2	3	1
	6	2	3	1	3
	7	3	1	3	2
	8	3	2	1	3
	9	3	3	2	1

Foram realizadas cinco queimas (réplicas) para cada uma das nove condições de experimento. As queimas foram feitas a partir de amostras obtidas de uma mesma bobina de fio-máquina para um aço de alto teor de carbono. Amostras desta mesma bobina foram enviadas a cinco laboratórios de referência. A diferença entre a média de análises em cada condição de experimento e o valor de referência foi considerada na padronização das condições de análise de carbono. A Figura A1.8 ilustra um gráfico de respostas quando o afastamento do valor referência é considerado.

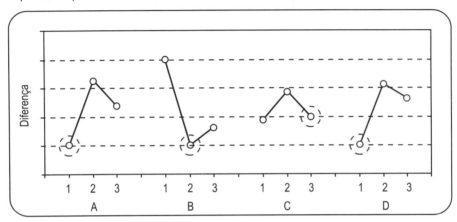

Figura A1.8: Gráfico de respostas para análise de carbono.

Após experimentos de confirmação das condições ótimas indicadas, foram padronizados os seguintes níveis de fatores: A1 - aparelho Leco 1; B2 - peso de fundente de 2,0g; C3 - peso de amostra de 1g; e D1 - amostra em vários pedaços.

Exemplo 2 - Redução no nível de inclusões em aços para fixadores

Análises metalográficas e por microssonda em amostras de aços desoxidados com alumínio e tratados com cálcio apontaram para a ocorrência de inclusões esféricas de cálcio-aluminatos e arrastes de escórias. As variáveis de processo sugeridas para o trabalho sobre controle de inclusões, em processo de *brainstorming*, foram agrupadas em fatores de processo (variáveis), fatores de ruído e variáveis de resultados (respostas).

Foram escolhidos oito fatores de processo: remoção de escória, quantidade de alumínio, quantidade de CaSi, tipo e tempo de agitação final no tratamento na panela, tipo de cobertura no distribuidor e intensidade de agitação eletromagnética no molde.

Estes fatores foram distribuídos em uma matriz ortogonal L_{12} (2^{11}) - Tabela A1.2. Esta tabela é muito especial e altamente recomendada, fornecendo uma reprodutibilidade muito boa. As interações são distribuídas uniformemente em todas as colunas, permitindo investigar até onze efeitos principais puros.

Na Figura A1.8 se apresenta o esquema do gráfico de resposta para densidade de inclusões, ou seja, número de inclusões por unidade de área analisada, como, por exemplo, algumas variáveis escolhidas para o projeto: A1 - cobertura básica de distribuidor; D2 - maior agitação final no tratamento do aço na panela; e H1 - remoção de escória. Após experimentos de confirmação (réplicas) nas condições indicadas, níveis escolhidos de fatores, foi feita a padronização das condições ótimas.

Tabela A1.2: Matriz L_{12}, fatores versus número de experimentos[6].

		Fatores										
		A	B	C	D	E	F	G	H	I	J	K
EXPERIMENTOS	1	1	1	1	1	1	1	1	1	1	1	1
	2	1	1	1	1	1	2	2	2	2	2	2
	3	1	1	2	2	2	1	1	1	2	2	2
	4	1	1	1	2	2	1	2	2	1	1	2
	5	1	2	2	1	2	2	1	2	1	2	1
	6	1	2	2	2	1	2	2	1	2	1	1
	7	2	1	2	2	1	1	2	2	1	2	1
	8	2	1	2	1	2	2	2	1	1	1	2
	9	2	1	1	2	2	2	1	2	2	1	1
	10	2	2	2	1	1	1	1	2	2	1	2
	11	2	2	1	2	1	2	1	1	1	2	2
	12	2	2	1	1	2	1	2	1	2	2	1

6.2. Resultados

Os trabalhos que vêm sendo realizados, como o da Belgo-Mineira demonstram a versatilidade da ferramenta Projeto de Experimentos, que podem ser notados nos resultados obtidos em desenvolvimento de novos produtos, melhoria da qualidade dos produtos existentes e padronização.

Em alguns projetos, reduziu-se a variabilidade de características do fio-máquina, possibilitando o fornecimento de produtos mais homogêneos, atendendo às novas tendências do mercado, conforme mostrado nas figuras A1.9 e A1.10.

No desenvolvimento de produtos, esta técnica tem sido utilizada em parceria com os clientes, com muita eficácia. A Figura A1.11 mostra os resultados alcançados num destes projetos[9]. Com o Projeto Padronização de Análise de Carbono, foi possível determinar o sistema de amostragem e definir um procedimento de análise que garante uma maior confiabilidade nos resultados. Na Figura A1.12 temos as curvas de resposta para cada variável.

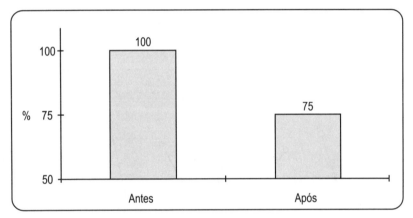

Figura A1.9: Redução do Tamanho Médio das Inclusões.

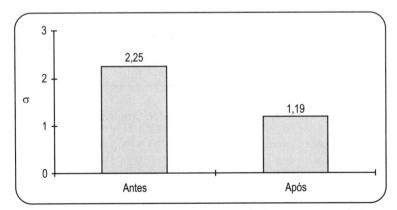

Figura A1.10: Redução de variabilidade nas propriedades mecânicas do fio-máquina[10].

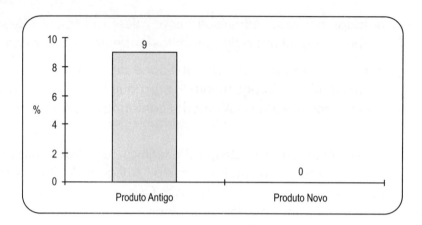

Figura A1.11: Eliminação dos itens não-conforme no cliente por meio de desenvolvimento de novo produto.

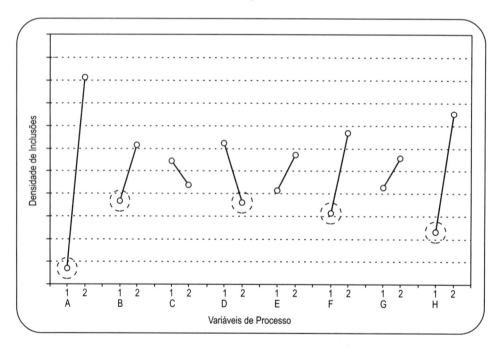

Figura A1.12: Gráfico de respostas para densidade de inclusões em aços CHQ.

Bibliografia Citada

1. CUNHA, A. L. M. et alii. *Aplicação de Projeto de Experimento na Belgo Mineira*, 53° Congresso Anual da Associação Brasileira de Metalurgia e Materiais ABM, Belo Horizonte. 1998.

2. TAGUCHI, Genichi. *System of Experimental Design*, Kraus International Publications, NY, 1988.

APÊNDICE 2

APLICAÇÃO DE ANÁLISE DE VALOR PARA A IDENTIFICAÇÃO DOS ITENS DE CONTROLE DO PROCESSO

1. Objetivos da Análise de Valor

Ao estudar um processo a fim de promover o seu controle, em termos de resultado é recomendável entender perfeitamente o valor proporcionado por ele.

A Análise de Valor é uma metodologia analítica que será utilizada para assegurar que a extração dos itens de controle de uma Unidade de Processo recaia nos itens que incorporam valor ao produto.

Este tipo de análise possibilita ampliar o visão sobre o processo, compreendendo-o melhor e criticando as funções desempenhadas. Os custos associados a estas funções podem ser inferidos em contraposição aos respectivos valores atribuídos pela avaliação dos clientes.

O *valor* real que um processo pode adicionar a um produto, é a relação entre o grau de aceitabilidade deste produto pelo cliente (julgado pelo nível de desempenho de suas funções) e o seu custo ou esforço necessário para obter tal desempenho.

Segundo Larry de Miles[1,2], a análise das funções de um produto ou processo, sendo que no caso de um produto a analise da sua arquitetura composta por sistemas, sub-sistemas, conjuntos e componentes ou materiais utilizados, etc., e de processo composto por atividades,operações. Esta analise de funções constitui a chave para melhorar o valor que o processo incorpora ao produto ou o valor do proprio produto.

Concentrando a análise de um processo ou produto nas suas funções, fica facilitada a remoção de bloqueios para a visualização do valor, surgindo oportunidades excepcionais para o pensamento criativo. Desta forma, pode-se priorizar quais funções deverão ser alvo de estudos de confiabilidade, redução de custo, etc.

Por meio deste processo pode-se definir de forma clara quais funções apresentam custos excessivos e não agregam um correspondente valor ao produto. A análise de valor visa basicamente, a entender até onde se deve reduzir custos por meio de mudanças nos materiais, nos métodos de fabricação, etc., sem prejudicar o valor do produto. Muitas empresas líderes mundiais em seus segmentos de mercado utilizam este técnica dentro da metodologia de *Reverse Engineering*.

No entanto, este assunto está sendo abordado aqui, de forma restrita, com a finalidade específica de melhorar a compreensão do processo, permitindo a extração de itens de controle que se relacionam com o valor formado nos processos.

Esta mesma forma utilizada pode ser aplicada em termos de produto e obter ótimos resultados. A base de criação desta técnica foi desenvolvida pela General Electric, com o objetivo de ser aplicada em produtos.

Assim, para fins de estudo do controle do processo, por meio da análise de suas funções, é possível extrair as características a serem monitoradas ou os itens de controle responsáveis pelos valores ali formados. Sendo a extração realizada desta forma, isso traz segurança e certeza na escolha dos itens de controle. Desta forma se introduz objetividade aos estudos de capabilidade de processo.

2. Conceito de Valor

A noção de valor está relacionada ao desempenho do produto e é avaliada pela sua qualidade, confiabilidade, intercambiabilidade, manutenabilidade, facilidade de vender, etc.

A Análise de valor tem por objetivo maximizar a relação: "VALOR" / CUSTO.

Desta forma, a quantificação deste Valor é um tanto subjetiva, já que não é claramente indicado como se obtém este Valor.

Para a finalidade deste livro, que é o estudo do controle do processo, adotaremos um método de avaliação do VALOR por meio dos valores das características de qualidade do produto.

O método de avaliação do valor que iremos adotar, embora existam inúmeros outros bons métodos, é o sugerido por Taguchi, por meio da Função Perda de Qualidade (veja Apêndice 1). Um processo forma os valores das características de qualidade do produto/processo ao cumprir suas funções específicas.

Quando tais características estão no valor-meta, a correspondente perda econômica para a sociedade será mínima, o que, na maioria das vezes, corresponde ao VALOR máximo. Na medida em que são descobertas características que atribuem baixa relação de valor ao valor total (produto ou processo), como também apresentam baixo nível de valor em relação às demais características que são obtidas pelo processo em cada estágio do seu fluxo produtivo, se descobrem simultaneamente funções do processo que podem ser eliminadas, representando economia de custos. Esta é a melhor forma de obter redução de custos de um produto/processo sem nenhum sacrifício da qualidade.

A utilização deste conceito dá mais robustez ao estudo. Estamos aqui sugerindo um método para avaliar ou, pelo menos, refletir sobre o VALOR no instante em que estão sendo extraídas as características observáveis no processo, dentre as quais serão selecionados os itens de controle. Muitas vezes é necessário consultar o cliente ou realizar experimentos para poder julgar o valor de alguma característica.

Mas nem todos os estudos requerem uma avaliação perfeita do VALOR. Se o objetivo é só o controle do processo, a própria matriz de qualidade (matriz #1 do QFD) dá uma ideia de valor por meio do peso relativo das características de qualidade, enquanto que o custo para obtenção das características geralmente é de fácil avaliação.

3. Estudos das Funções do Processo

Um processo precisa desempenhar uma ou várias funções de diferentes níveis para formar as características do produto. Estudando as funções dos processos e entendendo como estas se relacionam, tem-se uma imagem visual delas, o que facilita a extração de características que são formadas no processo. Fica mais fácil também atribuir custos às funções. Outro aspecto positivo deste estudo é que podemos obter uma melhor utilização de ferramentas de confiabilidade como, por exemplo, o FMEA.

Para o estudo das Funções do processo será utilizada a Técnica FAST (*Function Analysis System Technique*). Esta técnica é utilizada para definir, analisar e entender as funções de um processo/produto, e como estas se inter-relacionam, identificando assim, com segurança, as características que acrescentam valor ao cumprimento destas funções.

Uma função é definida por duas palavras - um verbo de ação e um substantivo. Um forno de reaquecimento da indústria siderúrgica, por exemplo, desempenha algumas funções, como *aquecer placa*, *transmitir calor*, *proteger placa*, etc.

Para afirmar que um processo pode ser sempre representado com duas palavras (verbo+substantivo), logicamente temos que considerar que poderá haver alguma dificuldade, mas infelizmente torna-se necessário ser efetuado desta maneira, visando à melhora da comunicação, simplificação das terminologias, o aumento do entendimento funcional e facilidade no uso de outras ferramentas, entre elas a Engenharia de Sistemas. Sugerimos o estudo desta metodologia pelo seu grande impacto positivo, seja no desenvolvimento/melhoria de produtos, seja no desenvolvimento/melhoria de processos.

Ao descrever as funções de um processo, é necessário fazê-lo de uma maneira abrangente e genérica, evitando palavras que predeterminam os modos como as funções devem ser cumpridas. Uma máquina de lingotamento contínuo da indústria siderúrgica tem a Função de "Formar Placas". Em um processo de inspeção a função seria: "Verificar Produto". Em um processo de expedição a função seria "Despachar Material".

A escolha das palavras (verbo+substantivo) é muito importante. Devem ser escolhidas aquelas que possam ser associadas a medidas, ou a características mensuráveis. Assim, para um eixo as palavras seriam "Transmitir torque" e não "Movimentar Roldana", pois na primeira podemos medir o torque. Como bem se sabe, só podemos gerenciar o que se mede.

Um dos pontos básicos da gestão do conhecimento é não generalizar nada, principalmente em termos de função. Os dois principais tipos de função são: "Função Básica", que exprime o que o processo realiza, e "Função Secundária", que apoia as Funções Básicas e é subordinada a esta. As funções secundárias podem ainda ser "necessárias" para permitir que a função básica aconteça, ou "desnecessárias". Também podem ser "Funções de Estima" o que seria dispensável para o cumprimento da função básica, mas que traz algum valor de estima, como facilitar venda, embelezar o produto. É o caso da função "Identificar a Marca", de uma empresa com tradição no mercado. Alguns livros exprimem esta mesma classificação das funções usando outras terminologias, mas o importante é que o aspecto conceitual seja o mesmo, pois sempre se parte dos princípios da Engenharia de Sistemas.

No exemplo de um Forno de Reaquecimento, citado acima, uma função secundária seria "Transmitir Calor", que é necessária, sendo que a função básica é "Aquecer Tarugo", enquanto uma função desnecessária seria "Descarbonetar Tarugo".

4. Diagrama FAST

O diagrama FAST, como originalmente desenvolvido pela General Electric, se assemelha a um fluxograma, deste se diferenciando pelo fato de que os seus nós são funções, em vez de atividades ou símbolos lógicos.

Os objetivos do diagrama FAST são:

1. Ampliar o conhecimento sobre o processo/produto.
2. Mostrar as relações entre as funções.
3. Testar a validade das funções.
4. Ajudar a relacionar todas as funções.

No exemplo abaixo pode ser observado um diagrama FAST para um forno de reaquecimento de tarugos da indústria siderúrgica. À esquerda do diagrama é colocada a função Básica "Aquecer tarugo". Para certificar que esta é a função básica do processo, faça a seguinte pergunta: "Por que" a função básica é realizada?" A função que responde a esta questão é de mais alto nível, "laminar fio-máquina" que, no entanto, não pertence ao processo Forno de Reaquecimento. No entanto, fazendo a pergunta: "como" esta função de alto nível é realizada? A resposta deve conter a função básica do processo. Assim, podemos confirmar a função básica de um processo.

Todas as demais funções secundárias ficarão à direita da Função Básica, indicando que são subordinadas a esta. Para definir o arranjo e relações destas funções, continue fazendo as perguntas: "Como?" As funções que respondem a esta questão serão, pois, funções secundárias que serão dispostas à direita da Função Básica. Pode-se também substituir a pergunta "Como"? por "Que trabalho deve ser feito"? No sentido inverso, pergunte "Por que é necessário (verbo) + (substantivo)"? A resposta a esta pergunta é uma função de nível superior ou a Função Básica. À medida que o diagrama FAST é desenvolvido, fica claro o nível de detalhamento que deve haver para a extração das características mensuráveis, que irão constituir um conjunto de características do qual serão selecionados os itens de controle do processo. Ao continuar perguntando "Como?" para cada função, caminhamos para as de mais baixo nível até chegar às "Funções Assumidas" que já estariam fora do escopo para os estudos de controle de processo. Assim, não seriam vantajosos maiores detalhamentos para identificar características mensuráveis a fim de acompanhar se a função básica de um processo está sendo cumprida. Por exemplo, "Apertar o botão x" já está fora do escopo, ou de nada ajuda para a extração de itens de controle. Assim, esta será considerada, portanto, uma "Função Assumida".

5. Seleção das Características que Avaliam as Funções do Processo

À medida que se vai caminhando para a direita no diagrama FAST, as funções secundárias vão se tornando mais concretas, o que facilita a associação de características que avaliam o cumprimento da função. Assim, em cada resposta à pergunta "Como?", raciocine e tente associar características mensuráveis que avaliam o cumprimento da função. Caso haja dificuldade, continue buscando funções secundárias de mais baixo nível por meio da pergunta "Como?". As características encontradas desta forma possibilitam o acompanhamento do cumprimento de cada função secundária e, sendo estas acompanhadas, também a função básica estará sendo.

A lista de características assim extraídas pode ser grande, mas nem todas serão escolhidas para constituir os itens de controle do processo, como foi apresentado no Capítulo 3.

Veja exemplo nos diagramas (Figura A2.1 e A2.2) de exemplos de diagrama FAST para um forno de reaquecimento da industria siderúrgica e para uma estação de tratamento de água potável. Nas colunas à direita dos diagramas são extraídas as Características da Qualidade, que avaliam o cumprimento das funções. Tais características formam a base para escolha dos itens de controle associados ao valor formado no processo.

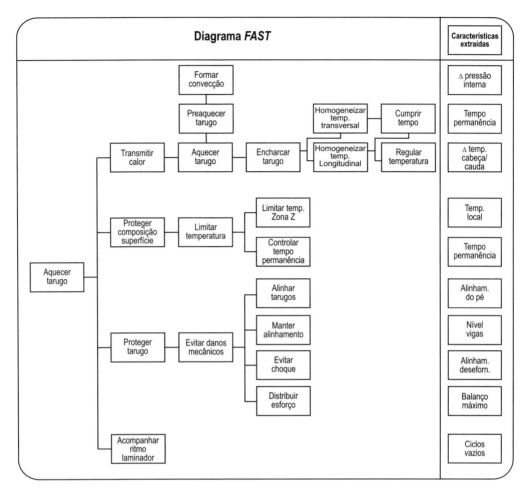

Figura A2.1: Exemplo de diagrama FAST simplificado para um forno de reaquecimento de tarugos (Contribuição da Cia. Siderúrgica Belgo Mineira).

Veja um outro exemplo (Figura 3.2) de análise da função e extração de itens de controle para uma estação de tratamento de água potável.

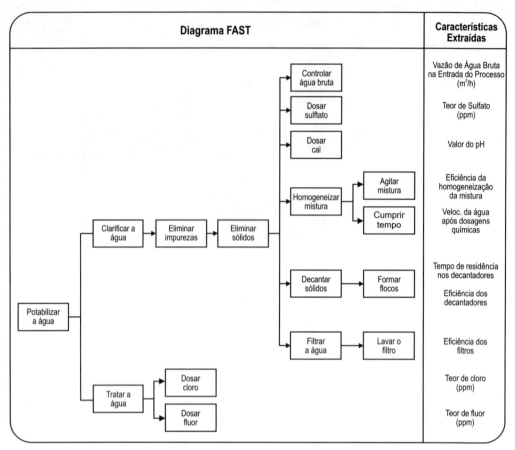

Figura A2.2: Diagrama Fast para Agua Potável (Cortesia Belgo Mineira).

Bibliografia Citada

1. MILES, Lawrence D. *Techniques of Value Analysis and Engineering*. New York, MacGraw-Hill, 1967.

2. CSILLAG, João Mario. *Análise do Valor*. Atlas, 2ª edição, 1986.

3. SCAPIN, Carlos Alberto. *Análise Sistêmica de Falhas*. INDG Tecnologia e Serviços Ltda., Nova Lima - MG. 2004.

APÊNDICE 3

MODELO CONCEITUAL GERAL DA GESTÃO DE INOVAÇÃO

1. Introdução

Este apêndice visa a apresentar o modelo conceitual geral do processo de Inovação e descrever e orientar o uso de muitas ferramentas que não foram estudadas nos capítulos deste livro. Vale ressaltar que algumas das ferramentas são bastante simples, enquanto outras requerem conhecimentos aprofundados em várias áreas do conhecimento.

O modelo é apresentado com três colunas principais: a primeira indicando os passos que estão em cada parte do PDCA, a segunda indicando o método e o fluxo de trabalho e a terceira indicando as ferramentas que podem ser utilizadas. Neste Apêndice foi introduzida uma tabela (Tabela A3.1), que descreve resumidamente cada uma das ferramentas: em que consiste, como é utilizada, a finalidade para a qual é utilizada em cada passo do método, e a relação de cursos, bibliografia e software que são aplicados. O modelo conceitual é o detalhamento do método de planejamento da qualidade em que são localizadas as ferramentas a serem utilizadas dentro do método gerencial PDCA. Esse banner (Figura A3.1) constitui um modelo básico para a inovação de qualquer tipo de produto e de processo.

O modelo conceitual representa o caminho e as decisões por onde e como o desdobramento da qualidade deve ser conduzido para chegar aos resultados pretendidos, que incluem o sucesso do produto, da política de preço, da distribuição e da política de comunicação com o mercado.

A Figura 1.7, discutida no Capítulo 1, é bastante semelhante ao modelo da Figura A3.1, se diferenciando por concentrar as ferramentas mais importantes e no nível de detalhe de explicação do método.

2. Descrição das ferramentas

A tabela abaixo descreve resumidamente as ferramentas indicadas para o gerenciamento do processo de inovação do produto e do processo por assunto.

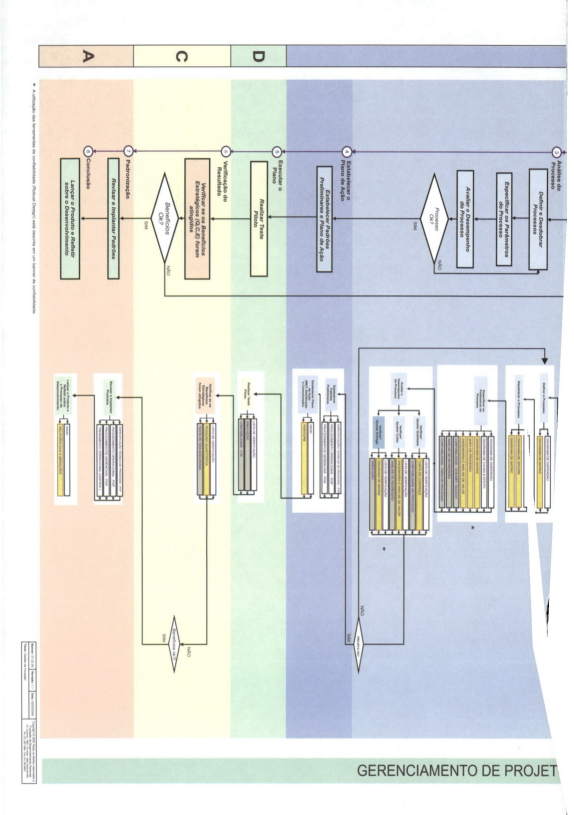

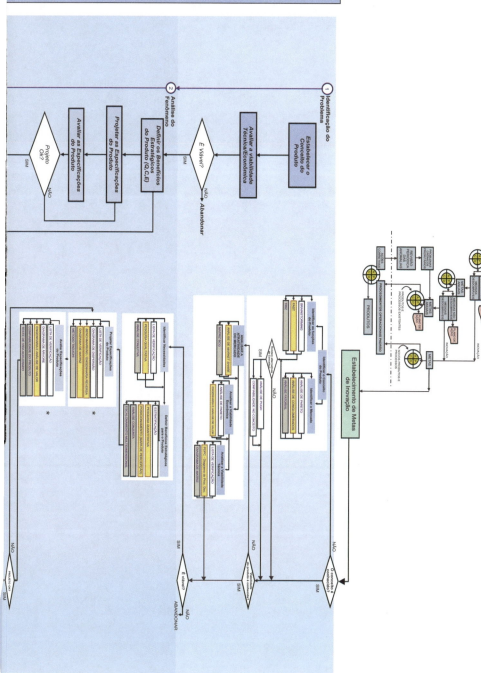

Identificar as funções do produto.

Tabela A3.1: Ferramentas da Gestão de Inovação.

O que	Para que serve	Como utilizar	Aplicação na etapa	Cursos, *softwares* e livros
Identificar as funções do produto				
Brainstorming	É uma dinâmica de grupo em que as pessoas, de forma organizada e com oportunidades iguais, fazem um grande esforço mental para opinar sobre determinado assunto	- Reunir em média 6 pessoas - Nomear um coordenador - Definir o tema - Coletar as ideias (não criticar as ideias da equipe) - Registrar as ideias - Depurar as ideias (eliminar as repetidas, esclarecer cada uma das ideias e compor as ideias)	- Para identificar as possíveis funções do produto/serviço existente ou novo - Para listar conceitos de produtos - Para colecionar ideias para a propaganda do produto	- Godoy, Maria Helena de. *Brainstorming* - As sete ferramentas da Qualidade, FCO, 1996
FAST (Function Analysis System Techniques)	É um processo de raciocínio lógico para ajudar na análise do valor do produto/serviço/processo. Mostra visualmente o inter-relacionamento das funções, possibilitando identificar em que medida estas influenciam os custos e o valor do produto. (Veja Apêndice 2)	- Descreva uma função do produto com um verbo de ação e um substantivo - Busque outras funções de nível superior, perguntando "por que", ou de nível inferior, perguntando "como" - Se houver necessidade, ramifique o diagrama - Trace as linhas para separar as funções assumidas e as funções superiores que ultrapassem o produto/serviço/processo - Certifique-se de que a lógica COMO e PORQUE foi respeitada - Identifique a função básica do produto	- Para ordenar as funções e entender os valores do produto/serviço - Para identificar itens de controle de um processo que avaliam se a função está sendo cumprida - Para gerar conceitos de produtos	- Análise de Valor, IBM. Techniques of Value Analysis and Engineering - Análise de Valor Metodologia de Valor, João Mário Csillag
Estudo do conceito do produto				
TRIZ	É uma matriz que cruza funções contraditórias que um produto precisa desempenhar e indica os princípios utilizados para remover tais contradições. Orienta mostrando as saídas para solucionar as contradições, com base nos princípios adotados por mais de um milhão de patentes que resultaram em produtos inovadores	- Identificar a principal função do produto e a função cujo desempenho fica prejudicado ao priorizar o desempenho daquela - Localizar o cruzamento destas funções, uma na linha e outra na coluna de uma matriz TRIZ - Identificar no cruzamento destas funções os princípios mais promissores para remover a contradição	- Dá indicação de princípios a serem adotados, identificando as pesquisas mais promissoras para solucionar o problema de criação, como pode ser necessário no caso de um produto inovador - É utilizado para ajudar a solucionar problemas de criação	*Software* TRIZ
Análise de Pugh	É um método para avaliação de opções de conceitos para executar uma função de um produto	- Parte-se de um conceito básico ou existente - Buscam-se vários conceitos opcionais - Listam-se os critérios de comparação - Avalia-se para cada conceito o desempenho relativo de atendimento aos critérios em comparação com o conceito básico - Seleciona-se o conceito que mais supera o conceito básico, de acordo com os critérios, e que apresenta menos deficiências	- Escolher o melhor conceito a ser adotado para o produto	
Confiabilidade no conceito	É um método para a avaliação da confiabilidade de conceitos de produtos	- Relacionar todas as funções do produto e para cada uma delas avaliar qual conceito é mais confiável quanto ao nível de ocorrência de falhas, de gravidade das falhas, etc.	- Selecionar o conceito mais confiável	
Identificar o mercado				
Análise de Pareto	É a ferramenta para esclarecer a forma de distribuição dos dados, classificando-os em poucos vitais e muitos triviais	- Coletar os dados - Estratificar os dados - Construir o Diagrama de Pareto.	- Segmentar mercados - Priorizar itens de controle - Priorizar itens de verificação	Métodos estatísticos para melhoria da qualidade, Kume
Análise de Conglomerados	Para um conjunto de indivíduos, produtos, etc, cada qual descrito por um elenco de características numéricas, divididos de forma a classificá-los em grupos similares	- Definir as medidas de proximidade, as variáveis da pesquisa - Coletar os dados - Utilizar *software* adequado	- Em pesquisas de mercado é utilizada para agrupamento de clientes, de produtos e/ou empresas, desenvolvimento de extratos com vistas à composição da amostra	- Lehmann, D.R. *Market Research and Analysis*. 3 ed. Homewood: Richard D. Irwin, 1988. - *Software* SPSS

O que	Para que serve	Como utilizar	Aplicação na etapa	Cursos, *softwares* e livros
Análise Fatorial	Serve para resumir as dimensões de um conjunto de dados multivariados usando "fatores" que representam o agrupamento das variáveis que são altamente correlacionadas	- Coletar ênuplas de dados relativos ao fenômeno em forma de banco de dados e rodar o *sofware* SPSS, especificando o nível de discriminação desejado ou o número de fatores para a classificação	- Reconhecer os principais fatores de mercado - Reconhecer os principais parâmetros de um processo	- Lehmann, D.R. *Market Research and Analysis*. 3 ed. Homewood: Richard D. Irwin,1988. - *Software* SPSS
Analisar a atratividade do mercado				
Análise de *Market Share*	Para avaliar a participação no mercado da empresa e dos concorrentes. Serve para indicar qual a estratégia mais indicada para atuação no mercado. Diferentes ferramentas podem ser utilizadas para análises de *Market Share* como uma matriz de crescimento produto/ mercado	Matriz produto/mercado: Mercados existentes / Novos mercados × Produtos existentes / Novos produtos: 1. Penetração de mercados; 2. Desenvolvimento de mercado; 3. Desenvolvimento de produto; 4. Diversificação	- Avaliar a competitividade da empresa e orientar o plano de *marketing*	Kotler, P. , Armstrong, G. *Princípios de Marketing*. Rio de Janeiro: Prentice Hall do Brasil,1991
Matriz BCG	Para apoiar a decisão de desenvolvimento de um novo produto a empresa deve avaliar suas chances de sucesso. Tais chances irão depender de dois fatores principais: da atratividade do mercado e da posição competitiva da empresa. Estes fatores devem ser avaliados para a situação atual e também prognosticados para a situação futura. Serve para análise do atual portfólio de negócios, por meio da qual a administração avalia os negócios que constituem a empresa. A empresa investirá maior volume de recursos em seus negócios mais lucrativos e reduzirá seus investimentos ou abandonará os negócios mais fracos	1. Primeiramente são selecionados os indicadores de atratividade e de competitividade adequados para o tipo de indústria, mercado e produto. 2. Em seguida são avaliados os graus de importância de todos os indicadores 3. É feita a avaliação do posicionamento real da empresa em relação aos indicadores. São estabelecidas as notas que correspondem às posições ou níveis destes indicadores. Em seguida é mostrada a pontuação da empresa em relação a cada indicador para a situação atual e futura	- O propósito é avaliar as chances de sucesso da empresa e encontrar as maneiras da empresa usar suas potencialidades a fim de aproveitar as oportunidades de mercado	Kotler, P. , Armstrong, G. *Princípios de Marketing*. Rio de Janeiro: Prentice Hall do Brasil
Analisar a viabilidade técnica				
PDPC Diagrama do Processo Decisório	É uma ferramenta que faz o mapeamento de todos os caminhos possíveis para alcançar um objetivo; mostra todos os problemas imagináveis e as possíveis medidas que devem ser tomadas caso ocorram. Como resultado, têm-se condições de definir o melhor caminho para alcançar um resultado desejado, o objetivo do PDPC	- Defina o objetivo do PDPC - Organize uma equipe - Descreva a sequência de eventos e o macrofluxo do processo - Descreva o microfluxo no nível de tarefas - Identifique problemas potenciais para cada tarefa - Identifique o que pode ser feito se um problema ocorrer - Estabeleça um plano de atuação caso o problema ocorra	- Melhorar o conceito do produto - Prevenir falhas de conceito - Prevenir falhas no lançamento do produto. - Avaliar impactos de falhas no produto	Dellaretti, Osmário - *As sete ferramentas do Planejamento da qualidade*, FCO, 1996

O que	Para que serve	Como utilizar	Aplicação na etapa	Cursos, *softwares* e livros
Várias aplicações				
Diagrama de Matriz	Uma ferramenta que facilita tratar correlações entre diferentes tipos de variáveis. Quando cruzamos, por exemplo, necessidades dos clientes (fins), com característica da qualidade (meios) organizadas em forma de diagramas de árvore, formamos um diagrama de matriz. Com este podemos melhorar a qualidade das especificações das características mediante um melhor entendimento das relações meios fins e pela conversão dos pesos dos elementos de um diagrama de árvore nos pesos dos elementos do outro	- Organizar as variáveis que se deseja cruzar em forma de diagrama de árvore - Correlacionar cada variável de um diagrama com as variáveis do outro - Converter os pesos dos elementos de um diagrama em pesos dos elementos do outro	- Escolher o melhor conceito do produto - Especificar os valores-metas das características da qualidade do produto - Localizar as unidades críticas dos processos - Estabelecer os parâmetros dos processos e itens de verificação para a obtenção dos itens de controle dentro dos valores desejados	Dellaretti, Osmário - *As sete ferramentas do Planejamento da Qualidade*, FCO, 1996
Identificar necessidades do cliente				
Lista de Verificação	Geração de ideias cobertas por vários pontos de vista e para prevenir falhas	- Folha de verificação de Osborn: muito útil para apresentar novas ideias e para verificar se não existem falhas em certos aspectos. - Contém nove itens listados a seguir, e também sub-itens 1. Não teria outra utilização? 2. Não teria aproveitamento de outro? 3. Se fosse modificado? 4. Se fosse ampliado? 5. Se fosse reduzido? 6. Se fosse substituído? 7. Se fosse re-arranjado? 8. Se fosse invertido? 9. Se combinasse com outro?	- Para avaliar os conceitos de produtos. - Para racionalizar os processos	Campos, V. F. *Gerenciamento da rotina do dia a dia*, FCO, 1994
Análise Conjunta	- É utilizada para o melhoramento do conceito, definindo detalhadamente o conceito do produto - O conceito é apresentado juntamente com a combinação dos atributos (tamanho, forma, material, função, preço, etc.) - Verificar por meio de experimentos com alguns clientes potenciais qual será a influência dos valores dos atributos na sua escala de preferência e identificar qual é a melhor combinação destes atributos - Normalmente são utilizados arranjos ortogonais para realizar os experimentos - A avaliação do protótipo é sempre desejável, mas, caso não seja possível, a avaliação é feita por meio de cartões, descrevendo cada combinação de atributos - Os efeitos dos atributos são calculados a partir das notas ou classificação que os clientes fazem das várias combinações	1. Escolha dos atributos e respectivos níveis: escolha das respostas mais relevantes que serão objeto de pesquisa 2. Planejamento de experimentos: utilizando arranjos ortogonais 3. Coleta da avaliação dos clientes ou escores 4. Obtenção dos efeitos de cada atributo 5. Construção dos gráficos de efeitos dos atributos 6. Definir a combinação dos atributos, melhorando o conceito do produto	É a técnica utilizada para otimizar o conceito básico do produto	- Cardoso & Drumond (1995) - Gustafsson (1993) - Lehmann (1989) - Lawton (1992)

O que	Para que serve	Como utilizar	Aplicação na etapa	Cursos, *softwares* e livros
Identificar necessidades do cliente				
Pesquisa Qualitativa	Técnica para descobrir o que os clientes consideram importante em um produto. A proposta não é identificar a melhor estratégia ou projetar demanda, mas levantar questões por meio da exploração das necessidades e desejos básicos dos clientes. O pesquisador aborda o processo com uma postura aberta, buscando aprender simplesmente escutando o cliente	Um método popular de pesquisa qualitativa é o *focus group*. São grupos que dividem conhecimentos, atitudes e experiências sobre um determinado assunto. Normalmente os grupos são formados por 5 a 7 pessoas, sendo o mínimo possível 3 pessoas. Os resultados são julgados e interpretados pelos observadores e pelo intermediador. Os grupos devem ser cuidadosamente conduzidos para evitar preconceitos, opiniões tendenciosas e para que seja encorajado o livre compartilhamento de ideias	Uma importante função da pesquisa qualitativa no projeto de um produto é gerar uma lista de necessidades dos consumidores que será utilizada na fase de uma pesquisa mais aprofundada. É importante que a lista cubra o maior número possível de potenciais benefícios, se todos forem relevantes para a categoria	- Urban Glen L. And John R. Hauser. Design and Marketing of New Products - PHILIP Kotler e Gary Armstrong - Princípios de Marketing Atlas, 1995
Definir benefícios estratégicos para o produto				
Pesquisa Quantitativa	O objetivo desta pesquisa é de dimensionar o Mercado Potencial e o Mercado Alvo. O tamanho de um mercado é obtido conhecendo o número de potenciais compradores existentes para um produto específico. Estes compradores possuem três características básicas: estão interessados em adquirir o produto, têm renda para realizar uma compra, têm acesso à oferta do produto e outras características	Entrevistas pessoais, domiciliares, pesquisas por correspondência ou telefone, pesquisas em institutos e associações de classe, etc., usadas para identificar as características do mercado como tamanho, composição, potenciais, mercado-alvo, *market-share* possível, etc. - Relacione as informações necessárias - Projete o método para coleta dessas informações - Implemente e gerencie o processo de coleta de dados - Analise os resultados - Trate as estatísticas convenientemente. Comunique as descobertas e suas implicações. É necessário ser cuidadoso na amostragem e identificação do público-alvo. Obtêm-se respostas de um grande número de consumidores e verificam-se quantitativamente as hipóteses obtidas nas entrevistas em grupo	- Dimensionamento do mercado-alvo - Previsão de vendas - Fatia de mercado tomada pela concorrência - Apreçamento do produto - Estudos dos canais de distribuição e de comunicação - É utilizado para planejar os canais de distribuição, de comunicação e para a realizar uma previsão de vendas	- Glen L. Urban and John R. Hauser *Design and Marketing of New Products*. - Philip Kotler e Gary Armstrong. *Princípios de Marketing*
Estratificação	- É um método de identificação da fonte de variação dos dados coletados, classificando-os de acordo com vários fatores - A finalidade da estratificação é examinar as diferenças quanto ao valor médio, variação entre as diferentes classes e tomar medidas contra essa diferença, se houver	Quando os mesmos produtos são fabricados em várias máquinas ou por vários operadores, é mais conveniente classificar os dados de acordo com a máquina ou com o operador, de modo que a diferença entre estes possa ser analisada e o controle do processo fique fácil	- Análise e segmentação de mercado - Análise de processo - Análise de fontes de variações em produtos	- Hitoshi Kume. *Métodos Estatísticos para Melhoria da Qualidade*
Posicionamento (Mapa de Percepção)	Escolha do posicionamento do produto em relação às variáveis críticas de sucesso (características mais valorizadas pelo mercado)	- Esclarecer o posicionamento dos produtos competidores por meio de dados de pesquisa. Desenhar um diagrama de dispersão e fazer a análise comparativa - Fazer a análise do *score* de avaliação dos componentes principais (ou análise de fatores) dos produtos em várias dimensões para obter o ponto médio - A folga no mapa de percepção significa a inexistência de uma mercadoria para atender às necessidades de uma certa parcela do mercado, e mostra a possibilidade de seu desenvolvimento	Planejamento da qualidade do produto e especificação do nível em que o produto deve atender a cada necessidade do cliente	- KUME, H. *New-product development and market research. The AOTS Quaterly Kenshu*,1995. - Kume, Hitoshi *Métodos Estatísticos para Melhoria da Qualidade* - Cheng, Lin C. *Planejamento da Qualidade com QFD*, FCO, 1995

O que	Para que serve	Como utilizar	Aplicação na etapa	Cursos, *softwares* e livros
Definir benefícios estratégicos para o produto				
Escalonamento Multidimensional	Serve para construir um mapa de produtos, com poucas dimensões (em geral 2 ou 3), a partir da avaliação do grau de dissimilaridade ou similaridade entre os pares de produtos. As distâncias entre os diversos produtos no mapa reproduzem, aproximadamente, o grau de similaridade entre eles. A configuração obtida permite extrair as dimensões que os clientes utilizam para perceber os produtos e auxiliam no posicionamento estratégico do novo produto	Submetem-se vários produtos à apreciação de um grupo de clientes potenciais. Os clientes comparam os produtos em função de atributos e percepções. Os dados são tratados por um *software* que agrupa os produtos em gráficos que mostram suas similaridades por meio de uma escala multifatorial	- Entender o posicionamento do produto percebido pelo mercado - Orientar o plano de propaganda - Identificar os principais produtos que concorrem diretamente	*Software* SPSS, SYSTAT
Método Taguchi	É um método que avalia a funcionalidade e os custos globais (tanto do produtor quanto do cliente) para otimizar um produto ou um processo. (Veja Apêndice 1)	- Identificar as principais causas que têm efeito no problema - Identificar as variáveis necessárias para o estudo - Identificar um arranjo ortogonal indicado para o problema - Identificar a função perda de qualidade para cada característica de resposta - Identificar as transformadas das respostas mais indicadas - Realizar experimentos seguindo o arranjo ortogonal - Realizar o *trade-off* entre as respostas para a otimização econômica - Especificar as variáveis para a redução da variabilidade - Especificar as variáveis para ajustes de médias ou para otimizar a média	- Especificar as características da qualidade de produto - Especificar os parâmetros de um processo - Especificar as tolerâncias mais econômicas para as características do produto, das matérias-primas ou de parâmetros do processo	- Taguchi, Genichi, *System of Experimental Design*, ASI, 1987. - Curso de Engenharia de Qualidade - Método Taguchi

APÊNDICE 4

MATRIZ DE SUPORTE ÀS SOLUÇÕES DE PROBLEMAS INVENTIVOS

1. Método de Solução de Problemas Inventivos de Altshuller

Um dos pontos mais problemáticos na resolução de qualquer problema, após a identificação do favor causal, é encontrar uma solução tecnicamente válida e de custo razoável. Devido ao aumento da complexidade das funções desempenhadas, em nível de produto ou de processo, torna-se obrigatória ter uma visão sistêmica de qualquer problema analisado. Um sistema qualquer, até mesmo em nível organizacional, é dividido em três partes distintas: *inputs*, processos e *ouputs*.

Inputs: são os elementos que entram no sistema. Como exemplo podemos citar a matéria-prima que entra numa planta química, os pacientes que entram num hospital, etc.

Processos: são todos os elementos necessários para converter ou transformar os *inputs* em *outputs*. Como exemplo podemos citar uma refinaria, que inclui aquecimento dos materiais, utilização de procedimentos operacionais, uso de canalizações para transporte dos materiais processados entre as interfaces dos sistemas, uso de mão de obra, para fabricar o produto ou para manter a funcionalidade dos equipamentos e uso de máquinas em geral (desde a área de utilidades até as maquinas diretamente envolvidos em cada etapa de fabricação).

Peter Drucker definiu uma maneira de distinguir dois importantes conceitos utilizados para avaliar os sistemas:

- Eficácia consiste em fazer as definições certas.
- Eficiência consiste em fazer certo o que foi definido.

Tendo estas métricas estabelecidas para avaliar o desempenho dos sistemas, a outra parte de nosso problema consiste em desenvolver opções para solução dos problemas. Na análise de problemas, sempre estarão presentes três fatores:

- Assertividade.
- O risco do insucesso.
- Falta de confiança na solução empregada (é a mais adequada?).

É importante lembrar que, de acordo com os conceitos de Confiabilidade, uma falha nada mais é que uma não execução adequada de uma função. Podemos citar uma máxima da indústria aeronáutica, que diz que os acidentes aéreos ocorrem não por defeitos nos sistemas que compõem a arquitetura de um avião, mas sim por falhas ocorridas no nível de sistemas.

O cientista russo Genrich Altshuller desenvolveu uma matriz que indica os princípios mais promissores para solucionar as contra-funções ou as falhas de produtos e processos. Altshuller observou, por meio de estudos realizados em patentes de produtos que tiveram grande sucesso de mercado, que a principal razão deste sucesso é principalmente o fato de o inventor ter resolvido alguma falha ou uma função mais bem operacionalizada do que os produtos substitutos. Ele classificou os princípios mais frequentemente adotados para resolver diversas falhas e apresentou seu estudo em forma de uma tabela.

Combinando informações oriundas dos estudos de patentes, o autor identificou 39 características ou parâmetros e 40 princípios para solucionar falhas entre as características que apresentavam mau desempenho. Muitas advindas de contradições do desempenho da função, oriundas não do nível de qualidade de componentes físicos que executam as funções mas principalmente da missão para a qual o sistema foi concebido.

A tabela de Altshuller mostra, nas linhas, as características a serem melhoradas e, nas colunas, os resultados indesejáveis (conflitos). Nas células da matriz são indicados os princípios mais promissores para solucionar o conflito (que estatisticamente resultaram em maior sucesso no estudo das patentes).

Para usar a tabela, deve-se seguir o procedimento citado anteriormente conforme aplicado na Tabela A4.1. Inicia-se identificando a contradição técnica presente no problema. Então procuramos, na célula da matriz, onde é encontrado o número do princípio mais indicado para resolver aquele tipo de contradição. Tomando este número, procura-se, na lista de princípios (a seguir), a descrição do seu significado e exemplos de aplicação. Então, considerando estes princípios, raciocinamos como poderia ser aplicado no nosso problema específico. Isto propiciará várias idéias e pelos menos uma delas poderá gerar uma solução satisfatória.

Para a utilização desta matriz, identifique, nas linhas, as características do seu problema que necessitam ser melhoradas e as características que, em consequência da melhoria, ficam prejudicadas (ou seja, as contradições), geralmente chamadas de *trade offs* de uma solução. Estas características, assim definidas, são posicionadas nas colunas. Localiza-se no cruzamento o número dos princípios indicados para resolver a contradição. Uma vez identificados os números dos princípios, procura-se na relação a sua explicação. A seguir apresentam-se os princípios e exemplos práticos de sua aplicação.

2. Relação dos 40 Princípios de Invenção de Altshuller

1. **Segmentação (utiliza muitos dos conceitos da metodologia da Engenharia de Sistemas)**

a) Dividir um objeto em partes independentes.

b) Fazer uma subdivisão do objeto.

c) Aumentar o grau de segmentação de um objeto.

Exemplo:

1. Móveis (mobília) modulares, componentes de computadores modulares, régua dobradiça de madeira.

2. Mangueiras de jardim podem ser emendadas para formar qualquer comprimento necessário.

2. Extração

a) Extrair (remover ou separar) de um objeto uma parte ou propriedade que o atrapalha.

b) Extrair apenas a parte ou propriedade necessária.

Exemplo:

1. Para assustar as aves do aeroporto, reproduza o pio das aves usando um gravador. O som afastará as aves.

2. Em um forno de carvoejamento remova a parte do forno mais fria que produz tiços indesejáveis.

3. Qualidade local

a) Transição de uma estrutura homogênea de um objeto ou de um ambiente externo (ação externa) para uma estrutura heterogênea.

b) Tenha diferentes partes de um objeto cumprindo diferentes funções.

c) Coloque cada parte de um objeto sob as condições mais favoráveis para sua operação.

Exemplo:

1. Para combater a poeira em minas de carvão, uma fina névoa de água numa forma cônica é colocada junto às partes das máquinas de furar que geram poeira. Quanto menores forem as gotículas, maior será o efeito no combate à poeira, mas essa névoa fina dificulta o trabalho. A solução é desenvolver um precipitador por meio de uma camada de névoa espessa ao redor do cone da névoa fina.

2. Lápis e borracha em uma só unidade.

3. Numa broca de furadeira, a vídia cumpre funções de que o aço não é capaz e o aço cumpre outras de que a vídia não é capaz.

4. Assimetria

a) Troque uma forma simétrica por uma assimétrica de um objeto.

b) Se o objeto já é assimétrico, aumente o grau de assimetria.

Exemplo:

1. Um lado do pneu é mais forte que o outro para suportar o impacto com o meio-fio.

2. Ao descarregar areia molhada dentro de um funil simétrico, ela forma arcos em cima da abertura, causando um fluxo irregular. Um funil de forma assimétrica elimina completamente este efeito de arco.

5. Reunião/Combinação

a) Reúna num espaço objetos homogêneos que sejam destinados a operações contíguas.

b) Reúna no tempo operações homogêneas ou contíguas.

Exemplo:

1. O principal elemento de um escavador rotatório tem uma agulheta de energia especial para descongelar o chão e amaciá-lo em uma única operação.

6. Universalidade

a) O desempenho do objeto inclui múltiplas funções, eliminando, consequentemente, a necessidade de alguns outros objetos.

Exemplo:

1. Sofá - que pode ser utilizado como sofá durante o dia e como cama durante a noite.

2. Minivan, que pode acomodar pessoas sentadas, deitadas ou carregar carga.

7. Aninhamento

a) Conter um objeto dentro de outro que, por sua vez, é colocado dentro de um terceiro objeto.

b) Um objeto passa pela cavidade de outro objeto.

Exemplo:

1. Antena telescópica.

2. Cadeiras empilhadas (umas em cima das outras para depósito).

8. Contrapeso

a) Compensar o peso do objeto pela junção com outro objeto que tem força para erguer, levantar.

b) Compensar o peso do objeto pela interação com um ambiente provido de forças aerodinâmicas ou hidrodinâmicas.

Exemplo:

1. Aerobarco, Elevador.

2. A parte lateral traseira, em carros de corrida, para aumentar a pressão do carro no chão.

9. Contra-ação Antecipada

a) Se for necessário realizar alguma ação, aplique uma contra-ação primeiramente.

b) Se, para resolver o problema, o objeto tem que ter uma tensão, prover antecipadamente uma anti-tensão.

Exemplo:

1. Aço para vigas de concreto protendido. Aplica-se a tração no aço, dentro da forma da viga, até completar a cura do concreto e assim a viga terá mais resistência à flexão.

2. Reforço de hastes - com a intenção de fazer uma haste mais forte do que as feitas por vários barras, promova previamente uma torção do feixe.

10. Ação Antecipada

a) Realizar a ação requerida antecipadamente, ou pelo menos uma parte.

b) Arranje os objetos de forma que eles possam entrar em ação sem perder o tempo de preparação (e coloque-os na posição mais conveniente).

Exemplo:

1. Uma bainha de faca que permite que aquela seja afiada todas as vezes que for retirada.

11. Amortecimento Antecipado

a) Compense a relativa baixa confiabilidade de um objeto por contramedidas antecipadas.

Exemplo:

1. Para prevenir o furto na loja, o proprietário prega uma etiqueta especial contendo uma placa magnetizada nos itens à venda. Quando o consumidor vai levar a mercadoria, esta placa é desmagnetizada no caixa.

12. Equipotencialidade

a) Substitua as condições de trabalho para que um objeto não precise ser levantado ou abaixado.

Exemplo:

1. O óleo do motor automotivo é trocado pelos mecânicos por um buraco (consequentemente não é necessário o elevador de carro para levantar os automóveis).

13. Inversão

a) Em vez de impor uma ação pelas especificações do problema, implemente uma ação oposta.

b) Em uma interação de um objeto com o ambiente externo, o objeto pode ser móvel (ficando o ambiente externo imóvel) ou pode-se fazer a inversão (o objeto fica imóvel e o ambiente externo é móvel).

c) Vire o objeto de cabeça para baixo.

Exemplo:

1. Vibrar a peça sobre o abrasivo em vez de agitar o abrasivo sobre a peça.

14. Esferoidização

a) Troque partes lineares ou superfícies planas por curvadas, formas cúbicas por formas esféricas.

b) Use rolos, bolas, espirais.

c) Troque um movimento linear por um movimento rotatório, utilize força centrífuga.

Exemplo:

1. Mouse de computadores utilizam forma de bola para tornar linear o movimento em dois eixos.

15. Dinamicidade

a) Faça características de um objeto, ou de um ambiente externo, automaticamente ajustadas para o desempenho ótimo em cada estágio da operação.

b) Divida um objeto em elementos de forma que seja possível mudar a posição relativa uns dos outros.

c) Se um objeto é imóvel, faça-o móvel ou intercambiável.

Exemplo:

1. Uma lanterna elétrica portátil com um conduite flexível entre o corpo e a lâmpada.

2. Um barco de transporte com o corpo de formato cilíndrico. Para reduzir a resistência de arraste da superfície do corpo, comprima as partes cilíndricas em anéis de forma que possam ser abertas.

16. Ação Parcial ou Exagerada

a) Se é difícil obter 100% do efeito desejado, atinja parcialmente o efeito, a fim de simplificar o problema.

Exemplo:

1. Um cilindro é pintado mergulhado na tinta, mas contém mais tinta que o desejado. O excesso da tinta é então removido rapidamente centrifugando o cilindro.

2. Para obter um descarregamento uniforme de pó metálico de uma grande caixa, o alimentador tem um funil interno especial, o qual é permanentemente enchido para prover uma pressão quase constante.

17. Movendo para uma Nova Dimensão

a) Remover problemas ao movimentar um objeto de uma reta para um plano. Similarmente, problemas no movimento de um objeto no plano são removidos se o objeto puder ser mudado para permitir um movimento em três dimensões.

b) Use multicamadas na montagem dos objetos em vez de uma única camada.

c) Incline o objeto ou rode-o de seu lado.

d) Projete imagens para a área vizinha ou para o lado inverso do objeto.

Exemplo:

1. Uma estufa de hortaliças que tem um refletor côncavo na sua parte norte para aumentar a iluminação nesta parte por meio do reflexo da luz do sol durante o dia.

2. Em um estacionamento de carro, use dispositivo para colocar para um carro sobre o outro e aproveitar o espaço vertical.

18. Vibração Mecânica

a) Aplique uma oscilação no objeto.

b) Se existe oscilação, aumente sua frequência, podendo atingir frequência ultrassônica.

c) Use a frequência da ressonância.

d) Em vez de vibração mecânica, use vibração de pressão.

e) Use vibrações ultrassônicas em conjunto com um campo eletromagnético.

Exemplo:

1. Para remover uma fatia sem danificar a peça, uma serra manual é substituída por uma faca elétrica vibratória.

2. Vibre o molde da fundição enquanto está sendo preenchido, para melhorar as propriedades de fluxo e estrutura.

19. Ação Periódica

a) Troque uma ação contínua por uma periódica, ou de impulsão.

b) Se a ação já é periódica, mude sua frequência.

c) Use pausas durante os impulsos, para prover ação adicional.

Exemplo:

1. O impacto de uma chave inglesa para afrouxar porcas e parafusos corroídos, usando impulsos em vez de força contínua.

2. Luzes de alerta piscantes são muito mais chamativas do que as de iluminação contínua.

20. Continuidade da Ação Útil

a) Manter uma ação sem interrupção - todas as partes do objeto devem estar operando constantemente com toda a capacidade.

b) Remova movimentos ociosos e intermediários.

Exemplo:

1. Uma máquina de furar com ferramenta cortante que permite o corte nas duas direções.

21. Acelerar

a) Realize as operações prejudiciais ou de risco a uma velocidade muito alta.

Exemplo:

1. Pode-se prevenir a deformação de tubos muito finos aplicando na tesoura uma alta velocidade de corte.

22. Converta o Prejuízo em Benefício

a) Utilize os fatores prejudiciais ou efeitos nocivos de um ambiente para obter um efeito positivo.

b) Remova o fator prejudicial adicionando um outro fator prejudicial.

c) Aumente a quantidade de ações prejudiciais antes que deixe de ser prejudicial.

Exemplo:

1. Areia ou cascalho congelam quando transportados no clima frio. Super congele (usando nitrogênio líquido), transformando o gelo em pó, permitindo que derrame ou escoe.

2. Quando se utiliza corrente de alta frequência para aquecer o metal, apenas a superfície externa é aquecida. Este efeito negativo é utilizado para tratamento térmico, como nos dentes de uma engrenagem.

3. A homeopatia aplica remédios que reforçam os sintomas da doença.

23. Feedback

a) Introduza o FEEDBACK.

b) Se o FEEDBACK já existe, faça-o de modo contrário.

Exemplo:

1. A pressão da água de um poço é mantida por meio de um sensor que só liga a bomba de sucção se a pressão do depósito for muito baixa.

2. Gelo e água são medidos separadamente mas devem ser agrupados para obter um peso final exato. Como é difícil controlar o peso do gelo, este é medido primeiramente e o peso total se obtém adicionando água até completar o peso total desejado.

24. Mediador

a) Use um objeto intermediário para transferir ou realizar a ação.

b) Temporariamente conecte o objeto a outro que seja fácil de remover.

Exemplo:

1. Para reduzir a perda de energia na aplicação de corrente em metal líquido, são usados eletrodos que transferem energia a um metal intermediário com temperatura de fusão menor.

25. Self-Service

a) Faça o objeto self-service e mantenha as operações de reparo e de suplemento.

b) Aproveite o material e energia desperdiçados.

Exemplo:

1. Numa máquina de solda elétrica, a haste é empurrada por um aparelho especial. Para simplificar o sistema, a haste é empurrada por solenóide, o qual é controlado pela própria corrente de solda.

2. Para fornecer água às aves de um galinheiro, coloque uma garrafa cheia d'água emborcada sobre o bebedouro. Quando as aves tomam a água há entrada de ar na garrafa, que reabastece o bebedouro.

26. Cópia

a) Use cópia simples e barata em vez de um objeto complexo, caro, fraco ou inconveniente para operar.

b) Troque o objeto ou o sistema de objetos por suas cópias ópticas ou imagem óptica. Uma escala pode ser usada para reduzir ou aumentar a imagem.

c) Se cópias ópticas visíveis são usadas, troque-as por cópias de infravermelho ou ultravioleta.

Exemplo:

1. A altura de objetos pode ser determinada pela medida de suas sombras.

27. Um objeto de vida curta barato em vez de um objeto durável caro

a) Troque um objeto caro por uma coleção de objetos baratos, comprometendo outras propriedades (longevidade, por exemplo).

Exemplo:

1. Fralda descartável.

2. O simples uso de uma ratoeira, que consiste de um tubo plástico com uma isca. O rato entra na armadilha através de um formato de cone aberto. As paredes da abertura são angulares, o que não permite que o rato saia.

28. Reposição de um sistema mecânico

a) Substitua um sistema mecânico por um eletrônico, óptico, acústico ou odoro.

b) Use campo elétrico, magnético ou eletromagnético para interação com os objetos.

c) Substitua os campos:

    1. Campos estacionários por campos móveis.

    2. Campos fixos por campos que mudam com o tempo.

    3. Campos casuais por estruturados.

d) Use um campo magnético em conexão com partículas ferromagnéticas.

Exemplo:

1. Para aumentar a aderência de uma cobertura de metal em um material termoplástico, o processo é realizado dentro de um campo eletromagnético para aplicar pressão ao metal.

29. Use construção pneumática ou hidráulica

a) Substitua partes sólidas de um objeto por líquido ou gás - estas partes podem usar ar ou água para inflar ou usar ar ou amortecedor hidrostático.

Exemplo:

1. Para aumentar a corrente de ar numa chaminé industrial, um tubo espiral com bicos foi instalado. Quando o ar começa a soprar pelos bicos, é criada uma manta de ar, reduzindo o tempo de passagem.

2. Para embarcar produtos frágeis, envelopes com bolhas de ar ou espuma do mesmo tipo do material são usados.

3. Para aumentar a ventilação de um galpão, colocam-se no telhado coifas aletadas que giram com o vento, provocando tiragem no galpão.

30. Filme flexível ou membranas finais

a) Reponha construções usuais, costumeiras com membranas flexíveis e filmes finos.

b) Isole um objeto do meio ambiente com filme ou membranas finas.

Exemplo:

1. Para prevenir o desperdício da água que evapora das folhas das plantas, um spray de polietileno é aplicado. Após um instante, o polietileno endurece e a planta cresce muito melhor porque o filme de polietileno possibilita uma melhor troca de oxigênio em relação ao vapor da água.

31. Uso de material poroso

a) Faça um objeto se tornar poroso ou use elementos porosos adicionais (inserção, coberturas...).

b) Se o objeto já é poroso, preencha os poros com alguma substância.

Exemplo:

1. Para evitar congelamento no bombeamento, em algumas partes da bomba é aplicado material poroso (pó do aço) encharcado num líquido colante, o qual evapora quando a máquina está funcionando.

32. Mudando de cor

a) Mude a cor do objeto ou de seus arredores.

b) Altere o grau de transparência de um objeto ou de seus arredores.

c) Use aditivos coloridos para observar objetos ou processo que são difíceis de enxergar.

d) Se tais aditivos já são utilizados, empregue traços luminescentes.

Exemplo:

1. Uma atadura transparente possibilita que o ferimento seja inspecionado sem precisar que o curativo seja removido.

2. Nas usinas de aço, uma cortina de água foi projetada para proteger operários do superaquecimento. Mas esta cortina apenas protege dos raios infravermelhos, então a clara luz do aço derretido pode facilmente atravessar a cortina. Uma coloração foi adicionada à água para criar um efeito de filtro, permanecendo transparente.

3. Mistura de anilina ao Tordon (herbicida), que é transparente, permite, na bateção de pasto, identificar as plantas que receberam das que não receberam a substância.

33. Homogeneidade

a) Faça objetos interagirem com o objeto básico feito do mesmo material ou que tem um comportamento parecido com o seu.

Exemplo:

1. A superfície de um alimentador para grãos abrasivos é feita do mesmo material que corre pelo alimentador, permitindo que se tenha uma contínua restauração da superfície, evitando desgaste.

34. Rejeitando e regenerando partes

a) Após ter completado sua função ou ter se tornado inútil, rejeite ou modifique (jogue fora, dissolva, evapore) um elemento do objeto.

b) Restaure imediatamente qualquer parte consumida ou esgotada de um objeto.

Exemplo:

1. Revestimentos das balas são jogados para fora depois que a arma dispara.

2. Impulsionadores de foguetes são separados após exercerem suas funções.

35. Transformação de estado físico e químico de um objeto

a) Mudança no estado de composição do objeto, concentração da densidade, grau de flexibilidade ou da temperatura.

Exemplo:

1. Para transportar gelo, derreta-o e bombeie por uma tubulação e no destino congele novamente.

36. Fase de transição

a) Implemente um efeito obtido durante a fase de transição da substância. Por exemplo, durante a mudança de volume, há liberação ou absorção de calor.

Exemplo:

1. Para provocar a dilatação de tubos anelados, estes são preenchidos com água, que será congelada aumentando seu diâmetro.

37. Dilatação/Expansão Térmica

a) Uso da expansão ou compressão do material pelo aquecimento.

b) Uso de diversos materiais com diferentes coeficientes de expansão por aquecimento.

Exemplo:

1. Para controlar a abertura da janela da estufa, chapas bimetálicas são conectadas às janelas. Com a mudança de temperatura, as chapas mexem, fazendo com que as janelas se abram ou fechem.

38. Uso de oxidantes fortes

a) Substitua ar normal por ar enriquecido.

b) Substitua ar enriquecido por oxigênio.

c) Aplique no ar ou no oxigênio uma radiação ionizante.

d) Use oxigênio ionizado.

Exemplo:

1. Para obter mais calor de uma tocha, esta é enchida de oxigênio em vez de ar atmosférico.

39. Ambiente inerte

a) Substitua um ambiente normal por um inerte.

b) Realize o processo no vácuo.

Exemplo:

1. Para prevenir que o algodão pegue fogo no armazém, ele é tratado com gás inerte durante o transporte para a área de armazenagem.

40. Materiais compostos

a) Substitua um material homogêneo por um composto.

Exemplo:

1. Asas de uma aeronave militar são feitas de compostos plásticos e fibras de carbono para aumentar a resistência e diminuir o peso.

3. Matriz de Contradição de Altshuller

Tabela A4.1: Tabela de Altshuller.

	Resultado indesejado (Conflito) / Característica (aspecto) para mudar	1 Peso de objeto em movimento	2 Peso de objeto imóvel	3 Dimensão do objeto em movimento	4 Tempo do objeto imóvel	5 Área do objeto em movimento	6 Área do objeto imóvel	7 Volume de objeto em movimento	8 Volume de objeto imóvel	9 Velocidade	10 Força	11 Tensão / Pressão	12 Forma	13 Estabilidade do objeto
1	Peso de objeto em movimento			15,8, 29,34		29,17, 38,34		29,2, 40,28		2,8, 15,38	8,10, 18,37	10,36, 37,40	10,14, 35,40	1,35, 19,39
2	Peso de objeto imóvel				10,1, 29,35		35,30, 13,2		5,35, 14,2		8,10, 19,35	13,29, 10,18	13,10, 29,14	26,39, 1,40
3	Dimensão do objeto em movimento	8,15, 29,34				15,17, 4		7,17, 4,35		13,4, 8	17,10, 4	1,8, 35	1,8, 10,29	1,8, 15,34
4	Tempo do objeto imóvel		35,28, 40,29				17,7, 10,40		35,8, 2,14		28,10	1,14, 35	13,14, 15,7	39,37, 35
5	Área do objeto em movimento	2,17, 29,4		14,15, 18,4				7,14, 17,4		29,30, 4,34	19,30, 35,2	10,15, 36,28	5,34, 29,4	11,2, 13,39
6	Área do objeto imóvel		30,2, 14,18			26,7, 9,39					1,18, 35,36	10,15, 36,37		2,38
7	Volume de objeto em movimento	2,26, 29,40		1,7, 4,35		1,7, 4,17				29,4, 38,34	15,35, 36,37	6,35, 36,37	1,15, 29,4	28,10, 1,39
8	Volume de objeto imóvel		35,10, 19,14	19,14	35,8, 2,14						2,18, 37	24,35	7,2, 35	34,28, 35,40
9	Velocidade	2,28, 13,38		13,14, 8		29,30, 34		7,29, 34			13,28, 15,19	6,18, 38,40	35,15, 18,34	28,33, 1,18
10	Força	8,1, 37,18	18,13, 1,28	17,19, 9,36	28,10	19,10, 15	1,18, 36,37	15,9, 12,37	2,36, 18,37	13,28, 15,12		18,21, 11	10,35, 40,34	35,10, 21
11	Tensão / Pressão	10,36, 37,40	13,29, 10,18	35,10, 36	35,1, 14,16	10,15, 36,25	10,15, 35,37	6,35, 10	35,24	6,35, 36	36,35, 21		35,4, 15,10	35,33, 2,40
12	Forma	8,10, 29,40	15,10, 26,3	29,34, 5,4	13,14, 10,7	5,34, 4,10		14,4, 15,22	7,2, 35	35,15, 34,18	35,10, 37,40	34,15, 10,14		33,1, 18,4
13	Estabilidade do objeto	21,35, 2,39	26,39, 1,40	13,15, 1,28	37	2,11, 13	39	28,10, 19,39	34,28, 35,40	33,15, 28,18	10,35, 21,16	2,35, 40	22,1, 18,4	
14	Resistência	1,8, 40,15	40,26, 27,1	1,15, 8,35	15,14, 28,26	3,34, 40,29	9,40, 28	10,15, 14,7	9,14, 17,15	8,13, 26,14	10,18, 3,14	10,3, 18,40	10,30, 35,40	13,17, 35
15	Durabilidade de objeto em movimento	19,5, 34,31		2,19, 9		3,17, 19		10,2, 19,30		3,35, 5	19,2, 16	19,3, 27	14,26, 28,25	13,3, 35
16	Durabilidade de objeto imóvel		6,27, 19,16		1,10, 35			35,34, 38						39,3 35,23
17	Temperatura	36,22, 6,38	22,35, 32	15,19, 9	15,19, 9	3,35, 39,18	35,38	34,39, 40,18	35,6, 4	2,28, 36,30	35,10, 3,21	35,39, 19,2	14,22, 19,32	1,35, 32
18	Brilho	19,1, 32	2,35, 32	19,32, 16		19,32, 26		2,13, 10		10,13, 19	26,19, 6		32,30	32,3, 27
19	Energia gasta por objeto em movimento	12,18, 28,31		12,28		15,19, 25		35,13, 18		8,15, 35	16,26, 21,2	23,14, 25	12,2, 29	19,13, 17,24
20	Energia gasta por objeto imóvel		19,9, 6,27							36,37				27,4, 29,18

	Resultado indesejado (Conflito) / Característica (aspecto) para mudar	14 Resistência	15 Durabilidade de objeto em movimento	16 Durabilidade de objeto imóvel	17 Temperatura	18 Brilho	19 Energia gasta por objeto em movimento	20 Energia gasta por objeto imóvel	21 Potência	22 Derperdicio de energia	23 Derperdicio de substância	24 Perda de informação	25 Derperdicio de tempo	26 Quantidade de substância
1	Peso de objeto em movimento	28,27, 18,40	5,34, 31,35		6,20, 4,37,	19,1, 32	35,12, 34,21		12,36, 18,31	6,2, 34,19	5,35, 3,31,	10,24, 35	10,35, 20,28,	3,26, 18,31
2	Peso de objeto imóvel	28,2, 10,27		2,27, 19,6,	28,19, 32,22,	19,32, 35,		18,19, 28,1	15,19, 28,15,	18,19, 28,15,	5,8, 13,30	10,15, 35,	10,20, 35,26,	19,6, 18,26,
3	Dimensão do objeto em movimento	8,35, 29,34,	19		10,15, 19	32	8,35, 24		1,35	7,32, 35,39,	4,29, 23,10	1,24,	15,2, 29	29,35
4	Tempo do objeto imóvel	15,14, 28,26		1,40, 35,	3,35, 38,18,	3,25			12,8	6,28	10,28, 24,35	24,26	30,29, 14	
5	Área do objeto em movimento	3,15, 40,14	6,3		2,15, 16	15,32, 19,13	19,32		19,10, 32,18	15,17, 30,26	10,35, 2,39	10,26	26,4	29,30, 6,13
6	Área do objeto imóvel	40		2,10, 19,30	35,39, 38				17,32	17,7, 30	10,14, 18,39	30,16	10,35, 4,18	2,18, 40,4
7	Volume de objeto em movimento	9,14, 15,7	6,35, 4		34,39, 10,18	2,13, 10	35		35,6, 13,18	7,15, 13,16	36,39, 34,10	2,22	2,6, 34,10	29,30, 7
8	Volume de objeto imóvel	9,14, 17,15		35,34, 38	35,6, 4				30,6		10,39, 35,34		35,16, 32,18	35,3
9	Velocidade	8,3, 26,14	3,19, 35,5		28,30, 36,2	10,13, 19	8,15, 35,38		19,35, 38,2	14,20, 19,35	10,13, 28,38	13,26		18,19, 29,38
10	Força	35,10, 14,27	19,2		35,10, 21		19,17, 10	1,16, 36,37	19,35, 18,37	14,15	8,35, 40,5		10,37, 36	14,29, 18,36
11	Tensão / Pressão	9,18, 3,40	19,3, 27		35,39, 19,2		14,24, 10,37		10,35, 14	2,36, 25	10,36, 3,37		37,36, 4	10,14, 36
12	Forma	30,14, 10,40	14,26, 9,25		22,14, 19,32	13,15, 32	2,6, 34,14		4,6, 2	14	35,29, 3,5		14,10, 34,17	36,22
13	Estabilidade do objeto	17,9, 15	13,27, 10,35	39,3, 35,23	35,1, 32	32,3, 27,15	13,19	27,4, 29,18	32,35, 27,31	14,2, 39,6	2,14, 30,40		35,27	15,32
14	Resistência		27,3, 26		30,10, 40	35,19	19,35, 10	35	10,26, 35,28	35	35,28, 31,40		29,3, 28,10	29,10, 27
15	Durabilidade de objeto em movimento	27,3, 10			19,35, 39	2,19, 4,35	28,6, 35,18		19,10, 35,38		28,27, 3,18	10	20,10, 28,18	3,35, 10,40
16	Durabilidade de objeto imóvel				19,18, 36,40				16		27,16, 18,38	10	28,20, 10,16	3,35, 31
17	Temperatura	10,30, 22,40	19,13, 39	19,18, 36,40		32,30, 21,16	19,15, 3,17		2,14, 17,25	21,17, 35,38	21,36, 29,31		35,28, 21,18	3,17, 30,39
18	Brilho	35,19	2,19, 6		32,35, 19		32,1, 19	32,35, 1,15	32	19,16, 1,6	13,1	1,6	19,1, 26,17	1,19
19	Energia gasta por objeto em movimento	5,19, 9,35	28,35, 6,18		19,24, 3,14	2,15, 19			6,19, 37,18	12,22, 15,24	35,24, 18,5		35,38, 19,18	34,23, 16,18
20	Energia gasta por objeto imóvel	35				19,2, 35,32					28,27, 18,31			3,35, 31

305

	Resultado indesejado (Conflito) Característica (aspecto) para mudar	27 Confiabilidade	28 Precisão da medição	29 Precisão da fabricação	30 Fatores nocivos atuando no objeto	31 Lado nocivo dos efeitos	32 Manufaturabilidade	33 Conveniência de uso	34 Reparabilidade	35 Adaptabilidade	36 Complexidade da invenção	37 Complexidade do controle	38 Nível de automação	39 Produtividade
1	Peso de objeto em movimento	3, 11, 1, 27	28, 27, 35, 26	28, 35, 26, 18	22, 21, 18, 27	22, 35, 31, 39	27, 28, 1, 36	35, 3, 2, 24	2, 27, 28, 11	29. 5, 15, 8	26, 30, 36, 34	28, 29, 36, 34	26, 35, 18, 19	35, 3, 24, 37
2	Peso de objeto imóvel	10, 28, 8, 3	18, 26, 28	10, 1, 34, 17	2, 19, 22, 37	35, 22, 1, 39	28, 1, 9	6, 13, 1, 32	2, 27, 28, 11	19, 15, 29	1, 10, 26, 39	25, 28, 17, 15	2, 26, 35	1, 28, 15, 35
3	Dimensão do objeto em movimento	10, 14, 29, 40	28, 32, 4	10, 28, 29, 37	1, 15, 17, 24	17, 15	1, 29, 17	15, 29, 35, 4	1, 28, 10	14, 15, 1, 16	1, 19, 26, 24	35, 1, 26, 24	17, 24, 26, 16	14, 4, 28, 29
4	Dimensão do objeto imóvel	15, 29, 28	32, 28, 3	2, 32, 10	1, 18		15, 17, 27	2, 25	3	1, 35	1, 26	26		30, 14, 7, 26
5	Área do objeto em movimento	29, 9	26, 28, 32, 3	2, 32	22, 33, 28, 1	17, 2, 18, 39	13, 1, 26, 24	15, 17, 13, 16	15, 13, 10, 1	15, 30	14, 1, 13	2, 36, 26, 18	14, 30, 28, 23	10, 26, 34, 2
6	Área do objeto imóvel	32, 35, 40, 4	26, 28, 32, 3	2, 29, 18, 36	27, 2, 39, 35	22, 1, 40	40, 16	16, 4	16	15, 16	1, 18	2, 35, 30, 18	23	10, 15, 17, 7
7	Volume de objeto em movimento	14, 1, 40, 11	25, 26, 28	25, 28, 2, 16	22, 21, 27, 35	22, 1, 40	29, 1, 40	15, 13, 30, 12	10	15, 29	26, 1	29, 26, 4	35, 34, 16, 24	10, 6, 2, 34
8	Volume de objeto imóvel	2, 35, 16		35, 10, 25	34, 39, 19,27	30, 18, 35, 4	35		1		1, 31	2, 17, 26		35, 37, 10, 2
9	Velocidade	11, 35, 27, 28	28, 32, 1, 24	10, 28, 32, 25	1, 28, 35, 23	2, 24, 35, 21	35, 13, 8, 1	32, 28, 13, 12	34, 2, 28, 27	15, 10, 26	10, 28, 4, 34	3, 34, 27, 16	10, 18	
10	Força	3, 35, 13, 21	35, 10, 23, 24	28, 29, 37, 36	1, 35, 40, 18	13, 3, 36, 24	15, 37, 18, 1	1, 28, 3, 25	15, 1, 11	26, 35, 18, 20	15, 17, 10, 18	36, 37, 10, 19	2, 35	3, 28, 35, 37
11	Tensão / Pressão	10, 13, 19, 35	6, 28, 25	3, 35	22, 2, 37	2, 33, 27, 18	1, 35, 16	11	2	35	19, 1, 35	2, 36, 37	35, 24	10, 14, 35, 37
12	Forma	10, 40, 16	28, 32, 1	32, 30, 40	22, 1, 2, 35	35, 1	1, 32, 17, 28	32, 15, 26	2, 13, 1	1, 15, 29	16, 29, 1, 28	15, 13, 39	15, 1, 32	17, 26, 34, 10
13	Estabilidade do objeto		13	18	35, 24, 30, 18	35, 40, 27, 39	35, 19	32, 35, 30	2, 35, 10, 16	35, 30, 34, 2	2, 35 22, 26	35, 22, 39, 23	1, 8, 35	23, 35, 40, 3
14	Resistência	11, 3	3, 27, 16	3, 27	18, 35, 37, 1	15, 35, 22, 2	11, 3, 10, 32	32, 40, 28, 2	27, 11, 3	15, 3, 32	2, 13, 28	27, 3, 15, 40	15	29, 35, 10, 14
15	Durabilidade de objeto em movimento	11, 2, 13	3	3, 27, 16, 40	22, 15, 33, 28	21, 39, 16, 22	27, 1, 4	12, 27	29, 10, 27	1, 35, 13	10, 4, 29, 15	19, 29, 39, 35	6, 10	35, 17, 14, 19
16	Durabilidade de objeto imóvel	34, 27, 6, 40	10, 26, 24	24	17, 1, 40, 33	22	35, 10	1	1	2		25, 34, 6, 35	1	10, 20, 16, 38
17	Temperatura	19, 35, 3, 10	32, 19, 24	24	22, 33, 35, 2	22, 35, 2, 24	26, 27	26, 27	4, 10, 16	2, 18, 27	2, 17, 16	3, 27, 35, 31	26, 2, 19, 16	15, 28, 35
18	Brilho		11, 15, 32	3, 32	15, 19	35, 19, 32, 39	19, 35, 28, 26	28, 26, 19	15, 17, 13, 16	15, 1, 1, 19	6, 32, 13	32, 15	2, 26, 10	2, 25, 16
19	Energia gasta por objeto em movimento	19, 21, 11, 27	3, 1, 32		1, 35, 6, 27	2, 35, 6	28, 26, 30	19, 35	1, 15, 17, 28	15, 17, 13, 16	2, 29, 27, 28	35, 38	32, 2	12, 28, 35
20	Energia gasta por objeto imóvel	10, 36, 23			10, 2, 22, 37	19, 22, 18	1, 4					19, 35, 16, 25		1, 6

	Resultado indesejado (Conflito) / Característica (aspecto) para mudar	1 Peso de objeto em movimento	2 Peso de objeto imóvel	3 Dimensão do objeto imóvel	4 Tempo do objeto imóvel	5 Área do objeto em movimento	6 Área do objeto imóvel	7 Volume de objeto em movimento	8 Volume de objeto imóvel	9 Velocidade	10 Força	11 Tensão / Pressão	12 Forma	13 Estabilidade do objeto
21	Potência	8, 36, 38, 31	19, 26, 17, 27	1, 10, 35, 37	6, 38, 7	19, 38	17, 32, 13, 38	35, 6, 38	30, 6, 25	15, 35, 2	26, 2, 36, 35	22, 10, 35	29, 14, 2, 40	35, 32, 15, 31
22	Desperdício de energia	15, 6, 19, 28	19, 6, 18, 9	7, 2, 6, 13	6, 38, 7	15, 26, 17, 30	17, 7, 30, 18	7, 18, 23		7	16, 35, 38	36, 38		14, 2, 39, 6
23	Desperdício de substância	35, 6, 23, 40	35, 6, 22, 32	14, 29, 10, 39	10, 28, 24	35, 2, 10, 31	10, 18, 39, 31	1, 29, 30, 36	3, 39, 18, 31	10, 13, 28, 38	14, 15, 18, 40	3, 36, 37, 10	29, 35, 3, 5	2, 14, 30, 40
24	Perda de informação	10, 24, 35	10, 35, 5	1, 26	26	30, 26	30, 16		2, 22	26, 32				
25	Desperdício de tempo	10, 20, 37, 35	10, 20, 26, 5	15, 2, 29	30, 24, 14, 5	26, 4, 5, 16	10, 35, 17, 4	2, 5, 34, 10	35, 16, 32, 18		10, 37, 36, 5	37, 36, 4	4, 10, 34, 17	35, 3, 22, 5
26	Quantidade de substância	35, 6, 18, 31	27, 26, 18, 35	29, 14, 35, 18		15, 14, 29	2, 18, 40, 4	15, 20, 29		35, 29, 34, 28	35, 14, 3	10, 36, 14, 3	35, 14	15, 2, 17, 40
27	Confiabilidade	3, 8, 10, 40	3, 10, 8, 28	15, 9, 14, 4	15, 29, 28, 11	17, 10, 14, 16	32, 35, 40, 4	3, 10, 14, 24	2, 35, 24	21, 35, 11, 28	8, 28, 10, 3	10, 24, 35, 19	35, 1, 16, 11	
28	Precisão da medição	32, 35, 26, 28	28, 35, 25, 26	28, 26, 5, 16	32, 28, 3, 16	26, 28, 32, 3	26, 28, 32, 3	32, 13, 6		28, 13, 32, 24	32, 2	6, 28, 32	6, 28, 32	32, 35, 13
29	Precisão da fabricação	28, 32, 13, 18	28, 35, 27, 9	10, 28, 29, 37	2, 32, 10	28, 33, 29, 32	2, 29, 18, 36	32, 28, 2	25, 10, 35	10, 28, 32	28, 19, 34, 36	3, 35	32, 30, 40	30, 18
30	Fatores nocivos atuando no objeto	22, 21, 27, 39	2, 22, 13, 24	17, 1, 39, 4	1, 18	22, 1, 33, 28	27, 2, 39, 35	22, 23, 37, 35	34, 39, 19, 27	21, 22, 35, 28	13, 35, 39, 18	22, 2, 37	22, 1, 3, 35	35, 24, 30, 18
31	Efeitos colaterais nocivos	19, 22, 15, 39	35, 22, 1, 36	17, 15, 16, 22		17, 2, 18, 39	22, 1, 40	17, 2, 40	30, 18, 35, 4	35, 28, 3, 23	35, 28, 1, 40	2, 33, 27, 18	35, 1	35, 40, 27, 39
32	Manufaturabilidade	28, 29, 15, 16	1, 27, 36, 13	1, 29, 13, 17	15, 17, 27	13, 1, 26, 12	16, 40	13, 29, 1, 40	35	35, 13, 8, 1	35, 12	35, 19, 1, 37	1, 28, 13, 27	11, 13, 1
33	Conveniência de uso	25, 2, 13, 15	6, 13, 1, 25	1, 17, 13, 12		1, 17, 13, 16	18, 16, 15, 39	1, 16, 35, 15	4, 18, 39, 31	18, 13, 34	28, 13, 35	2, 32, 12	15, 34, 29, 28	32, 35, 30
34	Reparabilidade	2, 27, 35, 11	2, 27, 35, 11	1, 28, 10, 25	3, 18, 31	15, 13, 32	16, 25	25, 2, 35, 11	1	34, 9	1, 11, 10	13	1, 13, 2, 4	2, 35
35	Adaptabilidade	1, 6, 15, 8	19, 15, 29, 16	35, 1, 29, 2	1, 35, 16	35, 30, 29, 7	15, 16	15, 35, 29		35, 10, 14	15, 17, 20	35, 16	15, 37, 1, 8	35, 30, 14
36	Complexidade de equipamento (unidade)	26, 30, 34, 36	2, 36, 35, 39	1, 19, 26, 24	26	14, 1, 13, 16	6, 36	34, 25, 6	1, 16	34, 10, 28	26, 16	19, 1, 35	29, 13, 28, 15	2, 22, 17, 19
37	Complexidade de controle	27, 26, 28, 13	6, 13, 28, 1	16, 17, 26, 24	26	2, 13, 15, 17	2, 39, 30, 16	2, 39, 30, 16	2, 18, 26, 31	3, 4, 16, 35	36, 28, 40, 19	35, 36, 37, 32	27, 13, 1, 39	11, 22, 39, 30
38	Nível de automação	28, 26, 18, 35	28, 26, 35, 10	14, 13, 17, 28	23	17, 14, 13		35, 13, 16		28, 10	2, 35	13, 35	15, 32, 1, 13	18, 1
39	Produtividade	35, 26, 24, 37	28, 27, 15, 3	18, 4, 28, 38	30, 7, 14, 26	10, 26, 34, 31	10, 35, 17, 7	2, 6, 34, 10	35, 37, 10, 2		28, 15, 10, 36	10, 37, 14	14, 10, 34, 40	35, 3, 22, 39

307

	Resultado indesejado (Conflito) Característica (aspecto) para mudar	14 Resistência	15 Durabilidade de objeto em movimento	16 Durabilidade de objeto imóvel	17 Temperatura	18 Brilho	19 Energia gasta por objeto em movimento	20 Energia gasta por objeto imóvel	21 Potência	22 Desperdício de energia	23 Desperdício de substância	24 Perda de informação	25 Desperdício de tempo	26 Quantidade de substância
21	Potência	26, 10, 28	19, 35, 10, 38	16	2, 14, 17, 25	16, 6, 19	16, 6, 19, 37			10, 35, 38	28, 27, 18, 38	10, 19	35, 20, 10, 6	4, 34, 19
22	Desperdício de energia	26			19, 38, 7	1, 13, 32, 15			3, 38		35, 27, 2, 37	19, 10	10, 18, 32, 7	7, 18, 25
23	Desperdício de substância	35, 28, 31, 40	28, 27, 3, 18	27, 16, 18, 38	21, 36, 39, 31	1, 6, 13	35, 18, 24, 5	28, 27, 13, 31	28, 27, 18, 38	35, 27, 2, 31			15, 18, 35, 10	6, 3, 10, 24
24	Perda de informação		10	10			19		10, 19	19, 10			24, 26, 28, 32	24, 28, 35
25	Desperdício de tempo	29, 3, 28, 18	20, 10, 28, 18	28, 20, 10, 16	35, 29, 21, 18	1, 19, 26, 17	35, 38, 19, 18	1	35, 20, 10, 6	10, 5, 18, 32	35, 18, 10, 39	24, 26, 28, 32		35, 38, 18, 16
26	Quantidade de substância	14, 35, 34, 10	3, 35, 10, 40	3, 35, 31	3, 17, 39		34, 29, 16, 18	3, 35, 31	35	7, 18, 25	6, 3, 10, 24	24, 28, 35	35, 38, 18, 16	
27	Confiabilidade	11, 28	2, 35, 3, 25	34, 27, 6, 40	3, 35, 10	11, 32, 13	21, 11, 27, 19	36, 23	21, 11, 26, 31	10, 11, 35	10, 35, 29, 39	10, 28	10, 30, 4	21, 28, 40, 3
28	Precisão da medição	28, 6, 32	28, 6, 32	10, 26, 24	6, 19, 28, 24	6, 1, 32	3, 6, 32		3, 6, 32	26, 32, 27	10, 16, 31, 28		24, 34, 28, 32	2, 6, 32
29	Precisão da fabricação	3, 27	3, 27, 40		19, 26	32, 2	32, 2		32, 2	13, 32, 2	35, 31, 10, 24		32, 26, 28, 18	32, 30
30	Fatores nocivos atuando no objeto	18, 35, 37, 1	22, 15, 33, 28	17, 1, 40, 33	22, 33, 35, 2	1, 19, 32, 13	1, 24, 6, 27	10, 2, 22, 37	19, 22, 31, 2	21, 22, 35, 2	33, 22, 19, 40	22, 10, 2	35, 18, 34	35, 33, 29, 31
31	Efeitos colaterais nocivos	15, 35, 37, 1	15, 22, 33, 31	21, 39, 16, 22	22, 35, 2, 24	19, 24, 39, 32	2, 35, 6	19, 22, 18	2, 35, 18	21, 35, 2, 22	10, 1, 34	10, 21, 29	1, 22	3, 24, 39, 1
32	Manufaturabilidade	1, 3, 10, 32	27, 1, 4	35, 16	27, 26, 18	28, 24, 27, 1	28, 26, 27, 1	1, 4	27, 1, 12, 24	19, 35	15, 34, 33	32, 24, 18, 16	35, 28, 34, 4	35, 23, 1, 24
33	Conveniência de uso	32, 40, 3, 28	29, 3, 8, 25	1, 16, 25	26, 27, 13	13, 17, 1, 24	1, 13, 24		35, 34, 2, 10	2, 19, 13	28, 32, 2, 24	4, 10, 27, 22	4, 28, 10, 34	12, 35
34	Reparabilidade	11, 1, 2, 9	11, 29, 28, 27	1	4, 10	15, 1, 13	15, 1, 28, 16		15, 10, 32, 2	15, 1, 32, 19	2, 35, 34, 27		32, 1, 10, 25	2, 28, 10, 25
35	Adaptabilidade	35, 3, 32, 6	13, 1, 35	2, 16	27, 2, 3, 35	6, 22, 26, 1	19, 35, 29, 13		19, 1, 29	18, 15, 1	15, 10, 2, 13		35, 28	3, 35, 15
36	Complexidade de equipamento (unidade)	2, 13, 28	10, 4, 28, 15		2, 17, 13	24, 17, 13	27, 2, 29, 28		20, 19, 30, 34	10, 35, 13, 2	35, 10, 28, 29		6, 29	13, 3, 27, 10
37	Complexidade do controle	27, 3, 15, 28	19, 29, 39, 25	25, 24, 6, 35	3, 27, 35, 16	2, 24, 26	35, 38	19, 35, 16	19, 1, 16, 10	35, 3, 15, 19	1, 13, 10, 24	35, 33, 27, 22	18, 28, 32, 9	3, 27, 29, 18
38	Nível de automação	25, 13	6, 9		26, 2, 19	8, 32, 19	2, 32, 13		28, 2, 27	23, 28	35, 10, 18, 5	35, 33	24, 28, 35, 30	35, 13
39	Produtividade	29, 28, 10, 18	35, 10, 2, 18	20, 10, 16, 38	35, 21, 28, 10	26, 17, 19, 1	35, 10, 38, 19	1	35, 20, 10	28, 10, 29, 35	28, 10, 35, 23	13, 15, 23		35, 38

	Resultado indesejado (Conflito) / Característica (aspecto) para mudar	27 Confiabilidade	28 Precisão da medição	29 Precisão da fabricação	30 Fatores nocivos atuando no objeto	31 Efeitos colaterais nocivos	32 Manufaturabilidade	33 Conveniência de uso	34 Reparabilidade	35 Adaptabilidade	36 Complexidade da invenção	37 Complexidade do controle	38 Nível de automação	39 Produtividade
21	Potência	19, 24, 26, 31	32, 15, 2	32, 2	19, 22, 31, 2	2, 35, 18	26, 10, 34	26, 35, 10	35. 2, 10, 34	19, 17, 34	20, 19, 30, 34	19, 35, 16	28, 2, 17	28, 35, 34
22	Desperdício de energia	11, 10, 35	16, 34, 31, 28	35, 10, 24, 31	33, 22, 30, 40	10, 1, 34, 29	15, 34, 33	32, 28, 2, 24	2, 35, 34, 27	15, 10, 2	35, 10, 28, 24	35, 18, 10, 13	35, 10, 18	28, 35, 10, 23
23	Desperdício de substância	10, 29, 39, 35	16, 34, 31, 28	35, 10, 24, 31	33, 22, 30, 40	10, 1, 34, 29	15, 34, 33	32, 28, 2, 24	2, 35, 34, 27	15, 10, 2	35, 10, 28, 24	35, 18, 10, 13	35, 10, 18	28, 35, 10, 23
24	Perda de informação	10, 28, 23			22, 10, 1	10, 21, 22	32	27, 22				35, 33	35	13, 23, 15
25	Desperdício de tempo	10, 30, 4	24, 34, 28, 32	24, 26, 28, 18	35, 18, 34	35, 22, 18, 39	35, 28, 34, 4	4, 28, 10, 34	32, 1, 10	35, 28	6, 29	18, 28, 32, 10	24, 28, 35, 30	
26	Quantidade de substância	18, 3, 28, 40	13, 2, 28	33, 30	35, 33, 29, 31	3, 35, 40, 39	29, 1, 35, 27	35, 29, 25, 10	2, 32, 10, 25	15, 3, 29	3, 13, 27, 10	3, 27, 29, 18	8, 35	13, 29, 3, 27
27	Confiabilidade		32, 3, 11, 23	11, 32, 1	27, 35, 2, 40	35, 2, 40, 26		27, 17, 40	1, 11	13, 35, 8, 24	13, 35, 1	27, 40, 28	11, 13, 27	1, 35, 29, 38
28	Precisão da medição	5, 11, 1, 23			28, 24, 22, 26	3, 33, 39, 10	6, 35, 25, 18	1, 13, 17, 34	1, 32, 13, 11	13, 35, 2	27, 35, 10, 34	26, 24, 32, 28	28, 2, 10, 34	10, 34, 28, 32
29	Precisão da fabricação	11, 32, 1			26, 28, 10, 36	4, 17, 34, 26		1, 32, 35, 23	25, 10		26, 2, 18		26, 28, 18, 23	10, 18, 32, 39
30	Fatores nocivos atuando no objeto	27, 24, 2, 40	28, 33, 23, 26	26, 28, 10, 18			24, 35, 2	2, 25, 28, 39	35, 10, 2	35, 11, 22, 31	22, 19, 29, 40	22, 19, 29, 40	33, 3, 34	22, 35, 13, 24
31	Efeitos colaterais nocivos	24, 2, 40, 39	3, 33, 26	4, 17, 34, 26							19, 1, 31	2, 21, 27, 1	2	22, 35, 18, 39
32	Manufaturabilidade		1, 35, 12, 18		24, 2			2, 5, 13, 16	35, 1, 11, 9	2, 13, 15	27, 26, 1	6, 28, 11, 1	8, 28, 1	35, 1, 10, 28
33	Conveniência de uso	17, 27, 8, 40	25, 13, 2, 34	1, 32, 35, 23	2, 25, 28, 39		2, 5, 12		12, 26, 1, 32	15, 34, 1, 16	32, 26, 12, 17		1, 34, 12, 3	15, 1, 28
34	Reparabilidade	11, 10, 1, 16	10, 2, 13	25, 10	35, 10, 2, 16		1, 35, 11, 10	1, 12, 26, 15		7, 1, 4, 16	35, 1, 13, 11		34, 35, 7, 13	1, 32, 10
35	Adaptabilidade	35, 13, 8, 24	35, 5, 1, 10		35, 11, 32, 31		1, 13, 31	15, 34, 1, 16	1, 16, 7, 4		15, 29, 37, 28	1	27, 34, 35	35, 28, 6, 37
36	Complexidade da invenção	13, 35, 1	2, 26, 10, 34	26, 24, 32	22, 19, 29, 40	19, 1	27, 26, 1, 13	27, 9, 26, 24	1, 13	29, 15, 28, 37		15, 10, 37, 28	15, 1, 24	12, 17, 28
37	Complexidade do controle	27, 40, 28, 8	26, 24, 32, 28		22, 19, 29, 28	2, 21	5, 28, 11, 29	2, 5	12, 26	1, 15	15, 10, 37, 28		34, 21	35, 18
38	Nível de automação	11, 27, 32	28, 26, 10, 34	28, 26, 18, 23	2, 33	2	1, 26, 13	1, 12, 34, 3	1, 35, 13	27, 4, 1, 35	15, 24, 10	34, 27, 25		5, 12, 35, 26
39	Produtividade	1, 35, 10, 38	1, 10, 34, 28	18, 10, 32, 1	22, 35, 13, 24	35, 22, 18, 39	35, 28, 2, 24	1, 28, 7, 19	1, 32, 10, 25	1, 35, 28, 37	12, 17, 28, 24	35, 18, 27, 2	5, 12, 35, 26	

CASO REAL I

Confederações das Unimeds do Norte e Nordeste

REPOSICIONANDO A UNIMED COM O FOCO NA SAÚDE: O PROJETO GENESIS

Equipe de trabalho:
Dr. Mário de Oliveira Filho (Líder) - Confederação Unimed Norte e Nordeste
Dr. Marcos Antonio Braga - Confederação Unimed Norte e Nordeste
Dr. Alcimar Pinheiro - Unimed São Luiz
Dr. José Galdino Silveira da Silva - Unimed Salvador
Dr. José Juvêncio - Confederação Unimed Norte e Nordeste
Dr. Clemente Simões - Unimed Manaus
Drª. Profª. Dionéia Garcia e colaboradores do SUS

1. Contextualização do Problema

O modo como provemos atenção à saúde atualmente torna-a uma atividade humana de características econômicas impossíveis de receber financiamento da sociedade - estado ou diretamente pelas famílias. O gasto per capita com saúde em 2008 no Brasil (SUS - Sistema Único de Saúde e SS - Saúde Suplementar) alcança US$ 331 e apenas a SS - US$ 550. Nos EEUU estes custos atingem US$ 6.400. Embora os valores sejam marcadamente distintos, os resultados são próximos e considerados insatisfatórios do ponto de vista eficiência, eficácia e efetividade.

O modelo de atenção à saúde empregado atualmente entre nós e nos EEUU tem uma lógica curativa - esperar adoecer para intervir, calcado na assistência médica pela disponibilidade de acesso eventual dos clientes/beneficiários aos serviços de saúde - seja medicina de família ou ultra-especializada. Esta é uma perspectiva reativa, baseada em percepções de acometimento. A assistência médica oferecida é não integrada (fragmentada) e restrita a cada profissional de saúde ou, no máximo, ao serviço ao qual pertence; portanto, tem característica de descontinuidade. Neste contexto, haverá um número sempre crescente de pessoas doentes e com mais complicações para serem tratados. Novos leitos terão que ser oferecidos, o que conduz a gastos continuamente crescentes.

Embalados pela redução da mortalidade infantil, ainda muito longe da desejável - 107º lugar entre 192 países, e pela redução da taxa de natalidade e alongamento da vida das pessoas, observa-se uma nítida tendência de envelhecimento da população, ocorrendo atualmente a transição demográfica. Como os nossos idosos infelizmente não são saudáveis, teremos, portanto, mais pessoas com perspectiva de serem acometidas por diversas doenças.

Paralelamente aos fatos relatados acima, observamos que os males que acometem a nossa população ainda apresentam elevados índices de DIC (Doenças Infecto-contagiosas), porém, com o envelhecimento, o índice das DCNT (Doenças Crônicas não Transmissíveis) tem apresentado crescimento. Esta situação, denominada de transição epidemiológica, deve perdurar por mais tempo que a transição demográfica, de modo que este descompasso tem um custo muito elevado. Esta situação é agravada pela urbanização descontrolada, que nos tem conduzido a elevada violência social - criminalidade e acidentes de trânsito.

É fundamental enxergar estas tendências e nos preparar para lidar com este novo contexto da característica demográfica e epidemiológica da população, calculando os impactos sobre todos os recursos a serem oferecidos. Isto requer ações de curto prazo, pois as mudanças são insidiosas e graduais.

No ambiente as seguintes mudanças pressionam o setor de saúde suplementar:

- **Fatores externos:**
  - Programa de Qualificação de Operadoras.
  - Profusão de novidades tecnológicas.
  - Alto custo na recuperação da saúde.
  - Co-responsabilidade civil sobre o ato médico.

- **Fatores internos:**
  - A crescente superespecialização médica.
  - Educação médica continuada.
  - Mudança do perfil nosológico dos beneficiários.
  - Melhoria da remuneração do médico.

Traçadas as tendências, fica fácil demonstrar que em poucos anos não será mais possível financiar a atenção à saúde dispensada à população e fica claro e evidente que reduzir o adoecimento, ou melhor, prolongar os períodos de vida saudável dos indivíduos é a saída.

2. Mudança na Identidade Organizacional da Operadora Unimed

A análise do ambiente e as tendências levaram a Confederação das Unimeds do Norte e Nordeste a repensar sua própria identidade organizacional. Em um trabalho de Formulação Estratégica foram definidos o novo negócio, a nova missão e a nova visão para o sistema norte/nordeste, a saber:

NEGÓCIO:

"Preservar e desenvolver a saúde das pessoas".

MISSÃO:

"Melhorar a qualidade de vida das pessoas, preservando e desenvolvendo a saúde por meio de programas de prevenção, promoção de hábitos saudáveis e fornecimento de assistência de excelente qualidade".

VISÃO:

"Ser referência na preservação e no desenvolvimento da saúde das pessoas".

3. Histórico do Projeto

Os estudos foram iniciados em 2004.

Inspirado pela Regulamentação dos Planos de Saúde, por mega-tendências e outras necessidades identificadas a partir de mudanças que ocorreram ou que estão por acontecer, concebemos e apresentamos um modelo inicial de desenvolvimento na reunião do Conselho Executivo do dia 06/03/2006.

Após alguns aprimoramentos, apresentamos uma versão mais avançada na AGO de 24/03/2006, quando foi aprovada para atrelar-se ao Plano de Ação 2006.

4. Método de Desenvolvimento do Projeto

O projeto Genesis é um projeto de inovação e assim foi utilizada uma metodologia adequada, com o envolvimento de vários médicos, gerentes e profissionais das Unimeds e consultores externos com ampla experiência em epidemiologia clínica. As inovações foram concebidas por meio de trabalho em grupo - *Join Application Design* (JAD). Temos consciência de que nenhuma consultoria sozinha chegaria à qualidade das inovações ora criadas.

Quatro metodologias foram aplicadas intensivamente: Inovação de processos, QFD (*Quality Function Deployment*), reestruturação organizacional e de *staffing*.

Matriz QFD (*Quality Function Deployment*)

As doenças e os agravos não têm a mesma importância para os indivíduos e para a coletividade. Além disto, uma ou várias intervenções podem se correlacionar com várias doenças ou agravos. Uma ferramenta que facilita tratar todas estas correlações é o diagrama de matriz. Quando correlacionamos doenças (Fins) com as intervenções (Meios de evitá-las ou minorá-las, indicados pela equipe de médicos) em um diagrama de matriz, este recebe a denominação de Matriz QFD.

A utilização desta Matriz QFD nos permite tratar as informações e pontos de vista de dois diferentes "mundos": o "mundo" das doenças e agravos, e o "mundo" dos programas de promoção da saúde, prevenção de doenças, por meio das intervenções médicas, educacionais e de segurança, etc. Ao final obteremos o grau de importância de cada intervenção para cada doença e, por meio de cálculo da matriz, a seleção dos pacotes de intervenções ótimas, relativas ao "mundo" da tecnologia médica.

Assim é possível saber quais são as intervenções que produzem o máximo resultado e selecionar o pacote de intervenções ótimo. Esta otimização considera ao mesmo tempo a incidência, o nível de atenção requerido para a doença e o grau de resolubilidade da intervenção (Figura 1). As intervenções extraídas por indicação da equipe médica para cada doença deverão ser agrupadas por afinidade para constituir a Tabela de intervenções, que pode ser vista no cabeçalho das colunas da matriz.

Como a Matriz QFD funciona:

Desdobra as doenças (profilaxia e controle) e agravos (condições de riscos, grupos em situações de risco).

Identifica a incidência e custo de atenção de cada doença e agravo.

Para cada doença e agravo, identifica as intervenções possíveis (conhecimento médico).

Correlaciona as intervenções com doenças e agravos avaliando o grau de resolubilidade das intervenções sobre os agravos e doenças.

Em função da incidência, do custo de atenção e da resolubilidade ⇨ ENCONTRA O PACOTE ÓTIMO DE INTERVENÇÕES (Figura 2).

5. Conceito do Projeto Genesis

O produto Genesis encerra uma mudança no conceito do negócio Unimed. Hoje centrado na cura de doenças e agravos, mas passiva, para outro centrado na saúde. Esta mudança implica que toda a Unimed adote uma atitude ativa, antecipada e cuidadosa em relação a cada cliente.

Devemos alterar os pilares e a lógica que construíram o nosso pensamento e modelo atualmente aplicado de atenção à saúde. Uma lógica preventiva, proativa e focando nos indivíduos, ofertando cuidados sob medida, de modo planejado e integrado, com excelente gerenciamento dos recursos oferecidos forma o conjunto adequado para construir o novo modelo.

Os cuidados serão concentrados em hábitos de vida saudáveis e assistência à saúde, sempre utilizando conhecimentos baseados em evidências, por meio de intervenções médicas e não médicas. Isto nos permitirá alterar o status atual de saúde dos indivíduos, possibilitando um envelhecimento saudável em 63%, restando uma melhor consciência ambiental.

Mudança desta monta nos negócios requer uma resposta de posicionamento do cooperado e das funções e processos da estrutura e das pessoas da operadora. Esta nova tecnologia se baseia em estudos de epidemiologia e métodos modernos que asseguram eficácia, foco e resposta econômica, além de posicionar a Unimed como um plano de saúde diferenciado. A compreensão dos benefícios desta nova tecnologia, cientificamente desenvolvida, precisa ser levada ao cooperado para fundamentar seu reposicionamento. Este projeto não é uma panacéia para todos os problemas das operadoras.

Nas Unimeds que já estão implantando o Genesis há uma grande adesão ao projeto. Na medida em que o projeto é divulgado e plenamente entendido, os dirigentes e gerentes aderem espontaneamente ao produto Genesis. O projeto em implantação na Unimed Salvador já apresenta resultados auspiciosos, constituindo um exemplo real.

As Unimeds ganharão participação no mercado. Os cooperados serão beneficiados com maior remuneração, maior taxa de ocupação, maior eficácia nas intervenções e menores desperdícios. O cliente será beneficiado, se cuidando melhor e recebendo os cuidados e atenções, principalmente aqueles com doenças ou agravos de alta incidência. As intervenções médicas em doenças e agravos foram selecionadas e constituem as poucas que trazem alto impacto positivo para a saúde das pessoas (evidência estatística). Os custos ficarão sob controle e a qualidade de vida avançará significativamente.

Entretanto, uma ideia boa não assegura esta mudança de posicionamento. As experiências vivenciadas, que nem sempre trazem bons resultados, reforçam descrenças e ceticismos, o que merece atenção e apoio dos dirigentes.

Assim, a primeira atividade deste projeto, que agora entra na fase de *roll out*, ou difusão, é trabalhar a liderança da Unimed receptora no sentido de cooptar e engajar seus diretores e principais gerentes.

Sistema Orgânico	Órgãos	Doenças por grupo	Intenções → / ↓ Doenças Agravos	Educação Sexual - Educação sexual/ Acomp. Genético (Custos)	Educação Sexual - Preparação para o parto (Custos)	Prevenir Agravos Dr. Marcos - Reposição de sais minerais e lombial (Custos)	Prevenir Agravos Dr. Marcos - Tratamento da obesidade (Custos)	Prevenir Agravos Dr. Marcos - Vacinações da infância (Responsabilidade)	Vacinações da infância (Custos)	Maior valor de correlação	Incidência	Nível de assistência	Economia de longo prazo	Peso econômico	Peso econômico relativo
Profilaxia e Controle	Cardio-vascular	Coração	Algumas doenças infecciosas e parasitárias	Miocardites					O 9		9	0,67	15.089,45	10076,9	10076,9	0,007964022
			Pericardites					O 9		9	0,39	15.089,45	5857,7	5857,7	0,004629492
			Endocardites					O 9		9	1,15	15.089,45	17319,1	17319,1	0,013687758
			Doença de Chagas							9	0,22	15.089,45	3268,8	3268,8	0,002583451
		Doenças do aparelho circulatório	Infarto do Miocardio							9	44,81	15.089,45	676158,4	676158,4	0,534385100
			Embolia Pulmonar							9	24,71	15.089,45	372804,0	372804,0	0,294636427
			Hipertensão Arterial							3	181,68	15.089,45	913815,5	2741446,6	2,166634755
	Genito-urinário	Bexiga e uretra	Neoplasias (tumores) Carcinoma							9	2,35	15.014,30	35248,3	35248,3	0,027857656
			Doenças do aparelho genito-urinário Bexiga necrogênica							3	0,07	2.527,19	56,8	167,4	0,000132297
			Causas externas de morbidade e mortalidade Traumatismos							3	0,26	15.014,30	1288,0	3863,9	0,003053776
			Custo acumulado de intervenção	108850	108750			0							
			Peso absoluto					5,51	2774,22			Total	58.780.407,11	126.530.169,87	100,00
			Peso relativo					5,62	155,69						

Figura 1: Modelo da matriz utilizada.

Para cada uma das intervenções selecionadas foi desenvolvido o processo para inseri-las na rotina da Unimed. Iremos mostrar um exemplo de diagnóstico precoce (Figuras 2 e 4). Além do processo, os protocolos médicos que correspondem às práticas operacionais padrão foram desenvolvidos por junta médica da especialidade e médico clínico.

IGOE: Diagnóstico precoce

REGRAS (G)	
Normas da ANS	Tabela CBHPM
Diretrizes de Sociedade de Especialidades Médicas	CID - 10
Normas da TISS	

ENTRADAS (I):
- Suspeita de diagnóstico de doença
- Campanhas de rastreamento de doenças
- Achados médicos e eventuais
- Perspectivas futuras de mapeamento de perfil genético
- Exames complementares para diagnóstico diferencial
- Auto exame
- Exame pré-admissional

Nome do Processo: Realizar diagnóstico precoce

Atividades:
- Realização de marketing social para campanhas nacionais e internacionais de combate às doenças crônicas e degenerativas
- Mobilização de cooperados para avaliação e controle dos resultados do tratamento
- Realização de exames periódicos específicos
- Plano de resgate da saúde

SAÍDA (O):
- Esclarecimento da suspeita diagnóstica
- Encaminhamento para programas de prevenção
- Conscientização dos usuários para exames periódicos específicos
- Identificação de doenças crônicas e degenerativas assintomáticas
- Desenvolvimento da saúde
- Preservação da saúde
- Informação sobre perfil epidermológico local
- Resultados divulgados

Internet	Informed, Informed IN
Pessoas	
SAMES	
RECURSOS (E)	

Figura 2: O IGOE do processo de diagnóstico precoce.

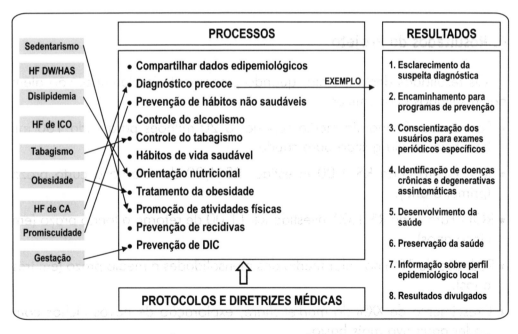

Figura 3: Processos das intervenções - exemplo saída diagnóstico precoce.

Figura 4: Parte do Fluxograma do processo de diagnóstico precoce.

6. Resultados do Projeto

Os resultados deste projeto, quando plenamente implantado, vão além dos resultados econômicos:

- Econômico: Economia média superior a 20 milhões para cada 100 mil beneficiários via gestão para saúde.
- ROI - Para cada R$ 1,00 investido, R$ 4,00 de retorno a curto prazo (primeiro ano).
- ROI - Para cada R$ 1,00 investido R$ 11,00 de retorno a longo prazo (em cinco anos).
- Redução de 18% no valor médio das mensalidades a médio prazo (em três anos).
- Crescimento de XX% do *market-share*, exploração de novos nichos com poder aquisitivo mais baixo.
- Mais trabalho para cooperados.

- Outras atividades - orientação.

- Novos negócios: Força de escala para extensão de cobertura para pequenas operadoras (capilaridade). Oferecer produtos sob medida para clientes empresariais, B2B, na linha de promoção, prevenção e redução de agravos.

- Sinergia: Otimizar os recursos locais das OPSs e prover soluções econômicas para capilaridade geral: Assegurar pleno atendimento a todos os beneficiários. Eliminar vários problemas decorrentes do atendimento fora do domicílio.

Este resumo fornece uma visão do projeto e de como foi desenvolvido e pretende mostrar as principais modificações até então já definidas. Todos os processos críticos estão já projetados.

7. Como se fará acontecer?

- Conhecendo o perfil epidemiológico da carteira de clientes - contexto individual.

- Seleção das Condições de Saúde com elevada capacidade de prevenibilidade e resolubilidade, alta incidência e prevalência, elevado custo financeiro, elevado retorno econômico-financeiro (Matriz QFD) e um pacote ótimo de intervenções (IPS) capaz de interferir sobre as Condições de Saúde selecionadas.

- Construção das Cadeias de Valor das Condições de Saúde (CVCS) selecionadas.

- Planejamento Individual de Cuidados para clientes portadores de fatores de risco ou comprometidos pelas Condições de Saúde selecionadas.

- Aplicação e Gerenciamentos das Intervenções Integradas Produtoras de Saúde, visando à população identificada.

- Plano Anual de Metas e Cuidados de Saúde, proposta de adequação e ajuste dos recursos a serem oferecidos e objetivos de saúde.

8. Unimeds em que o Projeto Genesis estão sendo implantados

- Unimed Salvador.
- Unimed Teresina.

- Unimed Arapiraca.
- Unimed Palmeira dos Índios.

9. Conclusão

A solução proposta pelo Projeto GENESIS redefiniu o SRUNNE (Sistema Regional das Unimeds Norte e Nordeste) em todos os níveis: singular, federação e confederação a partir da sua raiz - do paradigma: que define o modo de pensar, decidir e agir e, como consequência o negócio, a estratégia, a estrutura organizacional, os conhecimentos e habilidades dos colaboradores, os processos operacionais, a base da tecnologia da informação.

O projeto GENESIS é inovador e arrojado, porém, encerra algumas complexidades e necessidades de mudanças essenciais na Unimed. Como houve uma grande participação da equipe e uma boa metodologia compartilhada, os resultados serão significativos. Nos processos mais críticos, como Gestão para a Saúde, os estudos foram suficientemente discutidos e consistidos.

A mudança de enfoque, proposta pelo projeto GENESIS, trará mudanças nos negócios e propiciará economias bastante significativas. Entretanto, poderá haver uma curva de amadurecimento e algumas resistências presumíveis. Deve-se prevenir para que não haja atrasos na implementação.

No processo Gestão para a Saúde os estudos mostraram uma grande economia com a mudança do enfoque de doenças para o enfoque saúde. Ficou comprovado o valor da redução de sinistralidade obtido pela promoção de hábitos de vida saudáveis, prevenção e diagnóstico precoce de doenças e redução de agravos, o que pode ocasionar também a fidelização dos clientes. Cremos que o benefício mais importante do Projeto GENESIS será uma maior competitividade do sistema pela diferenciação e uma harmonização e alinhamento da Unimed Singular, Unimed Federação e Unimed Confederação. Contribuem para isto as mudanças propostas no intercâmbio e existência de um órgão central com maior poder de negociação para poder fazer a extensão de cobertura de pequenas operadoras. Este deve ser remunerado de forma justa, baseando-se na resolubilidade local, afinal algo que não se pode centralizar é a Atenção à Saúde, que deve ter suas decisões descentralizadas - **Cliente/Gestor de cuidados, Cliente/Cooperado assistente**.

Outra possibilidade aventada seria, por exemplo, uma vez dominada a tecnologia do processo de Gestão para a Saúde, a oferta de produtos personalizados para solução de problemas ocupacionais, de dependentes, e desta forma desenvolver a saúde das pessoas, empregados, e empresa.

Enfim, cremos que se descortinou um novo horizonte que deverá ser inteligentemente explorado.

Comentários da equipe de desenvolvimento:

Dr. Mário de Oliveira Filho: Eu entendo, como profissional de saúde (médico), habituado a trabalhar solitário e decidir diante de um elevado grau de incertezas e que tem o seu campo de atuação restrito à capacidade pessoal de fazer procedimentos, ter a possibilidade de participar de um grupo de estudos e desenvolvimento, composto por pessoas especiais que se doaram a pensar e refletir profundamente, se desprendendo de conceitos e preconceitos e abstraindo de tudo quanto praticaram ao longo de suas vidas profissionais e, onde tivemos a oportunidade de utilizar ferramentas sofisticadas de inovação, da concepção de processos e de gerenciamento, sempre na busca de reduzir as incertezas a um grau muito baixo e possibilitar a sociedade brasileira a uma solução inovadora e revolucionária de atenção a saúde, contribuindo para uma qualidade de vida invejável e reestruturar o SRUNNE e, quiçá, o Sistema Nacional de Saúde.

Dr. José Galdino Silveira da Silva: Todo processo de inovação, mesmo que convincente, é intimidador. Mudar o modo de pensar é fácil. Difícil é mudar a forma de ser e de agir dos dirigentes, gerentes, facilitadores e colaboradores em favor do resultado coletivo. Segundo Porter[1]: "Criar a competição em resultados para o paciente e redirecionar o foco de redução de custo para agregação de valor ao paciente é o único caminho para um mercado de saúde eficiente e competitivo". O Projeto GENESIS está de acordo com o que preconiza a Agência Nacional de Saúde Suplementar no que se refere ao Capítulo II[2]: DOS PRINCÍPIOS DE ATENÇÃO À SAÚDE NA SAÚDE SUPLEMENTAR. Art. 4º. A Atenção à Saúde na Saúde Suplementar deverá observar os seguintes princípios:

---

1 PORTER, E.; TEISBERG, Elkizabeth Olmsted. REPENSANDO A SAÚDE: Estratégias para melhorar a qualidade e deduzir os custos. Tradução de Cristina Bazan. Porto Alegre. Editora Bookman, 2007. 431p.

2 BRASIL, Agência Nacional de Saúde Suplementar. Resolução Normativa 167, de 09/01/2007, que atualizou o Rol de Procedimentos e Eventos em Saúde.

- I - atenção multiprofissional.
- II - integralidade das ações, respeitando a segmentação contratada.
- III - incorporação de ações de Promoção da Saúde e Prevenção de Riscos e Doenças, bem como de estímulo ao parto natural.
- IV - uso da epidemiologia para monitoramento da qualidade das ações e gestão em saúde.

Parágrafo único. "Os princípios estabelecidos no caput deste artigo devem ser observados em todos os níveis de complexidade da atenção, respeitando as segmentações contratadas, visando à promoção da saúde, a prevenção de riscos e doenças, o diagnóstico, o tratamento, a recuperação e a reabilitação".

Portanto, não se trata de um capricho de inovação, mas da necessidade de responder aos anseios internacionais de uma saúde mais competitiva e de atender ao que preconiza a Agência Reguladora da Saúde Suplementar no Brasil. Acredito que as ações estratégicas do novo paradigma saúde deverão estar:

- I - baseadas na agregação de valor para a saúde do beneficiário.
- II - centradas no beneficiário.
- III - focadas em resultados e
- IV - à luz do uso da epidemiologia e da bioestatística para monitoramento da qualidade das ações e gerenciamento integral da saúde.

A unificação das ações de medicina preventiva e de saúde coletiva, com foco nas políticas de Gerenciamento Integral da Saúde, é o novo paradigma a ser valorizado e implementado por meio da linha de pesquisa matricial Estilo Vida Saudável.

Portanto, é preciso que cada um entenda e acredite no que está fazendo. Esta é a "mágica" do processo inovador trazido pelo Projeto GENESIS. Fazer parte dos grupos de trabalho nos dá uma indescritível sensação de boa contribuição para o futuro.

CASO REAL 2

Cia. Siderúrgica Belgo Mineira (Hoje Arcelor Mittal)

PROJETO DE PROCESSO POR MEIO DO DESDOBRAMENTO DA QUALIDADE

Equipe de trabalho:
Wéllerson Júlio Ribeiro – Engenheiro de Processo
Geraldo José dos Santos – Coordenador do Processo de Lingotamento Contínuo
Renato Borges Moura – Assistente Técnico de Lingotamento Contínuo
Antônio Eustáquio Vidigal – Supervisor de Lingotamento Contínuo
Supervisores da Máquina de Lingotamento Contínuo
Participantes da Comissão de Desenvolvimento de Produtos

CASO REAL 2

Cia. Siderúrgica Belgo Mineira
(Hoje Arcelor Mittal)

PROJETO DE PROCESSO POR MEIO DO DESDOBRAMENTO DA QUALIDADE

Equipe de trabalho:
Engenh...
Welerson João Ribeiro – Engenheiro de Processo
Osvaldo José dos Santos – Coordenador do Processo de Lingotamento Contínuo
Renato Bolgar Horta – Assistente Técnico de Lingotamento Contínuo
Antônio Eustáquio Vidigal – Supervisor de Lingotamento Contínuo
Supervisores da Máquina de Lingotamento Contínuo
Participantes do Comitê de Desenvolvimento de Produto

1. Sumário

Algumas das necessidades e prioridades dos clientes são perdidas antes que as informações cheguem aos operadores de processo. Ineficácias e altos custos devido à baixa qualidade no nível dos processos têm como consequência dois fatores principais:

Primeiro, entendimento insuficiente do conceito de valor desejado pelo cliente e, segundo, ruídos de comunicação por meio da organização.

Para evitar estes problemas, os seguintes passos devem ser cuidadosamente realizados:

1. Entender de maneira precisa as necessidades dos clientes e do mercado.
2. Especificar as características de qualidade de um dado produto para atender às necessidades dos clientes.
3. Identificar as unidades críticas de processo que são as principais responsáveis pela obtenção de características altamente valorizadas pelos clientes.
4. Encontrar os itens de controle em cada unidade crítica de processo a fim de garantir que a função básica do processo seja cumprida.
5. Encontrar itens de verificação em nível acionável para controlar a unidade de processo.
6. Reconhecer os mais importantes elementos de operação, as capabilidades de máquina, as características de materiais, as qualificações da mão de obra para dominar os itens de controle específicos e a qualidade em geral.

Este artigo exemplifica a utilização deste método e descreve sua aplicação na Cia. Siderúrgica Belgo Mineira.

As principais vantagens desta abordagem são:

- Prover um entendimento completo do que se deve controlar e como se deve controlar o processo a fim de assegurar a satisfação do cliente.
- Implementar métodos de controle a montante de forma preventiva, a fim de evitar baixa qualidade durante a produção.
- Prover um bom entendimento de como a qualidade do produto final é formada por semi-produtos intermediários.

2. Introdução

Com o alto nível de competitividade no mercado, torna-se fundamental direcionar as melhorias e desenvolvimentos nas empresas para atender às necessidades dos clientes. Diante disso, é preciso ouvir o mercado e entender os seus anseios. Uma vez identificada a qualidade exigida pelos clientes, tem-se que transformá-la em linguagem de engenharia, definindo claramente as características de qualidade dos produtos. Nessa fase, o método a ser utilizado deve ser o QFD (*Quality Function Deployment*), que permite construir a matriz da qualidade a partir da voz do cliente.

As características da qualidade devem ser desdobradas ao longo do processo de fabricação por meio da identificação das unidades de processo importantes, definindo, em cada uma, os parâmetros de processo responsáveis pela formação da qualidade do produto. O diagrama FAST (*Function Analysis System Technique*), uma técnica da engenharia de valor, foi aplicada para avaliar a utilidade das funções do processo e identificar itens de controle que avaliam o valor formado na unidade de processo.

Com o objetivo de trazer até o chão de fábrica os pontos que são importantes para garantir o atendimento às necessidades dos clientes, foi utilizada a Análise de Operação, para analisar e racionalizar o trabalho no nível de ações executáveis pelos operadores. A experiência e a observação do operador quanto aos elementos do processo foram de muita utilidade, especialmente na fase de análise da operação e na elaboração do Padrão Técnico de Processo, trazendo mais confiabilidade ao trabalho devido ao seu conhecimento prático.

Os métodos Taguchi (Projeto de Experimentos) também foram aplicados, principalmente para estudar as relações entre as características de produto e os parâmetros de processo, identificando as variáveis-chaves, os valores a serem visados, sua faixa de trabalho e também os pontos nos quais se pode economizar sem comprometer a qualidade do produto.

Esses métodos foram aplicados na Belgo Mineira para produtos importantes da empresa de forma a desenvolver o projeto de processo orientado pelo cliente. Este artigo descreve o modelo conceitual utilizado e dá uma visão geral do conteúdo das matrizes e das decisões relacionadas, a experiência adquirida e os principais resultados. Os trabalhos foram liderados por cinco engenheiros. Mais de quarenta operadores e supervisores foram envolvidos na parte final dos trabalhos, principalmente na elaboração da matriz 4M e dos PTPs.

3. O Modelo Conceitual

A Figura 1 mostra o modelo conceitual para o projeto do processo[3]. Começando pela Qualidade Exigida (QE), após a priorização das necessidades dos clientes, as características de qualidade foram extraídas a fim de satisfazer as qualidades exigidas, criando, desta forma, a tabela de características de qualidade (CQ). Cruzando estas duas tabelas, a matriz de qualidade é obtida. Nesta matriz é possível priorizar as características de qualidade de acordo com as prioridades dos clientes. Então, o processo é desdobrado até as unidades de processo ou fases, resultando em outra tabela, a tabela de desdobramento do processo (UP)[1]. Esta última tabela é cruzada com a tabela de característica de qualidade resultando uma outra matriz, priorizando as unidades de processo de acordo com o cliente. Nas unidades de processo importantes, uma Análise de Função (FU) é realizada a fim de selecionar os itens de controle importantes (IC). Por importante queremos dizer que estamos pesquisando entre vários itens de controle corretos aqueles por meio dos quais o processo agrega o máximo valor. Os itens de controle são então priorizados e seus valores-metas estabelecidos. A partir dos itens de controle, os itens de verificação são extraídos pelo desdobramento do método, da máquina, dos materiais e da mão de obra, obtendo-se a matriz 4M[1]. Esta matriz fornece a prioridade dos itens de verificação. Uma análise conjunta dos itens de controle e dos itens de verificação permite a construção do Padrão Técnico de Processo (PTP).

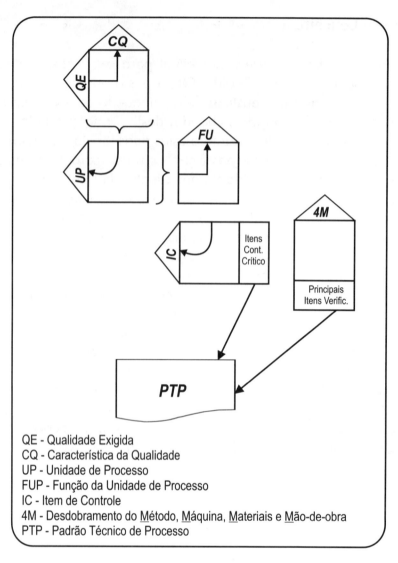

Figura 1: Modelo conceitual.

4. Definição das Unidades de Processo

Várias matrizes de qualidade foram criadas, uma para cada família de produto, por meio do cruzamento da tabela de qualidade exigida com as características de qualidade (omitidas). Para cada família de produto, uma outra matriz foi construída, a matriz de processo (Figura 2). Uma unidade de processo é a parte do processo em que uma característica é criada ou modificada e pode ser avaliada comparando a entrada e a saída[1]. As linhas da matriz são as características de qualidade e as colunas são as unidades de processo. A decisão vinda desta matriz indica as unidades de processo que mais contribuem para formar a qualidade do produto por meio da análise do peso das unidades de processo.

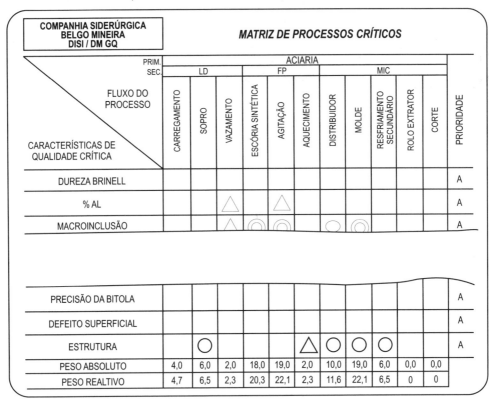

Figura 2: Matriz de Processos Críticos.

Por meio da análise dos pesos relativos identificam-se os processos críticos importantes para garantir a qualidade do produto e consequentemente as necessidades dos clientes.

5. Identificação dos Itens de Controle

Para cada unidade crítica de processo foi realizada a Análise de Função por meio do diagrama FAST, como visto na Figura 3. Para cada sub-função, características puderam ser associadas à função. Se a função pode ter o seu resultado avaliado, durante a produção, por uma característica, então é possível controlar funções individuais e a função básica do processo por extensão.

Neste exemplo será contemplada apenas a unidade de processo Distribuidor.

As funções básicas da Unidade de Processo foram identificadas e desdobradas para chegar às características, itens de controle possíveis, que avaliam o desempenho da função (Figura 3).

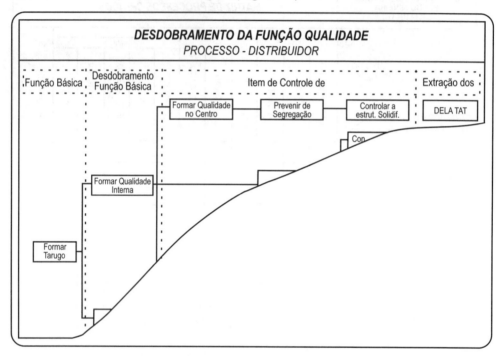

Figura 3: Funções básicas da Unidade de Processo.

Uma vez definidas estas características, calculou-se a criticidade de cada uma considerando a sua importância, número de ocorrências, gravidade e capacidade de detecção de anomalias em tempo hábil. A Tabela I mostra estes dados. Nesta fase é muito importante a determinação da faixa de trabalho adequada para estas características. Esta não deve ser muito apertada para não gerar maior esforço ou aumento de custo sem agregar valor ao produto, mas não pode ser, ao contrário, muito aberta pois não permitiria atingir a garantia da qualidade. Portanto, a definição das faixas de trabalho deve ser baseada em fatos e dados e determinada cientificamente.

Tabela I: Criticidade dos Itens de Controle.

Q. C. PROCESS CHART TABELA DE CRITICIDADE DOS ITENS DE CONTROLE *PROCESSO: DISTRIBUIDOR*							
	ITEM DE CONTROLE	PRIORIZAÇÃO					
		I	O	G	D	I.C.	
1	DELTAT	10	8	8	8	5120	
2	PESO				8		
3							
4							

Estas características, juntamente com o cálculo da capacidade do processo (Cpk), serão levadas à Matriz de Processo, que veremos mais à frente, para definição dos itens de controle de resultado.

Após a identificação dos itens de controle críticos, temos trabalhado com projeto de experimentos para avaliar o efeito de cada um nas características do produto.

6. Extração dos Itens de Verificação

Com o envolvimento dos operacionais e supervisores da unidade de processo chegou-se aos elementos da operação e à sua sequência. Estes elementos foram organizados numa tabela, utilizando a lógica do método 4M: mão-de-obra, máquina, método e matéria-prima (Figura 4).

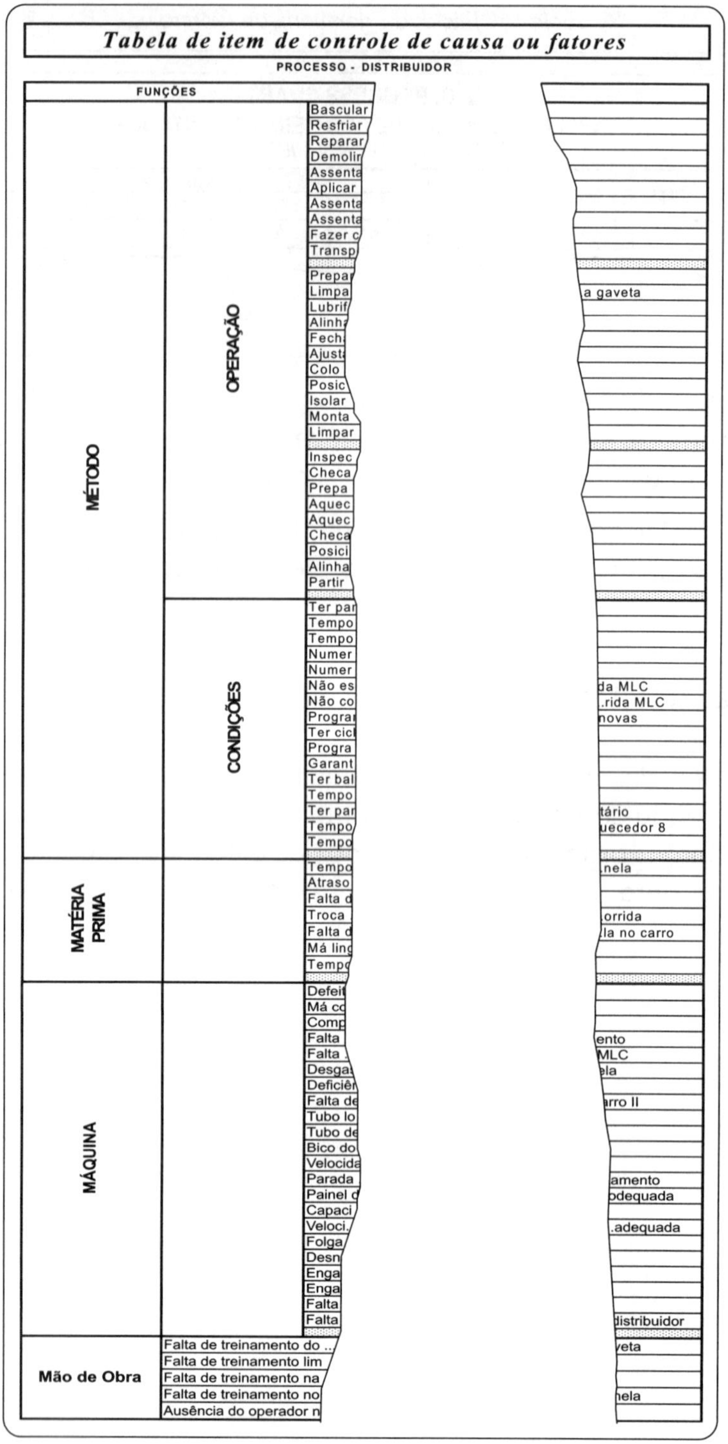

Tabela de item de controle de causa ou fatores

PROCESSO - DISTRIBUIDOR

FUNÇÕES			
MÉTODO	OPERAÇÃO	Bascular	
		Resfriar	
		Reparar	
		Demolir	
		Assenta	
		Aplicar	
		Assenta	
		Assenta	
		Fazer c	
		Transp	
		Prepar	
		Limpa	a gaveta
		Lubrif	
		Alinh	
		Fech	
		Ajust	
		Colo	
		Posic	
		Isolar	
		Monta	
		Limpar	
		Inspec	
		Checa	
		Prepa	
		Aquec	
		Aquec	
		Checa	
		Posici	
		Alinha	
		Partir	
	CONDIÇÕES	Ter par	
		Tempo	
		Tempo	
		Numer	
		Numer	
		Não es	da MLC
		Não co	.rida MLC
		Progra	novas
		Ter cicl	
		Progra	
		Garant	
		Ter bal	
		Tempo	
		Ter par	tário
		Tempo	uecedor 8
		Tempo	
MATÉRIA PRIMA		Tempo	.nela
		Atraso	
		Falta d	
		Troca .	.orrida
		Falta d	.la no carro
		Má ling	
		Temp	
MÁQUINA		Defeit	
		Má cc	
		Comp	
		Falta	ento
		Falta .	MLC
		Desga	la
		Deficiê	
		Falta de	arro II
		Tubo lo	
		Tubo de	
		Bico do	
		Velocida	
		Parada	amento
		Painel d	odequada
		Capaci	
		Veloci.	.adequada
		Folga	
		Desn	
		Enga	
		Enga	
		Falta	
		Falta	distribuidor
Mão de Obra	Falta de treinamento do ..		veta
	Falta de treinamento lim		
	Falta de treinamento na		
	Falta de treinamento no		nela
	Ausência do operador n		

Figura 4: Item de controle de causa ou fatores.

7. Identificação dos Itens de Controle mais Importantes

Por meio da matriz Itens de Controle x Itens de verificação (Figura 5) é feita a identificação dos itens de verificação mais críticos, ou seja, aqueles em que se deve atuar prioritariamente. É também nesta matriz que se selecionam os itens de controle de resultado, considerando nesta análise o Cpk e a criticidade das características de qualidade (ou substitutivas) que representam a saída do processo em questão.

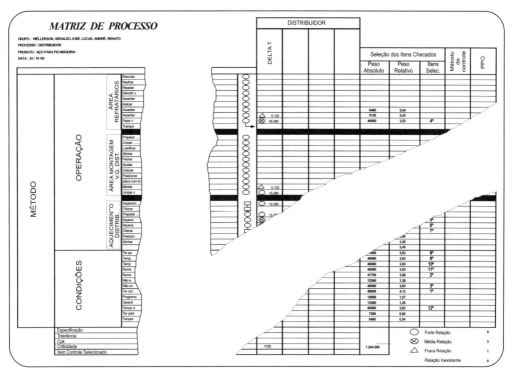

Figura 5: Matriz - Itens de Controle de Resultado x Itens de Controle de Causa.

Esta matriz foi construída e analisada pela equipe de trabalho, especialistas de manutenção e operadores. Esta matriz trouxe um bom entendimento de como a qualidade é adicionada ao produto e consequentemente foi de muita utilidade. As lições práticas tiradas desta matriz foram:

- Obtenção do foco em trabalhos de padronização por meio da análise dos elementos de métodos de pesos mais altos.
- Obtenção de foco nas capacidades da máquina, ferramentas, salientando alguns aspectos de manutenção.

- Obtenção de foco nas qualificações de mão de obra.
- Entendimento das relações de causa e efeito para a construção do Padrão Técnico de Processo.

Os itens de controle de causa são então padronizados (PPOs) e, por meio da avaliação de processo nos itens de controle, verifica-se a eficácia ou não destes padrões. É importante trabalhar esta relação de causa e efeito até que os itens de controle se tornem capazes, ou seja, tenham um Cpk alto. É preciso estar atento para o fato de que a qualidade do produto final é construída em cada Unidade de Processo, sendo fundamental garantir que os itens de controle estão sempre de acordo com os valores especificados. Só assim será possível falar em garantia da qualidade.

8. Padrão Técnico de Processo (*Quality Control Process Chart*)

O documento final que resume todo o trabalho e, portanto, a tecnologia da empresa, é o Padrão Técnico de Processo (*QC Process Chart*). Os demais documentos devem ficar subordinados a este, pois assim será possível ver de forma global o efeito, no produto, de uma alteração em uma norma de hierarquia inferior (Figura 6).

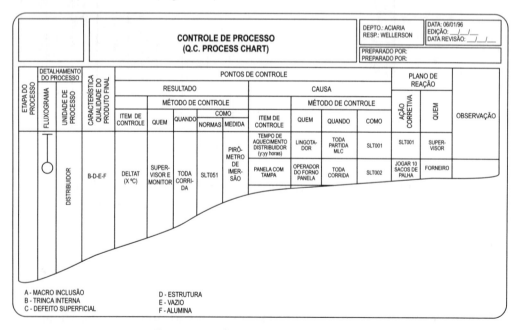

Figura 6: Padrão Técnico de Processo.

9. Comentários e Resultados

A matriz 4M aumenta a visibilidade dos vários aspectos que formam a qualidade. Vários aspectos foram detectadas:

Na máquina

- Problemas e limitações do equipamento foram percebidos e projetos de melhoria foram localmente realizados;
- O pessoal da manutenção reconheceu melhor quais capabilidades de máquina representam um *gap* para a qualidade.

Na Mão de obra

- Ficou claro para o operador quais elementos do seu trabalho mais influenciam a qualidade.

No método

- Um projeto de experimentos (*parameter design*) foi aplicado para avaliar e especificar itens de verificação e para a redução da variabilidade.

No Material

- O entendimento da importância das características dos materiais ajudou a encontrar melhores especificações para os ditos materiais e para a avaliação e controle dos fornecedores.

10. Conclusão

A Cia. Siderúrgica Belgo Mineira tem aplicado este método desde 1995. A qualidade dos produtos tem aumentado, principalmente dos produtos vendidos para clientes mais exigentes.

Com a aplicação deste método de projetar o processo algumas mudanças ocorreram:

1. A primeira delas é a abordagem de controle. Antes desta aplicação, todos as unidades de processo eram consideradas igualmente importantes para fins de controle e o método mostrou que apenas poucas unidades de processo são as responsáveis pela formação de grande parte da qualidade do produto.

2. Os itens de controle e de verificação foram movidos para montante, um fato que possibilitou criar um controle preventivo, aumentando o rendimento do processo.
3. O operador adquiriu um melhor entendimento dos elementos do método que mais influenciam a qualidade, resultando em uma operação mais responsável.
4. Finalmente, a ligação entre o cliente e o operador foi fortemente estreitada.

CASO REAL 3

Caraíba Metais S.A.

PROJETO DE PROCESSO DE LAMINAÇÃO DE VERGALHÃO DE COBRE

Equipe de trabalho:
Takasy Hashimoto - Engº da Divisão de Tecnologia e Expansão da Eletrólise e Laminação - Coordenador
Hugo Ney - Engenheiro da Divisão de Laminação
Alberto Afonso Covre - Bel. em Administração de Empresas e Técnico da Divisão de Laminação
Paulo Fernando - Engº da Divisão de Laboratórios e Garantia da Qualidade
Edilson Neves - Bel. em Administração de Empresas da Divisão de Atendimento ao Cliente
João Carlos Lennert - Engº de Assistência Técnica da Gerência de Vendas Mercosul

1. Introdução

A globalização dos mercados tem requerido produtos com especificações cada vez mais exigentes.

Com a finalidade de satisfazer plenamente as necessidades de seus clientes, a CARAÍBA METAIS S/A resolveu formar um grupo multidisciplinar para, com apoio na metodologia do QFD, introduzir melhorias no seu produto vergalhão de cobre eletrolítico.

2. A Equipe

A equipe do QFD-Vergalhão foi formada com os seguintes integrantes:

Takasy Hashimoto - Eng° da Divisão de Tecnologia e Expansão da Eletrólise e Laminação - Coordenador.

Hugo Ney - Engenheiro da Divisão de Laminação.

Alberto Afonso Covre - Bel. em Administração de Empresas e Técnico da Divisão de Laminação.

Paulo Fernando - Engenheiro da Divisão de Laboratórios e Garantia da Qualidade.

Edilson Neves - Bel. em Administração de Empresas da Divisão de Atendimento ao Cliente.

João Carlos Lennert - Engenheiro de Assistência Técnica da Gerência de Vendas Mercosul.

O presente trabalho contou ainda com a contribuição de numerosas pessoas na elaboração dos 4Ms, entre as quais devem ser citadas:

Eng° José Roberto Pacheco - DIMEL, Anacleto Gonçalves - DILAM, Jaldimar Thomazzini - DILAM, Samarone Leal - DILAM, Eduardo Vasconcelos - DILAM, Raimundo Jorge - DILAM, Hélio Fragoso - DIMEL, José Rufino - DILAM, Antônio Maria - DILAM.

A equipe contou com a Assessoria da Fundação de Desenvolvimento Gerencial, por meio do Engenheiro Carlos Augusto de Oliveira.

3. Pesquisa das Necessidades do Cliente

A primeira atividade do grupo QFD consistiu em investigar as necessidades dos clientes. Para essa finalidade foi organizado um programa de visitas aos usuários do vergalhão de cobre, visando a conhecer em detalhes as condições de uso e os problemas que ocorrem durante seu processamento.

Para uma boa representatividade do universo de usuários do produto, foram selecionadas empresas que atuam nos diferentes segmentos de produção de fios de cobre, a saber: fios para construção civil, para telefonia, esmaltados e especiais. De cada um desses segmentos foram visitadas empresas de porte grande, médio e pequeno, classificadas de acordo com a capacidade de processamento de vergalhão.

Foram visitadas 15 empresas, cujos técnicos forneceram valiosas informações, fundamentais para o presente trabalho.

As respostas fornecidas pelos clientes às questões formuladas pelo nosso grupo, durante as visitas, foram tabuladas e permitiram organizar a tabela da Qualidade Exigida, com emprego do método KJ.

Por meio do grau de importância atribuído a cada um dos itens da Qualidade Exigida e das pontuações dadas pelos clientes ao conceito do produto CARAÍBA, em comparação com produtos concorrentes, para estes mesmos itens, definimos a Qualidade Planejada para o produto.

4. Modelo Conceitual

A Figura 1 mostra o Modelo Conceitual utilizado no desenvolvimento do trabalho.

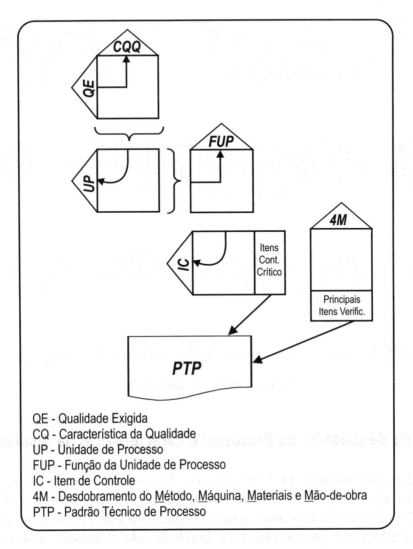

Figura 1: Modelo Conceitual do QFD do Vergalhão.

5. Matriz da Qualidade

Após a elaboração da Tabela da Qualidade Exigida, o grupo elaborou a Tabela de Características da Qualidade pela extração das características responsáveis por garantir o atendimento das necessidades dos clientes, sintetizadas na Tabela da Qualidade Exigida.

Com as duas tabelas anteriormente citadas, foi construída a Matriz da Qualidade e definida a Qualidade Projetada, conforme mostrado na Figura 2.

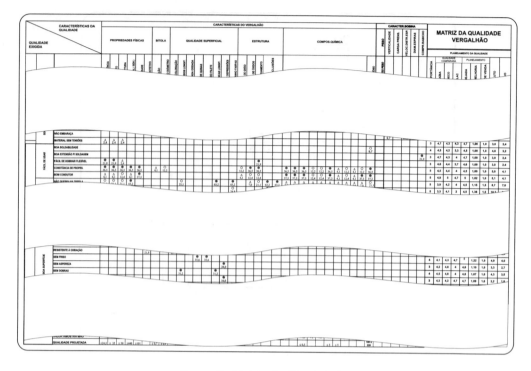

Figura 2: Matriz da Qualidade.

6. Matriz de Unidades de Processos e Características da Qualidade

Foram relacionadas as Unidades de Processo e construída a matriz Unidades de Processos x Características da Qualidade. Para identificar as Unidades Críticas de Processo, foram estabelecidas as correlações entre as Características da Qualidade e as Unidades de Processo, atribuindo-se pesos de acordo com os seguintes critérios:

- Forte (peso 9), quando a característica é formada na unidade de processo;
- Média (peso 3), quando a Unidade de processo contribui na formação da Característica da Qualidade;
- Fraca (peso 10), quando a Unidade de processo pode contribuir na formação da Característica da Qualidade.

A matriz Unidades de Processos & Características da Qualidade é mostrada na Figura 3.

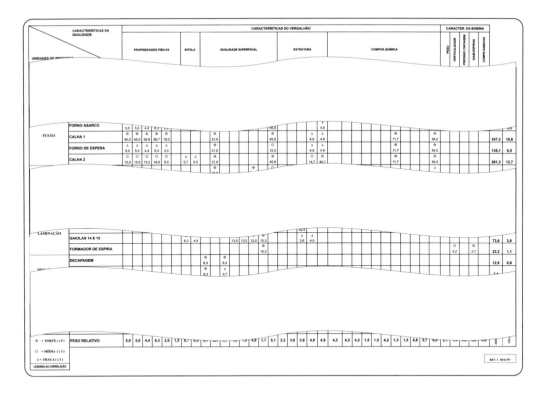

Figura 3: Matriz : Unidades de Processos & Características da Qualidade.

7. Tabela de Funções das Unidades Críticas de Processo

A seguir, foram estudadas as funções das Unidades críticas de processo e elaborou-se a Tabela de Funções das Unidades críticas de processo, com a identificação dos correspondentes Itens de Controle.

A criticidade de cada item de controle foi calculada com base no grau de importância, ocorrência, gravidade e facilidade de detecção. A Figura 4 ilustra a Tabela de Funções das Unidades Críticas.

a) Unidade crítica: FORNO ASARCO

FUNÇÃO BÁSICA	FUNÇÕES SECUNDÁRIAS	FUNÇÕES TERCIÁRIAS	FUNÇÕES QUATERN.	CARACT. ASSOCIADA
Fundir a carga	Dar vazão ao metal líquido	Controlar carga	Compor carga	Composição do metal (O, Fe)
			Alimentar carga	
		Controlar energia	Taxa de fogo	Temperatura do metal
			Pressão diferencial	
			Controlar temp. ar / gás	
	Minimizar gases dissolvidos	Contr.proporção ar/gás		Quantidade de gases dissolvidos
	Isolar o calor	Refratar o calor		Temperatura da carcaça
		Isolar temperatura		
		Coibir escória de refratário		Quantidade de escória gerada

b) Unidade crítica: CALHA 1

FUNÇÃO BÁSICA	FUNÇÕES SECUNDÁRIAS	FUNÇÕES TERCIÁRIAS	CARACT. ASSOCIADA
Interligar Processos	Conduzir metal líquido	Minimizar turbulência	Ausência de obstrução
	Corrigir metal líquido	Oxidar metal líquido	Teor de O2 no cone
		Abaixar teor H_2	Intensidade de farpas
		Reter escória	Quantidade de escória retida*

c) Unidade crítica: FORNO DE ESPERA

FUNÇÃO BÁSICA	FUNÇÕES SECUNDÁRIAS		CARACT. ASSOCIADA
Armazenar metal líquido	Vazão uniforme na calha 2		Nível da Calha 2
	Controlar temper.lingoteira		Temper. no termopar do tundish
	Abaixar teor de oxigênio		Teor de oxigênio no cone
	Reter escória		Quant. de escória retida*

d) Unidade crítica: CALHA 2

FUNÇÃO BÁSICA	FUNÇÕES SECUNDÁRIAS		CARACT. ASSOCIADA
Interligar processos	Conduzir metal líquido		Ausência de obstrução
	Controlar vazão na lingoteira		Nível da lingoteira
			Vazão uniforme
	Manter temper.na lingoteira		Temper. no pirômetro do tundish
	Reter escória		Quant. de escória retida*

e) Unidade crítica: TUNDISH

FUNÇÃO BÁSICA	FUNÇÕES SECUNDÁRIAS		CARACT. ASSOCIADA
Alimentar lingoteira	Direcionar fluxo de metal		Ausência de bigode
	Controlar turbulência		Fluxo sem turbulência
	Reter escória e óxido		Quant.de escória que passa

Figura 4: Tabela de funções das Unidades de Processo.

8. Matriz do Processo

Para a construção da Matriz do Processo, utilizou-se a metodologia 4M, que compreende a análise do Método, Máquinas, Materiais e Mão de obra dos processos críticos.

Foram construídas matrizes para sete Unidades de Processo consideradas como críticas. A construção das tabelas que compõem o 4M referentes a Método e Máquina foi realizada com a participação de técnicos, supervisores e operadores que atuam na operação e manutenção dos equipamentos críticos. Para o item Materiais, houve a participação de representantes da área de Suprimentos e, também, de técnicos da área de Refratários. Para Mão de obra contamos com a contribuição de colaboradores das áreas de Serviço Médico, Segurança e Desenvolvimento de Pessoal.

Foram construídas Matrizes de Processo para as Unidades Críticas, estabelecendo-se a correlação entre os itens que compõem os 4Ms e as funções das Unidades de processo, e calculados os pesos absolutos e relativos de cada item. Para este cálculo foram utilizados os mesmos pesos adotados anteriormente para outras matrizes, a saber: 9 quando a correlação é forte, 3 quando é média, 1 quando a correlação é fraca e zero quando inexiste correlação.

Foram então selecionados os itens de maior peso relativo para atender as funções dos processos críticos e os respectivos itens de controle. A Figura 5 ilustra uma das Matrizes de Processo.

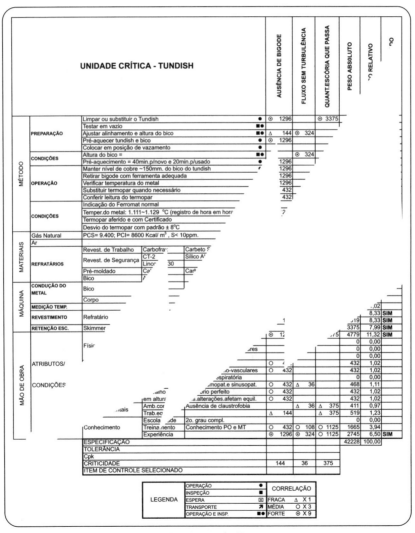

Figura 5: Matriz de Processo.

9. Projeto de Experimentos

Os itens de controle considerados mais relevantes para definir a qualidade do produto foram selecionados entre os itens de maior peso relativo identificados anteriormente, para servir de parâmetros para um Projeto de Experimentos. Como foram selecionadas diversas variáveis termodinâmicas envolvendo trocas de energia em que são recomendáveis experimentos em três níveis, optou-se por um experimento do tipo L18 ($2^1 3^7$) de Taguchi.

A realização destes ensaios está programada para ser executada em Fevereiro 99.